평생사부 **최승욱**의
역발상 차트 투자

기본 편

평생사부 **최승욱**의
역발상 차트 투자_기본 편

초판 1쇄 발행 · 2013년 2월 18일
초판 11쇄 발행 · 2018년 3월 14일

지은이 · 최승욱
펴낸이 · 이종문(李從聞)
펴낸곳 · (주)국일증권경제연구소

등록 · 제406-2005-000029호
주소 · 경기도 파주시 교하읍 문발리 파주출판문화정보산업단지 507-9
영업부 · Tel 031)955-6050 l Fax 031)955-6051
편집부 · Tel 031)955-6070 l Fax 031)955-6071

평생전화번호 · 0502-237-9101~3

홈페이지 · www.ekugil.com (한글인터넷주소 · 국일미디어, 국일출판사)
E-mail · kugil@ekugil.com

값은 표지 뒷면에 표기되어 있습니다.
잘못된 책은 바꾸어 드립니다.

ISBN 978-89-5782-106-0 (13320)

차트 고수 최승욱의 제대로 된 차트 분석 비법!

평생사부 최승욱의
역발상
차트 투자

최승욱 지음

기본편

국일 증권경제연구소
국일미디어

프롤로그

좋은 스승을 만나고 철저하게 익혀라!

鳥之將息必擇其林 人之求學乃選師友
조지장식필택기림 인지구학내선사우

새가 쉴 때는 반드시 그 쉴 만한 숲을 잘 선택해야 하고,
사람이 배울 때 역시 스승과 벗을 잘 선택해야 한다.

위 글은 고려의 야운비구(野雲比丘)라는 고승이 쓴 『자경문(自警文)』의 한 구절로 주식시장에 처음 입문하는 초보 투자자들이 가슴 깊이 새겨야 할 내용입니다. 하지만 안타깝게도 대부분의 주식투자자들은 좋은 스승을 만나지 못한 채 실패를 거듭하다가 결국 주식시장을 떠나게 됩니다.

주식시장은 결코 만만한 곳이 아닙니다. 그런데 경험이 부족한 투자자들은 스스로의 힘만으로도 충분히 시장을 이길 수 있다는 오만과 편견에 쉽게 빠집니다. 진심으로 성공하고 싶다면 지금 당장 자신에게 맞는 좋은 스승을 찾기 위해 노력해야 합니다. 주식 고수를 찾아 떠날 수도 있고, 책을 통해 그들의 경험과 지식 그리고 혜안을 얻을 수도 있습니다. 운 좋게 좋은 스승을 찾았다면 모든 에너지를 쏟아 철저하게 벤치마킹해야 합니다. 투자기법은 물론 투자철학까지 모두 말입니다.

저는 좋은 스승을 찾기 위해 노력하는 초보 투자자들을 위해 이 책을 썼습니다. 이 책에는 지난 11년간 수천 명의 제자를 배출하면서 얻었던 저의 모든 노하우들이 담겨 있습니다. 이 노하우들은 투자자들이 주식투자에서 최대한 실수를 줄일 수 있도록 도와줄 것입니다. 다양한 수익모델과 투자철학은 여러분에게 좋은 스승이 되어줄 것이며, 주식투자에 있어서 자신감을 심어줄 것입니다. 또한 투자자들이 궁금해하는 개별 종목의 재료와 시장 이슈(Issue) 등 주식투자에 필요한 정보를 해석하는 방법에 대해서도 꼼꼼하게 기록했습니다.

책을 읽기 전에 독자 여러분에게 한 가지 당부의 말씀을 드립니다. 이 책을 읽기에 앞서 주변에서 일어나는 다양한 정보에 귀를 기울이는 습관을 들이세요. 성공적인 주식투자를 위해서 반드시 필요한 것은 바로 정보의 양입니다. 이때 '정보' 란 단순히 종목 뉴스만을 의미하지 않습니다. 차트 정보는 물론 수급 정보, 가치 정보, 재료 정보 등 주식투자에 필요한 모든 내용을 포함하고 있습니다.

남들보다 빨리 정보를 얻기 위해서는 자기만의 채널을 확보해야 합니다. 주식 부자는 한발 빠른 정보를 통해 시장 트렌드를 이해하고, 핵심 트렌드에 집중 투자한 사람입니다. 100년 묵은 산삼을 캐기 위해 전국의 험준한 산을 샅샅이 훑는 심마니의 절박한 마음으로 1,800개 전 종목의 정보를 얻기 위해 할 수 있는 모든 노력을 다하기 바랍니다.

'부자는 자신의 모든 것을 불사르는 열정과 고도의 집중력의 산물로 탄생한다' 는 것이 저의 오랜 믿음입니다. 이 책을 읽는 당신에게 저의 열정과 집중력이 고스란히 전수되길 간절히 바라며, 이제 평생사부의 주식 이야기를 시작하려 합니다. 포기하지 않는다면 여러분은 영원한 승자입니다. 대박을 위해 오늘도 파이팅!

2013년 여의도 사무실에서
최승욱 배상

Contents
차례

프롤로그 ······ 4

1부_기본편

PART 01 캔들을 알면 차트가 보인다

캔들, 쌀 거래에서 시작했다 ······ 14

캔들은 시장의 심리를 반영한다 ······ 17

캔들의 패턴을 파악하자 ······ 22

캔들에도 공식이 있다 ······ 27

강한 수급은 갭(GAP)으로 나타난다 ······ 41

실전에서 배우기 캔들 실전 활용법 ······ 46

PART 02 거래량 분석으로 세력의 의도를 파악하자

거래량에는 세력의 흔적이 남는다 ······ 52

거래량을 통해 추세를 파악하자 ······ 55

세력이 좋아하는 거래량 패턴 ······ 58

실전에서 배우기 거래량 실전 활용법 ······ 63

PART 03 이동평균선 분석으로 매수 급소를 포착하라

그랜빌의 여덟 가지 법칙 ⋯⋯ 68
급등주는 5일선을 타고 상승한다 ⋯⋯ 70
20일선 아래 종목은 쳐다보지도 마라 ⋯⋯ 74
크로스 분석으로 매매 타이밍 잡기 ⋯⋯ 79

실전에서 배우기 이동평균선 실전 활용법 ⋯⋯ 83

PART 04 추세 분석으로 시장 흐름을 읽어라

추세선 바로 알기 ⋯⋯ 90
평행 추세선으로 매물벽을 파악하라 ⋯⋯ 94
추세대로 변곡점을 포착하라 ⋯⋯ 97
추세각도로 미래를 예측한다 ⋯⋯ 101

실전에서 배우기 추세선 실전 활용법 ⋯⋯ 105

PART 05 패턴 분석으로 성공률을 높여라

세력들이 선호하는 급등 패턴 ⋯⋯ 110
투자자들이 피해야 할 하락 패턴 ⋯⋯ 115

실전에서 배우기 패턴 실전 활용법 ⋯⋯ 118

Contents

2부_응용편

PART 06 메이저 분석하기

외국인 투자자 따라하기 …… 128
기관투자가 따라하기 …… 134
프로그램 매매 동향에 주목하라 …… 141

PART 07 데이트레이딩 고수 따라하기

데이트레이딩 성공을 위한 절대 원칙 …… 146
분차트를 이용한 매매 시점 포착법 …… 152
유형별 손절매 원칙 …… 156

PART 08 매도의 달인이 되자

떨어지지 않을 주식을 사라 …… 164
TS매도로 이익을 극대화하라 …… 166
셀(SELL)음봉은 뒤도 보지 말고 팔아라 …… 170
급등주는 연속된 음봉 2개에서 팔아라 …… 173
20일선 이탈은 세력의 이탈을 의미한다 …… 176

PART 09 주문 고수가 되자

호가단위를 따져라 …… 180
깔면서 매수하고, 얹으면서 매도하라 …… 183
공백을 메워서 주문을 넣는다 …… 185
큰 물량을 피해서 주문을 넣는다 …… 187
분할매수와 분할매도를 생활화하라 …… 189
덩어리 물량을 통해 세력의 동향을 살펴라 …… 191
지수분봉 상승 흐름 혹은 상승 변곡점을 노려라 …… 193
매수·매도 창구 성향 체크 포인트 …… 196

PART 10 기업 가치 분석하기

기업의 성장가치를 따져라 …… 200
PER, PBR, EV/EBITDA …… 207
내재가치로 본 청산가치 …… 215

PART 11 평생사부의 주식 이야기

초보 투자자에게 전하는 훈수 세 마디 …… 222
평생사부의 성공 습관 배우기 …… 232
평생사부의 하루 …… 242

에필로그 …… 251
부록 1. 평생사부 50문 50답 …… 256
부록 2. 평생사부의 화면구성법 …… 285

차트만 보고 투자하지 마라!
차트에 숨어 있는 시장을 읽고 주문고수 되는 법!

**평생사부
필살기**

차트 고수 최승욱의
제대로 된
차트 분석 비법!

차트만 보고 **투자**하지 마라!
차트에 숨어 있는 시장을 읽고 주문고수 되는 법!

1부

기본 편

PART 01

캔들을 알면 차트가 보인다

Section 01
캔들, 쌀 거래에서 시작했다

미국식 차트와 일본식 차트

주식투자 하는 사람 중에서 차트를 모르는 사람은 없을 겁니다. 이 '차트'라는 말은 영어의 'Chart'에서 나온 것인데, 영어사전에서 'Chart'를 찾아보면 도표, 차트 외에 '해도(海圖)'라는 의미도 있습니다. 일반인에게는 생소하게 들리겠지만 항해사 출신인 저에게 '해도'는 아주 익숙한 단어입니다.

해도란 바다의 상태를 자세히 적어 넣은 항해용 지도입니다. 해도에는 바다의 깊이, 바다 밑의 성질, 암초의 위치, 조류의 방향, 항로 표지, 연안의 약도 등이 자세하게 나와 있습니다. 바다를 항해할 때 이 해도가 없다면 목적지에 도착하기까지 어려움을 겪게 되지요.

해도와 마찬가지로 '주가차트'도 주식시장이라는 거친 바다에서 투자자들에게 길을 알려주는 나침반 역할을 합니다. 주가차트를 어떻게 사용하느냐에 따라 주식투자 결과가 확연히 달라지기 때문에 정확한 의미를 알고 사용해야만 올바른 투자를 할 수 있습니다.

주가차트는 미국식 차트(Bar chart)와 일본식 차트(Candle chart)로 나눌 수 있습니다. 우리나라에서는 주로 일본식 차트를 사용합니다. 증권사 HTS에서 제공하는 기본 차트도 바로 일본식 차트입니다. 여기서 잠시 미국식 차트와 일본식 차트의 차이점을 살펴보겠습니다.

미국식 바차트는 최고가, 최저가, 종가의 세 가지 요소로만 구성되어 있습니다. 미국식 바차트에는 시가가 포함되지 않기 때문에 일정 기간 동안의 상승과 하락 변동성을 정확히 표현할 수 없다는 단점이 있습니다. 또한 우리에게 익숙한 것과는 반대로 상승선은 파란색 몸통으로, 하락선은 빨간색 몸통으로 그려집니다. 이미 일본식 차트에 익숙해 있는 우리의 시각으로는 미국식 차트는 뭔가 허전해 보일 수도 있습니다.

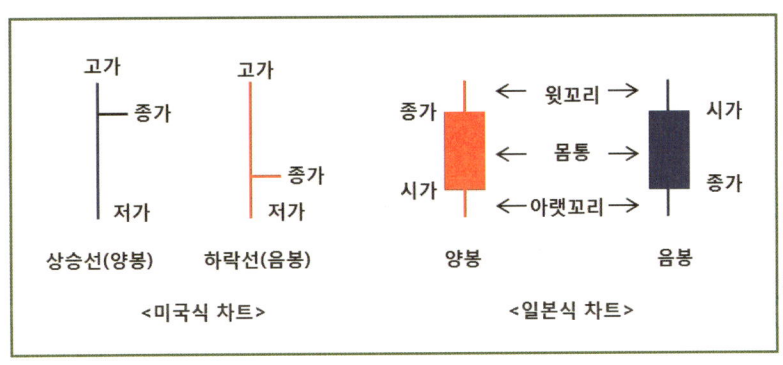

[그림 1-1] 미국식 차트와 일본식 차트

반면 일본식 캔들차트는 미국식 바차트와는 달리 시가, 종가, 최고가, 최저가로 구성됩니다. 종가가 시가보다 위에 있으면 양봉(빨간색 몸통), 종가가 시가보다 밑에 있으면 음봉(파란색 몸통)이 그려집니다. 캔들 몸통

(Real Body)의 위쪽과 아래쪽에 있는 가늘고 긴 선은 최고가와 최저가를 나타내며, '그림자' 혹은 '꼬리'라고 불립니다.

일본식 캔들차트는 미국식 바차트와 비교해서 우선 시각적으로 보기에 편하고, 가격 움직임에 대한 해석도 쉽다는 장점이 있습니다. 특히 양봉과 음봉의 모양이나 형태, 다른 캔들과의 결합 상태에 따라 투자자들의 심리 상태를 판단하기에 편리합니다. 이 부분에 대해서는 다음 장에서 자세히 살펴보도록 하겠습니다.

일본식 차트의 유래

지금부터 일본식 차트의 유래에 대해 간단히 살펴보겠습니다.

캔들은 처음에 어떻게 만들어졌을까요? 중국에서 처음 만들어졌다는 설도 있지만, 1700년대 일본의 '혼마'라는 상인에 의해 만들어졌다는 설이 가장 유력합니다.

예나 지금이나 일본인은 장사 수완이 대단했습니다. 당시 오사카 항구에서는 쌀 거래가 빈번하게 이뤄지면서 쌀 저장소가 생겼고, 효율적인 쌀 거래를 위해 쌀 증권까지 생겨났습니다. 또한 미래에 쌀을 사고팔 수 있도록 미리 일정 가격으로 계약을 체결하는 지금의 선물시장 개념의 시장도 형성되었습니다.

혼마는 쌀 선물시장에서 미리 쌀의 가격을 예측하기 위해서 세계 최초로 기술적 분석을 사용했습니다. 혼마가 사용했던 기술적 분석을 토대로 일본에서는 캔들차트를 기술적 분석의 방법론으로 발전시켰고, 오늘날의 '일본식 캔들차트'가 완성될 수 있었습니다.

Section 02

캔들은
시장의 심리를 반영한다

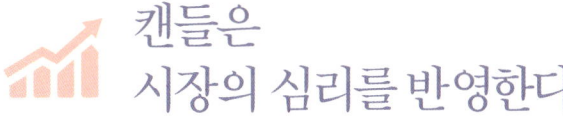

캔들의 원리

주가차트에서 캔들이 차지하는 비중은 매우 큽니다. 온통 캔들로 뒤덮인 차트를 보며 캔들이 차트의 전부라고 생각하는 독자도 있을지 모릅니다. 1분 1초 간격으로 빠르게 돌아가는 주식시장에서 투자자들은 캔들을 통해 시간의 흐름에 따른 주가의 변동성을 확인할 수 있습니다.

특히 우리가 흔히 사용하는 일본식 캔들은 시가, 저가, 고가, 종가의 총 4개 항목으로 구성되어 있어서 당일 주가 변화를 한눈에 파악할 수 있습니다. 다양한 캔들의 정확한 의미를 알고 해석할 수 있다면 여러분도 충분히 주식 고수가 될 수 있습니다.

캔들의 유형

캔들은 시가보다 종가가 높은 양봉형, 시가보다 종가가 낮은 음봉형, 시가와 종가가 같은 십자(도지)형으로 구분할 수 있습니다. 일반적으로 양봉은 매수세가 강함을 나타내며, 음봉은 매도세가 강함을, 십자형은 매도세와 매수세가 팽팽히 맞서고 있음을 나타냅니다.

🔵 캔들 색의 의미

당일 주가가 올랐는지 내렸는지는 캔들의 색을 통해 쉽게 알 수 있습니다. 차트상에서 양봉은 빨간색으로 음봉은 파란색으로 표시하는데, 간혹 흰색과 검은색만으로 표시된 차트를 발견하는 경우도 있습니다. 컬러로 된 캔들이 보편화되기 전에는 양봉은 흰색으로 음봉은 검은색으로 표시해 구분하기도 했습니다.

🔵 몸통의 의미

캔들의 몸통은 매수·매도세력 간의 힘을 나타내는 동시에 투자자의 심리를 나타냅니다. 몸통의 길이가 길다는 것은 하루 주가 변동폭이 컸음을 의미하며, 이것은 팽팽하던 힘의 균형이 어느 한쪽으로 기울어졌음을 뜻합니다. 반면 캔들 몸통이 짧은 단봉은 주가 변동폭이 매우 작다는 것을 의미하며, 매수·매도세력 간에 팽팽한 힘겨루기가 진행되고 있음을 뜻합니다.

🔵 꼬리의 의미

차트에서 캔들의 몸통만 존재하는 경우도 있지만, 보통 아래와 위에 꼬리를 만드는 경우가 대부분입니다. 꼬리의 맨 윗부분은 그날 장중에 형성되었던 최고가를 의미하며, 아래의 꼬리는 장중에 형성되었던 최저가를 의미합니다. 윗꼬리가 형성됐다는 것은 장중 고점에서 매도세력이 출현했음을 의미하며, 아랫꼬리는 당일 저점에서 저가 매수세력이 출현했음을 의미합니다.

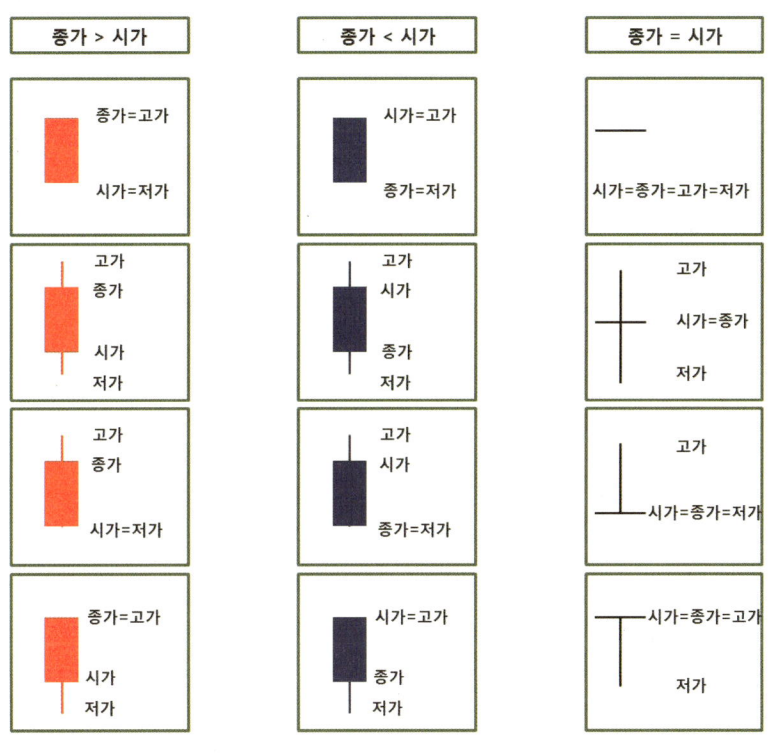

[그림 1-2] 캔들의 유형

주요 싱글캔들

아래 [그림 1-3]은 주요 싱글캔들의 모양과 특징을 정리한 것입니다.

장대양봉형(시가=저가, 종가=고가)
개장 이후 강하게 주가를 끌어올린 경우로 강한 모멘텀이 매수세를 자극한 경우입니다. 매수세가 강하게 유입된 만큼 다음날 상승출발할 확률이 매우 높습니다. 다만, 다음날 단기 차익매물이 출회될 가능성이 있어 익일 단봉의 음봉을 공략하는 전략이 좋습니다.

장대음봉형(시가=고가, 종가=저가)
개장 이후 투자심리가 급격히 악화되며 매물이 출회된 경우입니다. 상승 모멘텀이 부족하거나 특정 악재에 노출될 때 나타나는 캔들로 다음날 하락출발할 확률이 매우 높습니다. 특히, 고가권에서 나타날 경우 다음날 갭하락할 가능성이 높습니다.

역망치형양봉
장 초반 강하게 매수세가 유입된 후 고가에서 차익 매물이 나타난 경우입니다. 당일 일정 매물이 소화되었으므로 다음날 매물에 대한 압박이 낮아집니다. 특히, 상승 추세인 경우에 해당 일봉이 나타나면 추가적으로 상승할 확률이 높습니다.

역망치형음봉
장 초반 매수세가 유입되다가 고점에서 대규모 매물이 출회되고, 시가마저 무너진 경우입니다. 상승 추세의 과열권에서 나타나면 하락할 가능성이 높습니다. 윗꼬리가 길면 길수록 대기매물이 많다는 의미이므로 각별한 주의가 요구됩니다.

망치형(양봉)
장 초반 매물이 출회되었으나 강력한 저가 매수세가 대기 매물을 모두 흡수한 모습입니다. 상승반전형의 대표적인 캔들로 바닥권에서 나타날 경우 추세가 상승 전환될 확률이 높습니다. 단, 추세전환의 신뢰성을 높이기 위해서 다음날 양봉을 한번 더 확인하는 것이 좋습니다.

망치형(음봉)
거래시작과 동시에 매도세가 매수세를 압도한 모습입니다. 하락패턴의 대표적인 캔들로 고가권에서 나타날 경우 통상 매도신호로 해석합니다. 다만, 저가 매수세 유입으로 다음날 단기 반등 가능성은 있습니다.

장대팽이(양봉)
장중 변동성이 있었지만 매수세가 매도세를 압도한 캔들입니다. 단기 고점이나 저항선을 돌파할 때 자주 등장하며 상승에 대한 기대감이 높습니다.

▯	**장대팽이(음봉)** 장중 매수세와 매도세가 치열한 공방을 벌였지만 매도세가 매수세를 압도한 모습입니다. 하락 추세인 경우에 해당 일봉이 출현하면 하락 가능성이 높으며, 추세선 아래에서 나타날 때 신뢰도는 더욱 높아집니다.
┼	**도지형** 시가와 종가가 일치하는 캔들로 매도세와 매수세 간의 강력한 대치국면일 때 나타납니다. 위·아래 꼬리가 짧으면 추세지속, 꼬리가 길면 추세전환의 가능성이 크기 때문에 추세와 앞뒤 캔들과 함께 해석해야 합니다.
┴	**비석형(시가=종가=저가)** 당일 고점에서 매수세를 압도하는 매물의 출현으로 대량의 매물벽이 쌓인 캔들입니다. 해당 일봉이 나타나면 추세가 하락 전환할 가능성이 높으며 윗꼬리가 길수록, 추세선 아래에서 나타날수록 신뢰도는 높습니다.
┬	**교수형(시가=종가=고가)** 장중 매도세를 강력한 매수세가 압도한 캔들입니다. 해당 일봉이 나타나면 추세가 상승으로 전환할 가능성이 높습니다. 추세 상승의 초기에 나타나면 추가 상승 가능성이 높으며 아랫꼬리가 길수록 신뢰도가 높습니다.
─	**일자도지형(시가=종가=고가=저가)** 점상한가 또는 점하한가에서 주로 나타납니다. 매수세와 매도세가 첨예하게 대립한 형태로 강력한 호재 또는 악재가 발생했을 경우에 나타납니다.

[그림 1-3] 주요 싱글캔들

Section 03

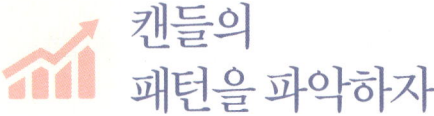
캔들의
패턴을 파악하자

상승 패턴

 적삼병

3개의 양봉이 연속적으로 이어지는 대표적인 강세 예고 패턴입니다.

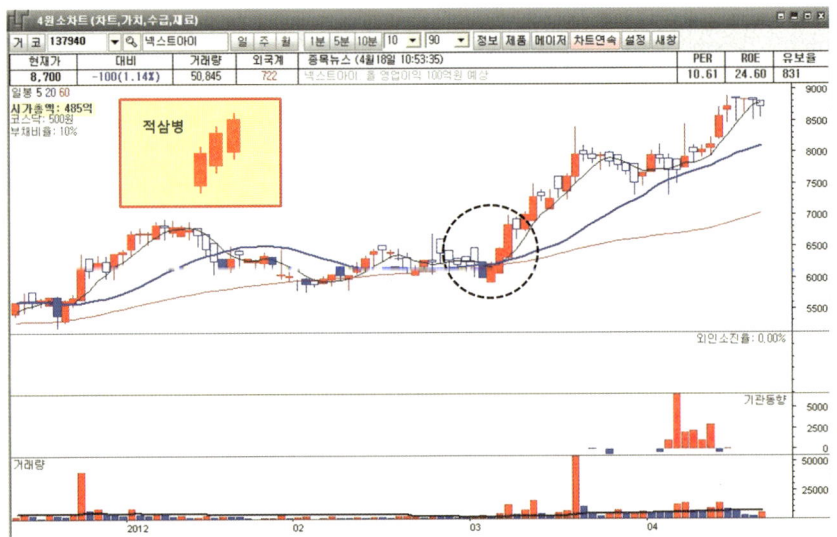

[차트 1-1] 넥스트아이 일봉차트(2012년)

각 양봉의 시가는 직전 봉의 몸통 안에 있어 3개의 양봉이 맞물리면서 상승하는 모습을 나타냅니다. 추세선 위에서 발생할 경우 신뢰도가 높으며, 바닥권에서는 추세 반등의 신호로 해석합니다. 단, 고점에서 나타날 경우 과열 국면에 진입할 가능성이 있으므로 주의하는 것이 좋습니다.

🟢 상승잉태형

전일 장대음봉이 출현한 후 당일 짧은 양봉이 나타나는 패턴입니다. 마치 전일의 긴 음봉이 당일의 양봉을 감싸 안고 있는 듯한 모습입니다. 하락 추세에서 전일의 종가 위에서 양봉이 나타날 경우 투자심리의 상승 전환을 의미합니다. 그러나 이 패턴 이후 주가 상승이 나타나지 않는다면 기존의 약세 추세가 더욱 강화될 수 있으므로 주의해야 합니다.

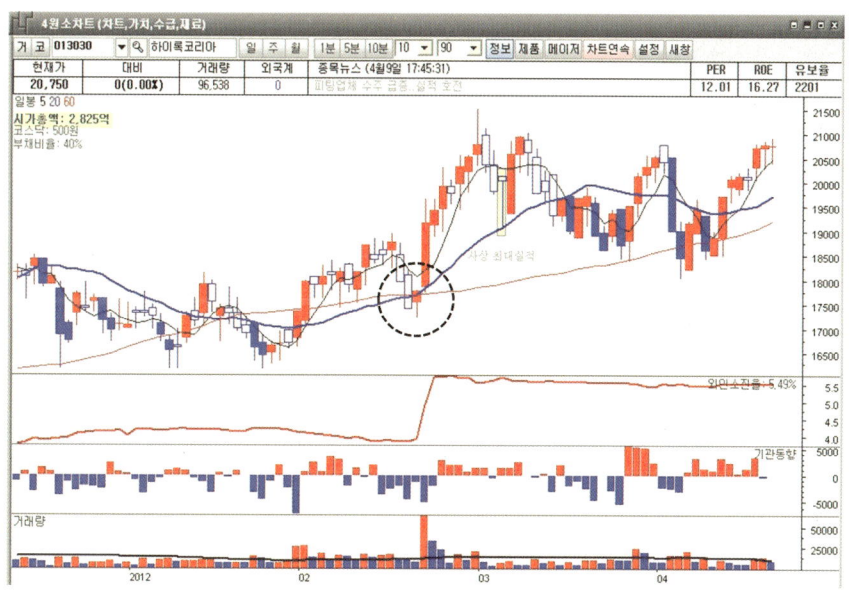

[차트 1-2] 하이롬코리아 일봉차트(2012년)

🟢 상승장악형

하락 추세에서 형성되는 이 패턴은 전일의 음봉을 당일 양봉이 완전히 감싸 안는 패턴입니다. 바닥권에서 강력한 추세 반등의 신호로 해석되며, 양봉의 길이가 길고 거래량이 수반될수록 신뢰도는 높아집니다.

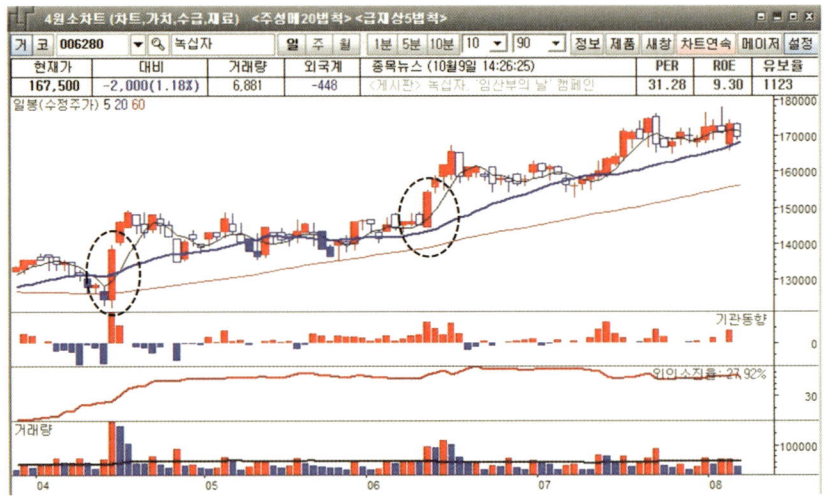

[차트 1-3] 녹십자 일봉차트(2011년)

하락 패턴

 흑삼병

3개의 음봉이 연속적으로 이어지는 대표적인 약세 예고 패턴입니다. 각 양봉의 시가는 직전 봉의 몸통 안에 있어 3개의 양봉이 맞물리면서 하락하는 모습을 나타냅니다. 추세선 아래에서 발생할 경우 신뢰도가 높습니다.

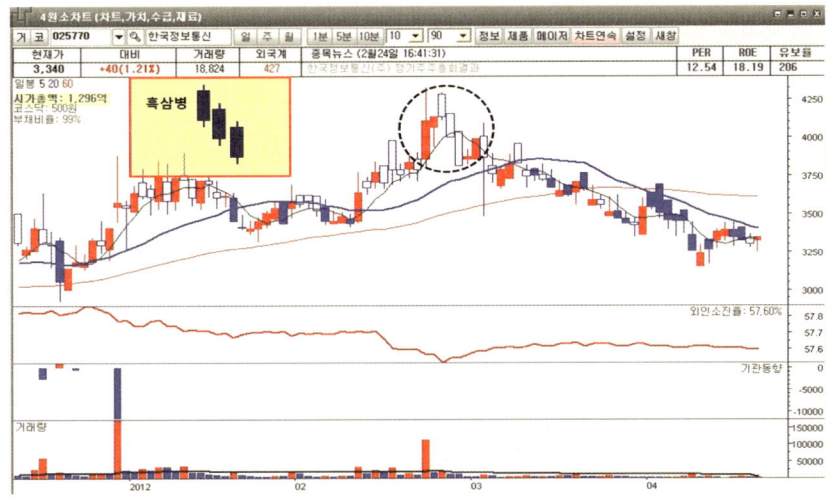

[차트 1-4] 한국정보통신 일봉차트(2012년)

🟢 하락장악형

상승 국면에서 둘째날 음봉이 첫째날 양봉을 감싸 안는 형태로, 이전의 상승 추세가 꺾일 가능성이 매우 높습니다. 둘째날 음봉의 몸통이 길고

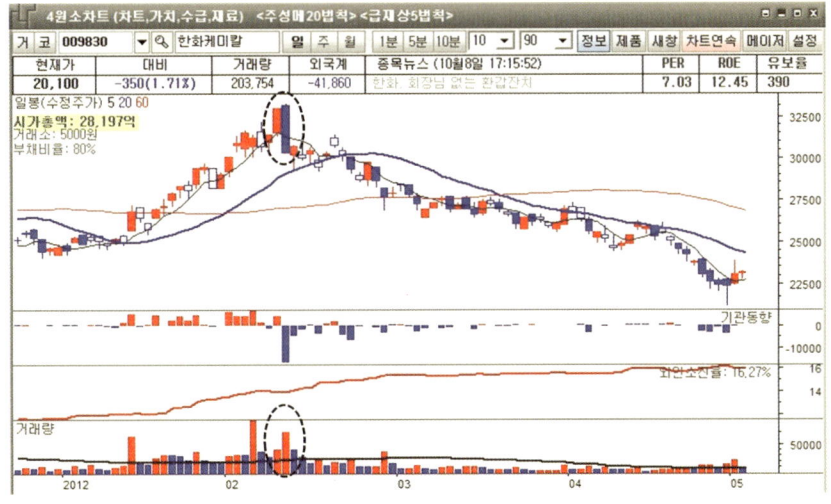

[차트 1-5] 한화케미칼 일봉차트(2012년)

PART 1. 캔들을 알면 차트가 보인다 25

아랫꼬리가 없는 경우에 신뢰도는 증가합니다. 만일 두 번째 봉에 대량 거래가 수반되었다면 더욱 의미가 있습니다.

 흑운형

전일의 강한 양봉 이후 당일 몸통이 긴 음봉이 나타나는 패턴으로, 상승 추세의 마지막에 나타납니다. 일반적으로 전일 양봉의 몸통 절반 아래에서 당일 음봉의 종가가 형성됩니다. 상승 추세의 과열권에서 차익매물이 출회되고 있음을 의미하며, 음봉의 길이가 길고 음봉에서의 거래량이 많을수록 신뢰도는 높아집니다.

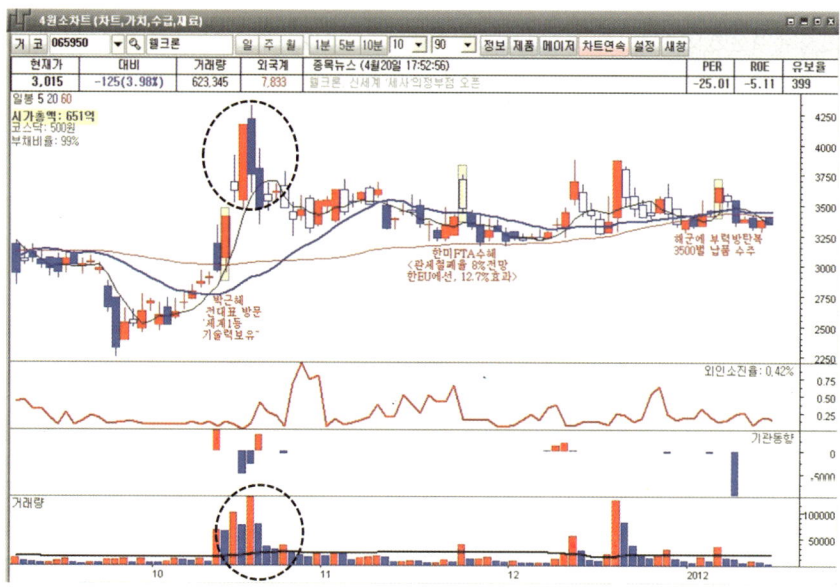

[차트 1-6] 웰크론 일봉차트(2011년)

Section 04

캔들에도 공식이 있다

장대봉 캔들의 비밀을 파헤친다

지금까지 캔들의 유래를 시작으로 캔들의 특징과 다양한 패턴들에 대해 살펴보았습니다. 그중 수급에 기초해서 판단할 때 가장 중요한 것이 바로 장대봉입니다.

예를 들어, 특정 주식에 매수 사유가 발생하여 수급이 유입된다면 일봉의 모양은 어떻게 될까요? 매수세의 증가로 하루 변동폭이 커지게 되며 전일보다 긴 장대양봉이 만들어지게 됩니다. 반대의 경우, 특정 주식에

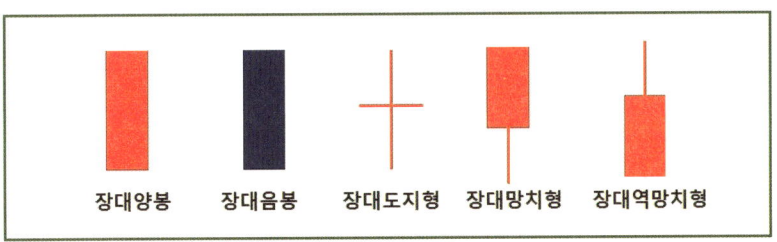

[그림 1-4] 장대봉의 종류

매도 사유가 발생하면 수급이 이탈되면서 전일 대비 긴 장대음봉이 출현할 것입니다. 주가 변동 사유로 인해 일봉이 길어지는 것이지요. 장대양봉이나 장대음봉 외에 도지형이나 망치형의 경우에도 꼬리가 길면, 즉 일일 변동폭이 크면 종가에 상관없이 장대봉으로 간주해야 합니다.

매수세력이든 매도세력이든 세력이 개입한 흔적은 가장 먼저 장대봉의 형태에서 찾을 수 있습니다. 주가 변동 사유는 투자자의 심리에도 영향을 미쳐 일봉의 변동성을 확대시킵니다. 따라서 장대봉의 탄생에만 주목해도 웬만한 급등주는 거의 포착할 수 있습니다. 더불어 돌발 악재에도 발빠르게 대응할 수 있습니다.

그렇다면 장대봉의 기준은 어떻게 설정할까요? 정확한 기준은 없지만 전일 봉길이의 두 배로 보면 무난합니다. 예를 들어, 전일 변동폭이 3%였다면 금일은 6% 정도의 봉길이를 보여야 장대양봉으로 간주할 수 있습니다.

장대양봉의 이식매물에 주의하자

많은 투자자들이 장대양봉을 매수 신호로 판단합니다. 하지만 장대양봉의 이식매물을 간과할 경우 뼈아픈 손실을 맛보게 됩니다. 실제로 저는 장대양봉이 출현해도 이식매물을 소화한 것이 확인되지 않으면 매수를 보류합니다. 그렇다면 장대봉의 네 가지 형태(장대양봉, 망치형, 도지형, 역망치형) 중에서 다음날 음봉이 예상되는, 즉 이식매물이 가장 많이 나올 것으로 보이는 것은 어떤 장대봉일까요?

시장 상황과 거래량, 이동평균선의 위치 등을 고려했을 때 약간의 이견이 있을 수 있지만, 일반적으로 '망치형→장대양봉→도지형, 역망치형'

순이 됩니다. 왜 그럴까요? 지금부터 그 이유를 순서대로 짚어보도록 하겠습니다. 먼저 장대망치형을 분봉으로 풀어보면 [그림 1-5]와 같습니다.

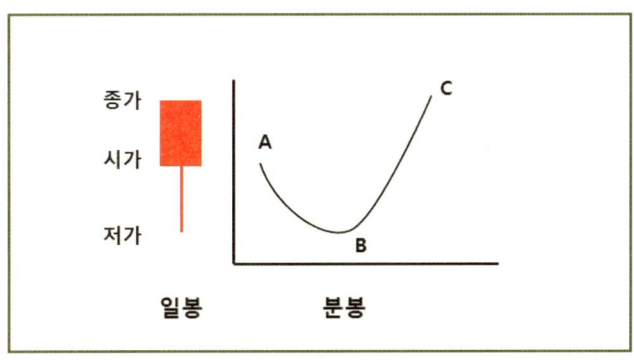

[그림 1-5] 망치형

망치형도 장대양봉과 마찬가지로 종가 기준으로 볼 때 손해 입은 투자자는 없습니다. A지점에서 매수해 B지점에 매도한 투자자는 손실을 보았겠지만, 종가 기준 보유자는 아니므로 다음날에는 어떤 영향도 미치지 못합니다. 만약 B지점인 최대 저점에서 매수한 투자자라면 종가 기준으로 큰 폭의 이익을 본 상태가 되겠지요.

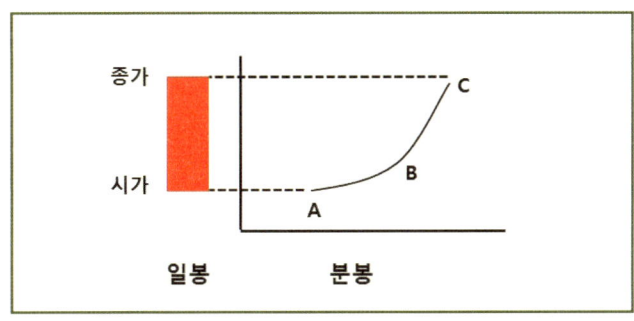

[그림1-6] 장대양봉

그렇다면 [그림 1-6] 장대양봉의 경우는 어떨까요? A, B, C 중 어느 지점에서 매수에 가담했는지와는 별개로 종가 기준으로 볼 때 주식 보유자들은 크든 작든 모두 이익을 낸 상황임을 알 수 있습니다. 즉, 오늘 장대양봉이 출현한 주식을 보유하고 있는 사람이라면 누구라도 내일 이익을 실현할 수 있기 때문에 이식매물이 가장 많이 나올 수 있습니다.

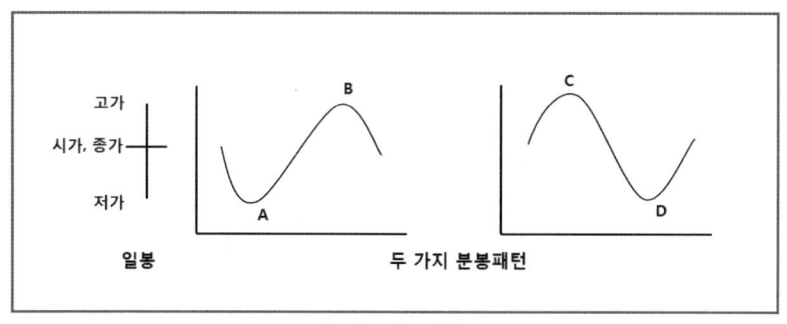

[그림 1-7] 도지형

이번에는 도지형에 대해 알아보겠습니다. 도지형을 분봉으로 풀어보면 [그림 1-7]과 같이 두 가지 패턴으로 나타날 수 있습니다. 둘 중 어떤 패턴으로 진행되더라도 만약 시초가에 매수한 투자자라면 종가를 기준으로 볼 때 이익도 손실도 없는 상태가 됩니다. 물론 A, D지점에서 매수한 투자자는 이익이 나겠지만, B나 C지점에서 매수했을 경우에는 손실이 발생하게 됩니다. 즉, 이익과 손실이 공존하는 상황이므로 도지형의 위치가 고점이냐 저점이냐에 따라 다음날 차트의 흐름이 바뀌게 되는 것입니다.

마지막으로 [그림 1-8]의 역망치형은 매우 의미 있는 캔들 모형입니다. 가장 큰 특징은 시초가가 최저가격이라는 사실과 당일 이식매물이 고점에서 일부 소화되었다는 점입니다.

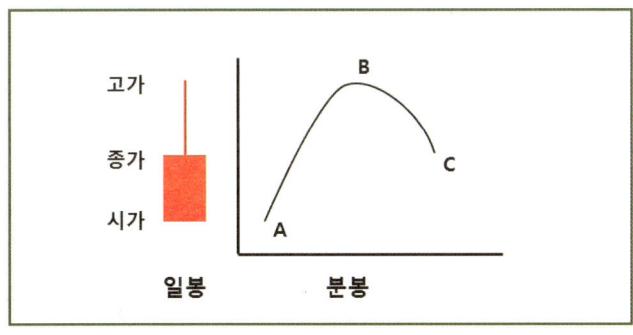

[그림 1-8] 역망치형

먼저 '시초가가 최저가격'이란 개장과 동시에 누군가 물량을 소화했음을 의미하며, 이는 관리자가 있는 종목임을 나타냅니다. 그리고 당일 이식매물이 소화되었다는 것은 오늘보다 내일 주가가 더 좋을 것을 의미합니다.

역망치형 분봉 A지점에서 매수한 사람은 종가 기준에서 보면 다소 이익을 본 상황입니다. 그러나 B지점에 매수한 사람은 정확히 고점에서 물린 상태로 이익세력은 이미 B지점에서 털고 나간 상태입니다. 즉, 다음날 차익 매물이 금일 상당 부분 해소되었음을 의미합니다.

이런 점들을 종합해보면 장대양봉과 망치형은 시세의 강함을 나타내고 있지만, 다음날 이식매물의 압박을 받을 수 있습니다. 반면 역망치형은 이식매물이 충분히 해소되었기 때문에 캔들 중 가장 높은 매매 성공률을 자랑합니다. 물론 상승 초입이라는 전제가 필요하지만 말입니다. 도지형은 발생하는 위치에 따라 해석이 달라집니다.

양음양 패턴을 알면 급등주가 보인다

🟢 양음양 패턴의 음봉을 노려라

주식 초보자라면 "왜 내가 사면 떨어지고, 팔면 올라갈까?"라는 고민을 한 번쯤은 해봤을 겁니다. 전날 강세를 보인 종목을 과감히 매수했더니 차익매물에 음봉이 나타나고, 큰일이다 싶어 서둘러 매도하면 주가는 거짓말처럼 반등합니다. 그 이유는 바로 '양음양 법칙'을 몰랐기 때문입니다.

전일 장대양봉으로 마감한 주식은 재료의 강도와 세력의 규모에 따라 다음날 크게 두 가지 패턴으로 나타납니다. 재료가 크거나 세력의 규모가 크면 다음날에도 역시 강한 흐름을 보이며 양봉으로 마감할 것입니다. 반대로 장대양봉을 만든 주체가 단타성 세력이라면 익일 동시호가부터 허수잔량을 깔고 시초가에 팔려 들 것입니다. 그렇다면 결과는 음봉이 되겠지요.

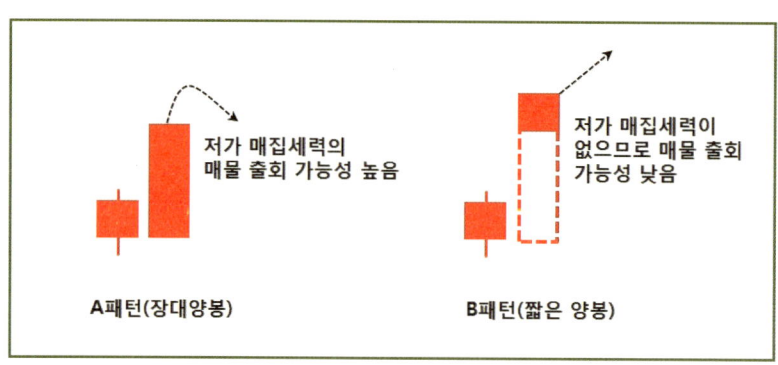

[그림 1-9] 전일 장대양봉으로 마감한 주식의 두 가지 패턴

하지만 장대양봉은 전자보다는 후자인 경우가 많습니다. 시장에는 대규모 세력보다는 단타세력이 훨씬 더 많은 법이니까요. 대부분의 장대양봉은 재료가 없는 경우가 많으며, 대규모 세력이 개입한 경우도 아닙니다. 당일 단타세력이 개입된 경우가 대부분이어서 다음날 이식매물에 의한 음봉이 나타날 가능성이 높습니다.

그렇다고 둘째날 음봉 이후 주가가 하락 추세로 전환된다고 생각하면 큰 오산입니다. 장대양봉은 이식매물이 부담스럽지만 그 자체로는 세력의 개입을 의미하므로 상당히 강한 모형이 됩니다. 즉, 매물 소화만 끝나면 재상승 가능성이 가장 높은 모형 중 하나입니다.

상승 패턴을 보이는 장대양봉은 일반적으로 '양 → 음 → 양'으로 진행되는 경우가 많습니다. 단기 세력이 몸집 불리기에 곧잘 이용하는 패턴이 바로 양음양 패턴이기 때문이지요. 첫날 강하게 끌어올린 후 둘째날 개인들이 동참하는 시점에 물량을 던지는 것입니다. 세력의 매물에 개인들은 손절매에 가담하게 되고, 세력은 이런 투매물량을 저점에서 다시 잡아 재차 주가를 끌어올립니다. 이렇게 탄생한 것이 바로 '양음양 패턴'입니다.

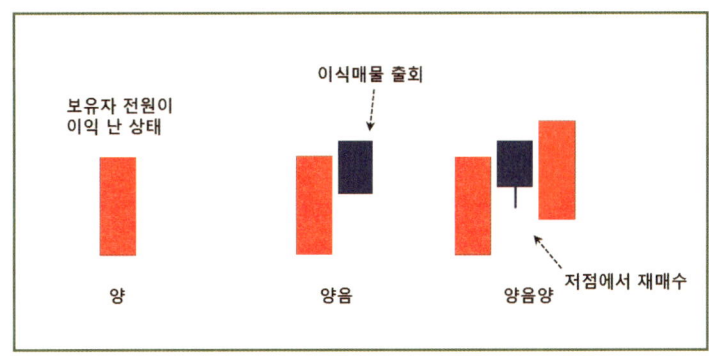

[그림 1-10] 양음양 패턴 진행 과정

이 같은 이유로 개인들이 가장 골탕을 먹는 패턴이 양음양 패턴이기도 합니다. 그러나 양음양 패턴을 정확히 이해한다면 더 이상 세력에게 뒤통수 맞는 아픔은 없을 겁니다. 실전에서 세력의 움직임을 포착하기에 좋은 패턴이기 때문에 양음양 패턴 종목만큼은 놓치지 말아야 하겠습니다.

> **Tip 양음양 법칙 활용법**
>
> 그러면 양음양 법칙을 어떻게 활용해야 할까요? 먼저 양음양 패턴 첫날의 장대양봉에 속지 말아야 합니다. 둘째날 단봉의 음봉이 나타나야만 비로소 양음양 패턴이 완성됩니다. 즉, 다음날 양봉을 기대한다면 바로 둘째날 음봉이 매수 급소가 됩니다.

[그림 1-11]은 세 가지 형태의 양음양 패턴을 정리한 것입니다. 각각의 패턴을 정확히 분석할 수만 있다면 초보 투자자도 쉽게 양음양 급소 종목을 찾을 수 있습니다.

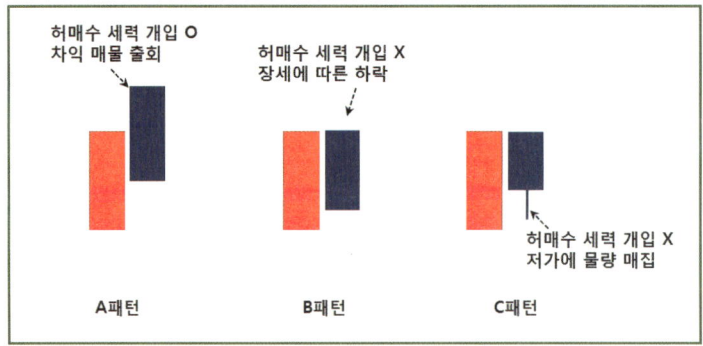

[그림 1-11] 양음양 법칙에서 둘째날 음봉의 세 가지 패턴

A패턴은 시초가 갭상승 후 장대음봉을 맞은 형태입니다. 동시호가에 허매수 세력의 개입으로 갭상승이 나타났습니다. 이후 전일 매집세력은 유유히 물량을 털고 나왔음을 알 수 있습니다.

B패턴은 전일 강했던 시세에도 불구하고 보합권에 시초가가 결정된 형태입니다. 이는 동시호가에 허매수 물량이 동원되지 않았으며, 개장과 동시에 매물은 나왔지만 세력의 이탈로 해석하기보다는 장세의 영향일 가능성이 큽니다.

마지막으로 C패턴은 허매수 세력의 개입도 없었으며, 일봉에 밑꼬리를 단 것으로 봐서 종가 무렵에 누군가 물량을 잡았음을 알 수 있습니다. 만약 시초가에 처분한 세력이 종가에 물량을 잡았다면 급등 가능성이 큰 형태입니다. 단, 아랫꼬리가 길수록, 음봉의 몸통이 짧을수록 신뢰도는 높아집니다.

고점에서 둘째날 음봉은 단봉이어야 한다

앞에서 살펴보았듯이 양음양 패턴은 그 모양과 위치에 따라 각기 다르게 해석할 수 있습니다. 특히 매수 급소인 둘째날 음봉의 모습이 가장 중요합니다. 둘째날 음봉에서 세력은 일차적으로 수익을 실현한 후 저가에 재진입하려는 경우가 많습니다. 하지만 무턱대고 매매를 하다간 낭패를 보기 쉽습니다. 지금부터 설명하는 내용을 잘 들어보기 바랍니다.

상승 초입에 위치한 양음 패턴은 둘째날 음봉이 장대음봉이라도 큰 부담 없이 접근할 수 있습니다. 왜냐하면 세력 입장에서 상승 초입은 큰 수익이 나지 않았을 뿐더러 둘째날 장대음봉이 나타났다면 주가는 상승 전 가격대까지 하락했으므로 세력이 떠날 이유가 없기 때문입니다.

그러나 상승 초입이 아니라 충분히 주가가 상승한 국면에서 둘째날 장대음봉이 나타났다면 단기 상투일 가능성이 높습니다. 예를 들어, 5일 이평선을 살리면서 급상승 중인 종목일 경우, 둘째날 장대음봉이 나타난다면 단기 상투 가능성을 염두에 두고 일단 매도하는 것이 정석입니다.

그렇다면 충분히 주가가 상승한 고점에서는 둘째날 음봉이 어떤 모습을 해야 좋을까요? 이미 눈치챘겠지만 짧은 단봉의 음봉이 나타나야 합니다.

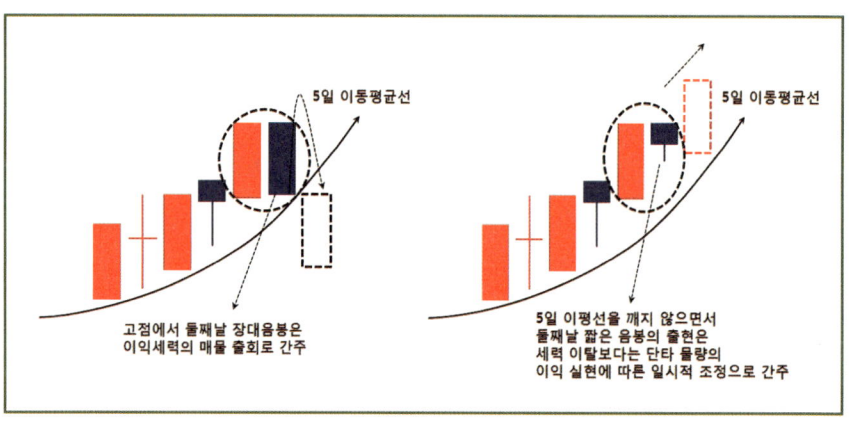

[그림 1-12] 고점에서 둘째날 음봉의 형태

역망치형 양봉은 세력의 단골 메뉴

앞에서 양음양 법칙은 양음 패턴 다음에 찾아올 양봉을 얻는 것이 목적이라고 했습니다. 하지만 속도가 수익의 크기를 결정짓는 주식시장에서 둘째날 음봉을 기다리는 것은 어쩌면 시간 낭비라는 생각도 듭니다. 이런 시간 낭비를 줄이려면 양음 패턴을 하나의 봉으로 묶었을 때 어떤 모형이 완성되는지 알면 됩니다. 과연 어떤 모형이 나올까요?

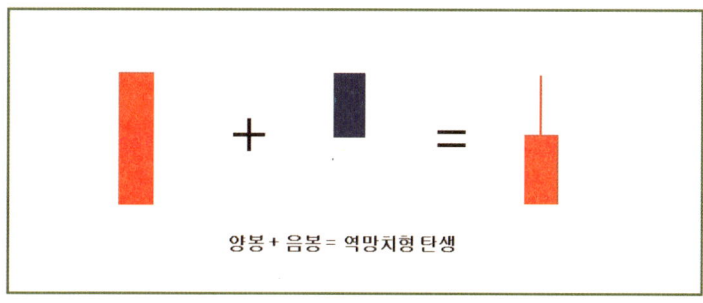

[그림 1-13] 역망치의 탄생

[그림 1-13]과 같이 양음 패턴을 하나로 묶으면 '역망치형 캔들'이 됩니다. 둘째날 조정음봉이 당일 모두 해소된 패턴이 바로 역망치형입니다. 역망치형 캔들은 수급적인 측면에서 이식매물을 소화한 패턴으로, 다음 날 강하게 움직일 가능성이 높습니다. 그렇다면 최고의 역망치형을 선별하는 기준은 무엇일까요? 첫 번째 방법은 역망치형의 윗꼬리 길이를 기준으로 우열을 가리는 것입니다. [그림 1-14]와 같이 윗꼬리 길이에 따라 역망치형 캔들을 세 종류로 나눌 수 있습니다.

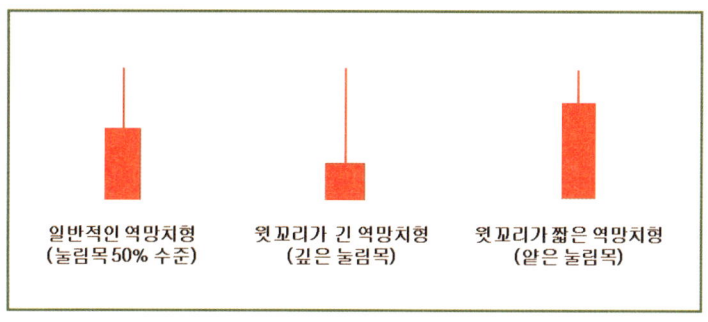

[그림 1-14] 꼬리 길이별 역망치형 캔들의 종류

역망치형의 가장 일반적인 모습은 윗꼬리가 몸통 길이와 비슷한 것입니다. 하지만 역망치형이 나타난 위치에 따라 해석은 달라집니다. 만약 하락 추세거나 상승 초입에 역망치형이 나타났다면 윗꼬리 또는 몸통의 길이에 상관없이 장대봉이면 됩니다. 장대봉은 세력의 개입이 있을 가능성이 높은 패턴이기 때문이지요.

충분히 주가 상승이 이뤄진 상태에서 역망치형이 나타난다면 세력이탈 가능성이 높으므로 주의해야 합니다. 고점에서의 역망치형은 윗꼬리는 물론 몸통의 길이도 짧아야 합니다. 윗꼬리가 짧다는 것은 아직까지 세력의 이탈이 나타나지 않았다는 의미입니다. 반면 고점에서 거래량을 동반한 긴 몸통의 일봉이 나타난다면 주가는 상투일 가능성이 높습니다. 고점에서 거래량이 터졌다는 것은 세력의 자금이 많이 소요되었음을 의미하기 때문입니다.

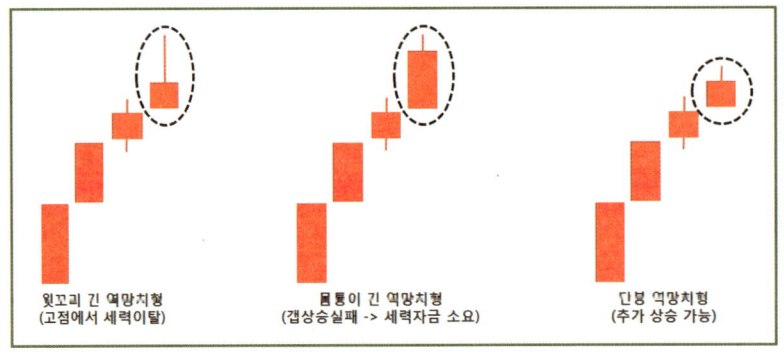

[그림 1-15] 고점에서 역망치형 캔들 유형

최상의 역망치형을 고르는 두 번째 방법은 종가 무렵의 지지 강도를 통해 세력의 의도를 파악하는 것입니다. 쉽게 말해서 종가 무렵에 반등 없이 밀리면서 마감했는지 아니면 일정폭 하락 후 강하게 지지를 하면서 마감했는지를 밝혀서 세력의 이탈 또는 재개입 여부를 파악하는 것입니다.

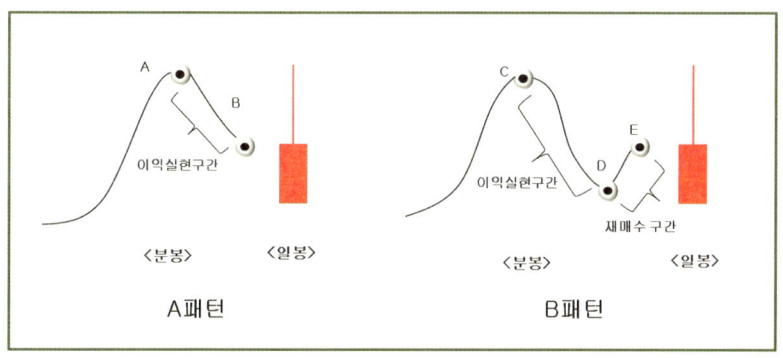

[그림 1-16] 분봉으로 본 역망치형 캔들의 두 가지 패턴

[그림 1-16]에서 A패턴은 고점인 A지점에서 종가인 B지점까지 반등 한 번 없이 밀린 패턴입니다. 매도세가 압도한 상태에서 장 막판 주가 지지에 실패한 패턴으로, 다음날 시초가에 나쁜 영향을 미칠 수 있습니다.

B패턴은 C지점에서 매물이 출회되지만 D~E지점에서 저가 매수세가 유입되어 반등에 성공한 패턴입니다. 최상의 역망치형이라고 할 수 있습니다.

🟢 연속된 역망치형 캔들은 최상의 차트 급소

그렇다면 다음날 반드시 오를 종목을 미리 알 수 있는 방법은 없을까요? 물론 주식투자에 정답은 없습니다. 하지만 가장 근접한 답으로 제시할 수 있는 것은 연속한 2개의 역망치형입니다.

역망치형은 시초가부터 누군가 물량을 잡아간 형태라고 이미 앞에서 언급했습니다. 이런 역망치형이 2개 연속해서 나타났다는 것은 첫날 역망치형 꼬리 부분에서 물량을 턴 세력이 다음날 시초가부터 다시 물량을 잡았을 가능성이 크다는 것을 의미합니다. 이틀 연속 저점에서 물량을 잡는 세력이 있다는 것은 해당 종목에 지배력이 강한 세력이 개입했음을 의미하므로 향후 주가 흐름이 긍정적으로 이어질 가능성이 높습니다.

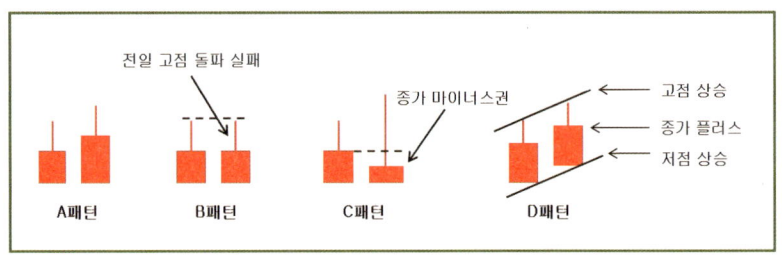

[그림 1-17] 2개가 결합된 역망치형 캔들의 패턴

그렇다면 2개의 역망치형은 어떤 형태로 결합되어야 최상의 급소가 될까요? [그림 1-17]에서 B패턴은 세력의 개입 가능성은 어느 정도 예상되나 전일 고점, 즉 전일의 매물벽 돌파에 실패한 패턴으로 하루 정도 더 지켜보아야 합니다. C패턴은 둘째날 갭하락으로 출발한 후 장중 시세를 분출하면서 전일 고점을 돌파한 패턴입니다. 그러나 그 시세를 지키지 못하고 전일 종가 밑으로 밀리면서 세력이 이탈한 모습입니다.

A패턴은 최상의 결합을 보여줍니다. 갭하락도 좋았고 장중 전일 고점을 돌파한 것도 좋았으며, 전일 대비 플러스로 마감한 것도 훌륭합니다. 특히 D패턴은 저점과 고점을 높이는 패턴으로 2개의 역망치형 결합 중 실전에서 가장 신뢰도가 높습니다.

Section 05

강한 수급은 갭(GAP)으로 나타난다

갭(GAP)이란 무엇인가?

세력들이 가장 좋아하는 패턴 중 하나가 바로 '갭(Gap)'입니다. 일반적으로 갭상승으로 출발하는 종목은 강한 상승 모멘텀을 가지고 있다고 해석할 수 있습니다. 반대로 갭하락으로 출발하는 종목은 특정 악재에 의해 수급이 이탈되는 경우가 많습니다.

갭의 종류별 특징

[그림 1-18]을 보면 캔들 사이에 빈 공간이 보이는데, 이것을 '갭(Gap)'이라고 합니다. 대표적인 갭의 종류에는 보통갭, 돌파갭(상승·하락), 급등(락)갭, 소멸갭 등이 있습니다. 갭들의 성질만 파악해도 실전 투자에 큰 도움이 됩니다.

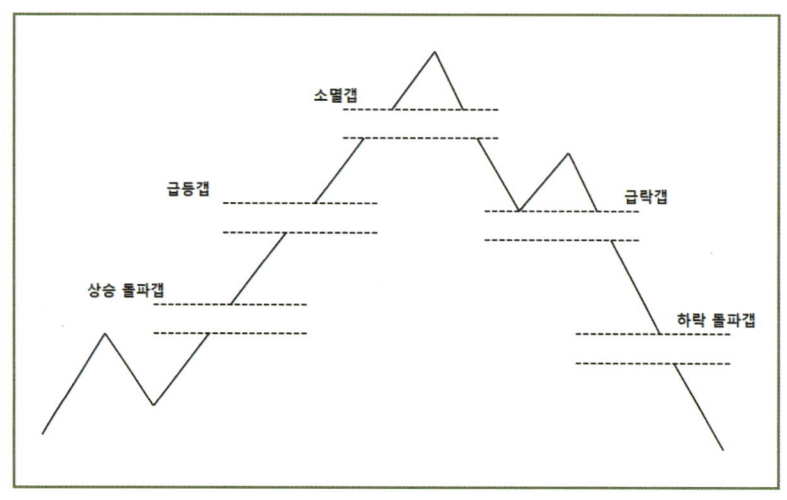

[그림 1-18] 갭의 종류

🥧 보통갭

보통갭은 일반적으로 횡보 상태에서 만들어진 상승(하락)갭을 말합니다. 금방 다시 메워지는 특징이 있어 스캘퍼나 데이트레이더는 주로 갭이 채워지는 시점을 노리는 전략을 구사합니다.

🥧 상승(하락) 돌파갭

돌파갭이란 저항선(지지선)을 돌파할 때 생기는 갭으로 보통갭과는 달리 갭을 채우지 않습니다. 일반적으로 거래량이 실린 돌파갭은 신고가(신저가)를 만드는 경우가 많아 매수(매도) 타이밍을 잡는 데 활용됩니다. 단, 갭이 채워진다면 보통갭으로 인식해야 합니다.

🔵 급등(락)갭

급등(락)갭은 상승 또는 하락 추세를 가속화시키는 패턴으로, 급등 패턴과 급락 패턴에서 자주 나타납니다. 급등갭은 상승 돌파갭 이후 주로 나타나며, 갭을 메우지 않는 특성 때문에 2차 시세분출이 이뤄질 때 (초단기 급등) 발생합니다. 5일선을 타고 급등하는 종목에서 많이 탄생하는 갭입니다. 반대로 급락갭은 급락 추세를 가속화시킵니다. 이 급등(락)갭은 메워지지 않는 경우가 대부분이며, 추후에 지지선과 저항선의 역할을 하게 됩니다.

🔵 소멸갭

소멸갭은 추세 전환 시점을 알리는 마지막 갭 역할을 합니다. 일반적으로 과도한 주가 상승이나 하락을 마무리할 때 발견되는 패턴입니다. 당일 확인하기 어려우며 대량 거래를 동반한 갭상승 이후 이 갭이 채워질 때 비로소 확인할 수 있습니다. 갭의 상쇄라고 보면 됩니다. 이는 추세 전환의 신호로 갭상승 이후 소멸갭이 나오면 하락 반전, 반대로 갭하락 이후 소멸갭이 나오면 향후 주가 흐름이 상승 추세로 돌아설 가능성이 높습니다.

갭을 이용한 투자방법

여러분이 세력이라면 50억 원짜리 매물벽과 100억 원짜리 매물벽 중 어떤 종목을 선택하겠습니까? 대부분 상대적으로 저가인 50억 원짜리 매물벽을 선택할 겁니다.

흔히 세력은 그들이 보유한 자금만큼 주가를 상승시킬 수 있습니다. 다시 말하면 50억 원을 가진 세력은 50억 원만큼, 200억 원을 가진 세력은 200억 원만큼 주가를 상승시킬 수 있다는 말입니다. 하지만 매물벽을 소화하는 데 가지고 있는 자금을 몽땅 써버린다면 향후 주가를 끌어올릴 힘이 부족하게 되겠지요.

그렇다면 세력들이 가장 선호하는 패턴은 어떤 것일까요? 전일 종가 부근의 매물을 개장과 동시에 강하게 뛰어넘는 점핑양봉입니다. 점핑양봉은 직전 매물벽을 소화하는 데 들어가는 불필요한 자금 소요를 크게 줄여줍니다. 예를 들어, 장대양봉이 200억 원이 소요된 캔들이라면, 점핑양봉은 50억 원이 소요된 캔들입니다.

점핑양봉은 장대양봉에 비해서 양봉의 몸통이 짧고, 당일 시가에 잡은 (진입한) 투자자들의 이익폭도 장대양봉에 비해 상대적으로 적습니다. 즉, 시가보다 가격이 올라도 나올 매물이 상대적으로 적어 장대양봉에 비해 매물 부담이 없습니다.

여기서 주목해야 할 점이 있습니다. 일반적으로 주식시장에서 개장과 동시에 점핑 출발한 종목은 매도세를 강하게 불러옵니다. 투자자의 심리상 시가가 강하면 차익 실현 욕구도 강해지기 때문입니다. 그런데 점핑양봉은 이런 일반적인 심리가 적용되지 않는 패턴입니다. 시가에 이익이 난 상태인데도 팔지 않고 오히려 매수해서 양봉의 길이를 늘인다는 것은 세력이 개입했거나 재료가 떴다는 것을 의미합니다. 바로 이 점이 점핑양봉을 노려야 하는 이유입니다.

> **Tip 좋은 종목의 필수 조건**
>
> 좋은 종목은 항상 움직임이 가볍습니다. 지지선과 저항선을 모두 매물벽의 개념이라 볼 때, 좋은 종목의 필수 조건은 이런 매물벽를 단기간에 해치우는 폭발력입니다. 매물벽이 포진된 급소 구간에서 점핑양봉의 탄생은 급등의 전조인 동시에 더할 나위 없는 최고의 급소임을 명심해야 합니다.

캔들 실전 활용법

제가 수천 명의 제자를 키워오면서 가장 많은 시간을 할애했던 분야가 바로 캔들 교육입니다. 흔히들 캔들은 기초적인 분야라고 생각해 건너뛰거나 소홀히 하기 쉽습니다. 하지만 추세 및 이동평균선 등을 이해하기 위해서는 반드시 캔들의 숨은 속성을 알아 내 것으로 만들어야 합니다.

물론 짧은 시간에 수많은 캔들 패턴을 이해하는 일은 현실적으로 불가능합니다. 따라서 지금부터 실전 투자에서 바로 활용할 수 있는 캔들 패턴을 소개하고자 합니다. 앞으로 이 책에 나오는 급등 패턴의 사례들은 모두 통째로 외운다는 생각으로 공부하기 바랍니다. 다소 미련해 보일지 몰라도 이보다 더 효율적인 공부방법은 없다고 자신합니다. 먼저 장대봉 캔들부터 배워보겠습니다.

장대봉 캔들은 시장을 가장 잘 반영한다

장대봉 캔들이 왜 실전 매매에서 가장 중요할까요? 특정 주식에 매수 또는 매도 사유가 발생하면 일봉은 장대양봉 또는 장대음봉의 형태를 보이게 됩니다. 즉, 장대봉 캔들은 시장의 수급을 가장 잘 반영하는 캔들로 신뢰도가 굉장히 높아서 실전 투자에서도 활용도가 높습니다.

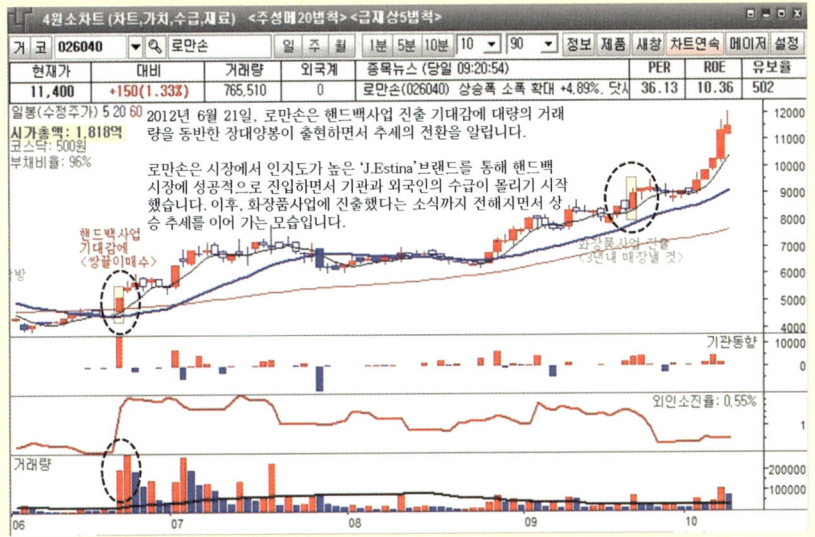

[차트 1-7] 로만손 일봉차트(2012년)

장대양봉의 이식매물을 확인하라

　장대양봉은 투자자들의 수급이 강하게 집중된 만큼 강한 매수신호로 인식됩니다. 하지만 이식매물(양음 패턴)을 충분히 고려하지 않은 상황에서의 매매는 바로 손실로 이어지게 된다는 점을 명심하기 바랍니다.

　[차트 1-7]의 사례처럼 이식매물을 충분히 소화할 만한 재료가 없다면 매매는 2~3일 정도 보류하는 게 좋습니다. 단, 역망치형은 시초가가 최저가이고 이식매물도 어느 정도 소화한 것으로 해석할 수 있어 매수 급소 캔들로 분류됩니다.

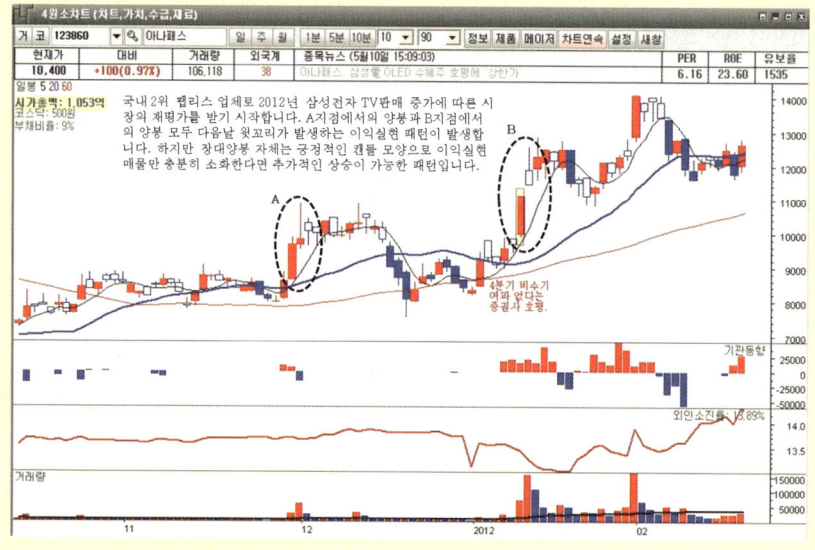

[차트 1-8] 아나패스 일봉차트(2012년)

양음양의 음봉을 노려라

주식격언 중에 "사면 하락, 팔면 상승"이라는 말이 있습니다. 전날 강세를 보인 종목을 사면 차익매물로 인해 다음날 음봉을 보이고, 어쩔 수 없이 손절하면 그 다음날은 장대양봉으로 재차 시세를 줍니다.

'양음양 법칙'을 알았다면 어땠을까요? 앞서 장대양봉은 이식매물의 부담이 있어 다음날 단봉의 음봉이 나타나는 경우가 많다고 했습니다. 그렇다고 해서 장대양봉이 나쁘다고 생각하면 큰 오산입니다. 장대양봉 자체로는 세력의 개입을 암시하므로 차익매물만 소화한다면 재상승 확률이 굉장히 높아집니다. 즉, 양음양 법칙은 '양봉 → 음봉(매물소화) → 양봉'의 원리를 이용한 매매로 둘째 날의 음봉(매물 소화)을 노리는 전략입니다.

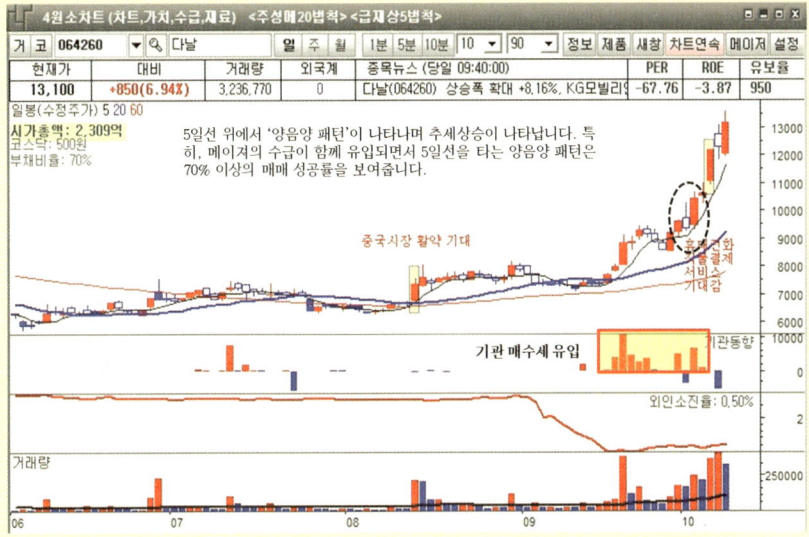

[차트 1-9] 다날 일봉차트(2012년)

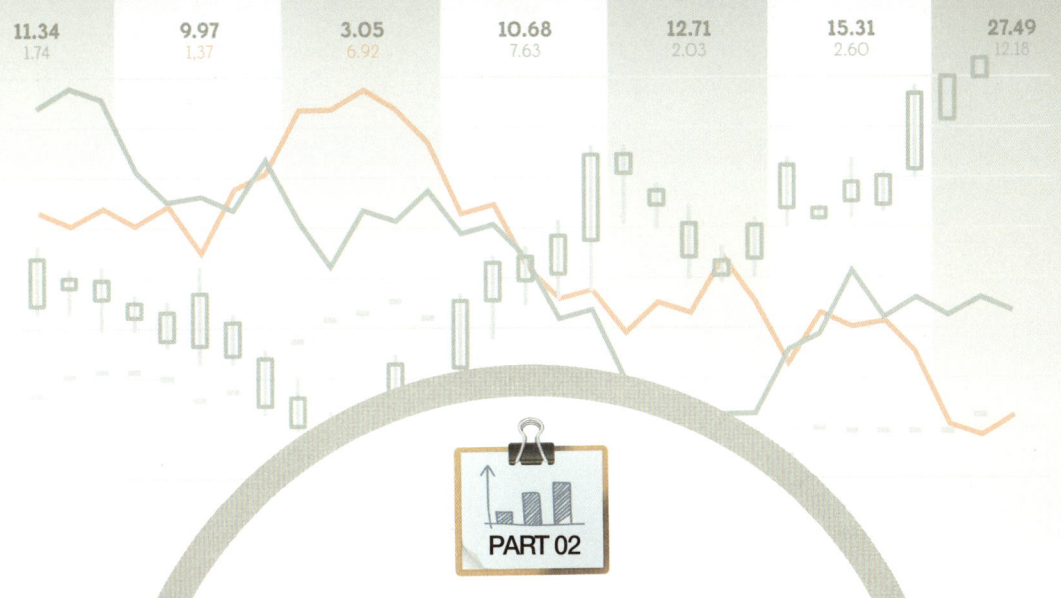

PART 02
거래량 분석으로 세력의 의도를 파악하자

Section 01

거래량에는
세력의 흔적이 남는다

'거래량'이란 이름 그대로 투자자들이 주식시장에서 주식을 사고판 양을 말합니다. 거래량은 매도 1주와 매수 1주를 합쳐 '거래량 1주'로 표현합니다. 즉, 누군가 1주를 팔고 1주를 사야만 거래량 1주가 성립되는 것입니다.

일반적으로 주가가 상승 추세로 진입하거나 하락 추세로 진입할 때 가장 먼저 거래량 변화가 나타납니다. 즉, 주가는 수급이 좌우하고, 수급은 차트상에 거래량의 증감으로 나타납니다. 여기서 '주가를 관리하는 세력'을 잡아내는 것이 가능합니다.

코스피지수가 폭락세를 보였던 2011년 8월, 네오위즈 주가는 세 배 가까이 폭등하는 놀라운 모습을 보여줬습니다. 어떻게 이런 일이 가능했을까요? 당연히 세력의 매집에 의한 결과였습니다. [차트 2-1] 네오위즈 차트를 통해 세력이 물량을 어떻게 매집했는지 살펴보겠습니다.

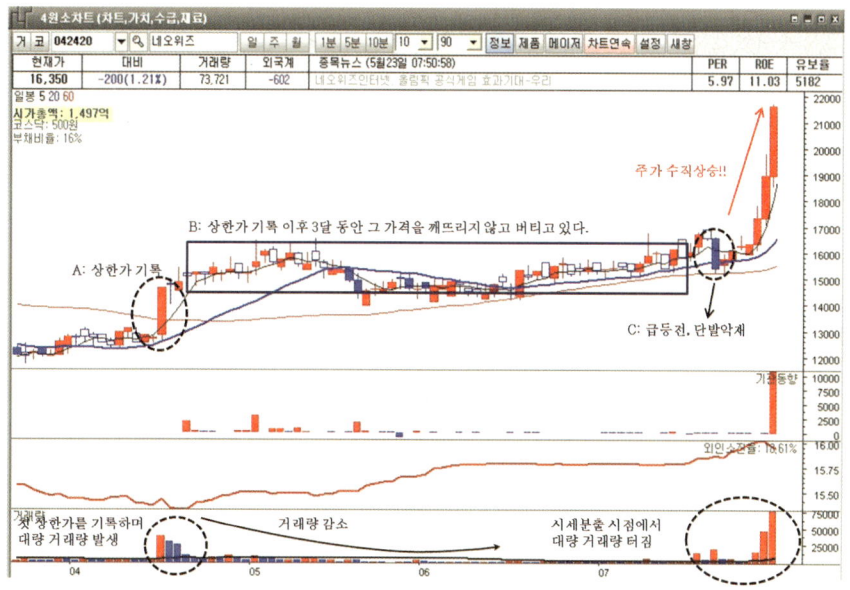

[차트 2-1] 네오위즈 일봉차트(2011년)

　　세력이 매집하는 것을 판단하는 기준 중 하나는 대량 거래가 터진 지점의 주가가 훼손되지 않고 버티는지 여부를 살펴보는 것입니다. [차트 2-1]을 보면 A지점에서 상한가를 기록하며 대량 거래가 발생합니다.

　　그 후 B구간인 15,000원선 근처에서 세력은 매집을 시작합니다. 세력이 매집하는 3개월 동안 대량 거래가 터진 지점의 주가를 훼손하지 않고 견뎌내는 것이 포인트입니다. 그리고 또 하나 대량 거래가 일어난 지점의 주가를 유지하면서 매집하는 동안 거래량이 지속적으로 줄어들어야 합니다. 왜냐하면 세력은 기간 조정을 거치면서 대량 거래 발생 지점 이후에 남아 있는 물량을 대부분 매집한 후에야 주가를 띄우기 때문입니다.

　　세력은 주가를 띄우기 직전에 교묘한 방법으로 개미들의 마지막 물량마저 쓸어 담아버립니다. 어떤 방법을 썼을까요? 주가 폭등 직전 C지점의 장대음봉이 보이십니까? 주가 급락의 이유는 부정적인 '공시' 때문이었습니다. 20일선마저 이탈해버린 장대음봉에서 개미들은 어떻게 했을까요? 팔지 않고 버틸 수 있는 개미가 얼마나 있었을까요?

그렇게 개미들이 마지막 물량마저 던져버린 후 주가는 다시 5일선을 타고 날아가버렸습니다.

Section 02
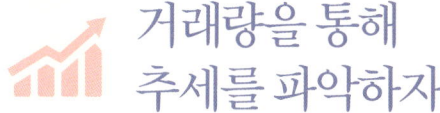
거래량을 통해 추세를 파악하자

상승 추세의 거래량 특징

주가가 상승 추세에 있을 때는 누군가의 차익매물이 지속적으로 나오기 마련입니다. 이 과정에서 출회되는 매물을 매수세력이 압도할 수 있을 때 비로소 주가는 상승하게 됩니다. 즉, 상승 추세의 거래량 특징을 숙지한다면 매매 성공률을 약 20% 이상 끌어올릴 수 있게 됩니다. 상승 추세의 거래량 특징은 다음과 같습니다.

① 상승 초기에는 점진적으로 거래량이 증가합니다.
② 상승 추세에서 거래량은 불규칙적인 경우가 많습니다. 이 경우에도 평균 거래량을 상회하며, 주가의 움직임과 유사하게 거래량이 증가합니다.
③ 거래량 이동평균의 골든크로스 지점은 매수세력이 응축되어 있는 급소 구간입니다. 이때 주가 이동평균선이 골든크로스를 나타내거

나 20일선 위에서 정배열의 추세 상승을 보이면 신뢰도는 더욱 높아집니다.

④ 주가가 특정 가격대, 즉 전고점이나 저항선을 돌파하기 위해서는 기존의 매물을 단숨에 소화할 수 있을 정도로 폭발적인 매수세가 존재해야 합니다. 만약, 돌파 시점에 거래량이 수반되지 않으면 돌파 실패를 염두에 두어야 합니다.

⑤ 큰 세력이 개입된 급등주의 경우에는 매물 출회가 없는 것이 정상이며, 평소 거래량의 1/10로 급감하기도 합니다.

하락 추세의 거래량 특징

하락 추세의 종목은 시장에서 소외된 경우가 많습니다. 따라서 거래량은 자연스레 감소하게 됩니다. 반면 주가 고점에서 세력이 물량 정리를 위해 거래를 유발시키는 경우도 있으므로 하락 추세의 거래량 특징을 확실히 숙지해야 합니다. 다음은 하락 추세의 거래량 특징입니다.

① 주가가 하락하면 거래량도 점차 감소하는 모습을 보입니다.
② 거래량이 증가하는데도 주가가 하락세를 멈추지 않는다면 물량을 정리하는 세력들이 있다고 봐야 합니다. 또한 신규 매수세력들의 손절매성 물량이 지속적으로 출회되고 있음을 알 수 있습니다.
③ 하락 추세 돌파구간 혹은 지지선, 직전 고점대 등 특정 가격대에 주가가 근접하면 거래량이 급증합니다.
④ 추세 하락 구간에서 하락폭이 확대되는데도 거래량이 감소하는 지

점이 발생합니다. 이는 더 이상 출회될 매물이 없다는 의미로 주가의 바닥권을 암시합니다.

⑤ 주가 바닥권에서는 거래량 급감 후 변동이 없는 것이 일반적입니다. 이때 거래량에 변동이 생기면 신규 매수세력이 유입되고 있다고 볼 수 있으므로 매수 관점에서 접근하면 됩니다.

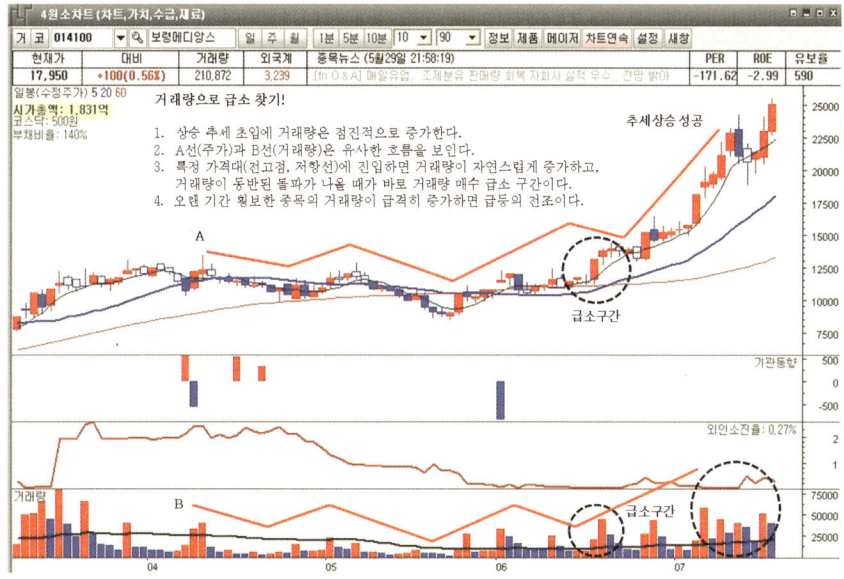

[차트 2-2] 보령메디앙스 일봉차트(2011년)

Section 03
세력이 좋아하는 거래량 패턴

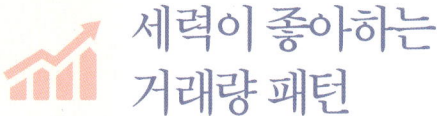

전일 거래량 대비 50% 이상 증가 종목을 찾아라

"새로운 세력의 개입에 주목하라!"는 말은 거래량 분석에서 가장 기초가 되는 이야기입니다. 여기서 '세력의 개입' 여부는 거래량 변동을 통해 알 수 있습니다. 즉, '전일 대비 거래량이 50% 이상 증가한 종목'을 관심종목군에 편입한 뒤 상승 모멘텀이 강한 종목군을 선별합니다.

예외도 있지만 내일 시장 대비 강하게 오를 종목은 대체로 거래량이 50% 이상 증가한 종목 중에 있다고 봐도 무방합니다. 물론 간혹 뚜렷한 이유 없이 거래량이 증가하는 경우도 있습니다. 하지만 이 경우 우선 새로운 세력의 개입에 주목할 필요가 있습니다. 금일 거래량 증가는 다음날 어떤 식으로든 주가에 지대한 영향을 미치기 때문입니다.

그렇다면 특정 주식의 거래량이 늘어날 때 캔들은 어떻게 변할까요? 세력이 개입된 거래량 증가는 주가의 상하 변동성을 확대시킵니다. 즉, 캔들은 장대봉으로 나타나게 됩니다. 반대로 거래량이 감소할 경우 주가 변동폭이 축소되므로 차트상에 단봉으로 나타날 것입니다.

만약 상승 추세에서 일시적인 조정 시점에 탄생한 단봉이 아니라 횡보 중 단봉이나 하락 중 단봉이 나올 경우에는 세력이 없는 주식이므로 일단 피하는 것이 좋습니다. 만약 자신이 보유한 종목이 여기에 해당된다면 일단 매도한 후 거래량이 다시 증가하기 전까지는 결코 관심을 가져서는 안 됩니다.

오전 장, 전일 거래량 돌파 종목을 찾아라

주식거래를 해보신 분이면 아시겠지만 데이트레이딩에 가장 좋은 시간대는 오전 10시 이전과 오후 2시 30분 전후입니다. 그 이유는 주가 변동성이 가장 극심하게 나타나는 시간대이기 때문입니다.

특히 오전 시간대는 전일 장 마감 후 나오는 재료에 따라 변동성이 가장 크게 나타납니다.

대략 10시 이전에는 준비된 종목을 위주로 다루지만, 추세가 진정되면 세력이 개입하는 종목을 찾습니다. 만약 횡보하거나 상승 초입에 있는 종목이 오전 장에 전일 거래량을 상회한다면 그 종목의 당일 마감 일봉은 장대봉일 가능성이 상당히 높습니다. 예를 들어, 전일 거래량 100만 주였던 기아차의 금일 오전 거래량이 100만 주를 넘어서게 될 경우, 장대양봉으로 마감할 확률이 매우 높아집니다.

거래량이 전일 대비 50% 이상 증가하고 양봉으로 마감되었다면 차트 모양에는 급소가 탄생할 확률이 그만큼 높아지게 됩니다. 이런 종목은 대부분 오전 중 전일 거래량 갱신 종목에 포함되어 있습니다.

만약 전일 거래량 갱신 종목이 시세를 분출한 이후라면 고점 대비 30~50% 정도 하락한 시점에서 가격 지지의 모습을 보일 때를 포착해 매수에 동참해야 합니다. 막판 종가에 급등시킬 가능성이 큰 데다가 익일 갭 상승 가능성도 크기 때문입니다.

> **Tip 전일 거래량 갱신 종목 찾는 법**
>
> 전일 거래량 갱신 종목은 HTS 내에 탑재된 메뉴를 통해 손쉽게 확인할 수 있습니다. 전일 거래량 갱신 종목을 실시간으로 포착하게 되면 급등주를 매매하는 데이트레이더에게는 상당한 이점으로 작용할 수 있습니다. 이렇게 포착된 종목들은 다음날에도 강한 반등을 주는 경우가 많아 스윙트레이더도 자주 사용하는 기법입니다.

거래량 급감 후 점증하는 시점을 노려라

'태풍의 눈'이란 두꺼운 구름으로 둘러싸인 태풍, 허리케인, 사이클론 등 열대저기압의 중심부에 나타나는 맑게 갠 무풍지대를 말합니다. '태풍의 눈'에서는 강한 원심력에 의해 비교적 조용한 기상 현상이 나타나지만, 중심부를 벗어나게 되면 상상을 초월하는 회오리바람이 모든 것을 파괴합니다.

항해사 출신이어서인지 저는 곧잘 거래량을 바다에 부는 바람에 비유하곤 합니다. 횡보 중이거나 상승 초기의 종목에 거래량이 붙기 시작하면 '바람이 분다. 이제 파도가 일겠구나'라고 생각합니다. 그 후 거래량이 뚝 끊어지면 후폭풍을 기대하며 거래량 급소를 찾기 시작합니다.

일반적으로 주가 하락 추세에 있거나 주가 단기 바닥권을 마무리하고 거래량이 뒷받침되면서 상승하는 주식은 쉽게 급락하지 않는 특징이 있습니다. 바닥권에서 거래량이 점진적으로 증가하면서 주가가 상승하는 주식은 매수세가 계속 유입되면서 이전 고점대의 매물을 소화하고 있다는 뜻이기 때문입니다. 특히 세력의 목적이 단타에 있지 않고 물량 매집에 있다면 거래량의 흐름은 점진적으로 증가할 것입니다.

그렇다면 거래량 급소는 어디일까요? 거래량 급소는 거래량 급감 지점이 아니라 '거래량이 급감한 후 점차적으로 증가하는 시점'입니다. 즉, 이상적인 거래량 변동은 '거래량 점증 → 거래량 급감 → 거래량 점증' 순으로 진행되며, 마지막 거래량 점증 시점이 급소가 됩니다. 간혹 거래량 급감 시점에 바닥을 예단하고 매수하는 경우가 있는데, 이는 2차 하락의 위험에 무방비로 노출될 수 있으므로 주의해야 합니다.

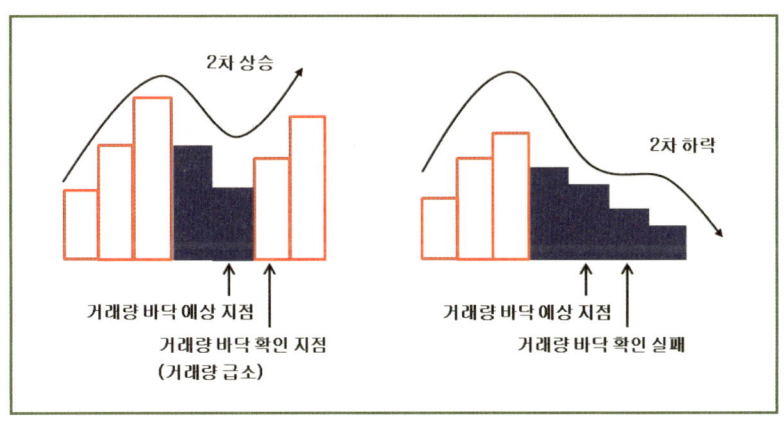

[그림 2-1] 거래량의 변동

하지만 거래량 급증 종목이 무조건 좋은 것만은 아닙니다. 일반적으로

'전일 대비 거래량 50% 이상~200% 미만'으로 조건을 설정하는 것이 좋습니다. 거래량 증가폭을 200%로 제한하는 이유는 데이트레이딩 과열로 나타나는 시세 변동을 거르기 위해서입니다.

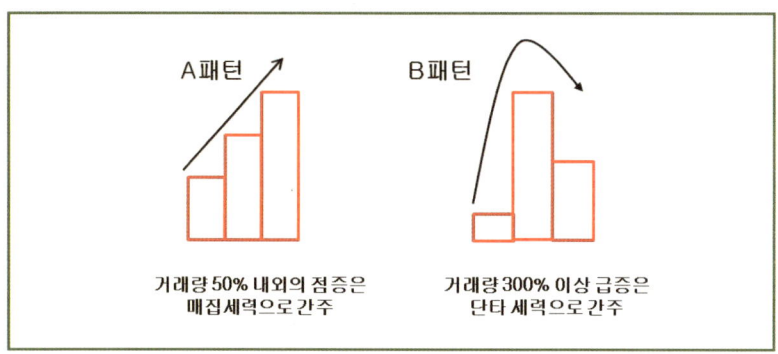

[그림 2-2] 거래량 증가 패턴

〔그림 2-2〕를 살펴보면 A패턴의 거래량은 우상향으로 점증하는 모습입니다. 이 패턴은 박스권 이탈 시점이나 20일선 눌림목 구간에서 특히 신뢰도가 높습니다. 만약 횡보 중인 종목이 캔들 모형의 변화 없이 A패턴처럼 거래량이 점증하면 주가는 상승할 가능성이 높습니다.

반면 B패턴의 경우 전일 대비 300% 이상 거래량 급증을 보이고 있습니다. 이는 단타세력의 개입이 있었거나 상투권에서 세력의 물량 털기가 진행되었다고 간주할 수 있습니다. 거래량이 폭증하면서 음봉을 나타낸 경우에는 거의 2차 하락으로 이어질 가능성이 높으므로 각별히 주의해야 합니다.

거래량 실전 활용법

전일 거래량 대비 50% 이상 급증한 종목 공략

전일 거래량 대비 50% 이상 급증한 종목을 선별하는 이유는 무엇일까? 아무리 뛰어난 세력이라도 거래량을 수반하지 않고서는 물량을 매집할 수 없기 때문입니다. 물론 지나치게 거래량이 급증한 종목은 단타세력의 개입 또는 세력의 이탈로 간주해야 합니다.

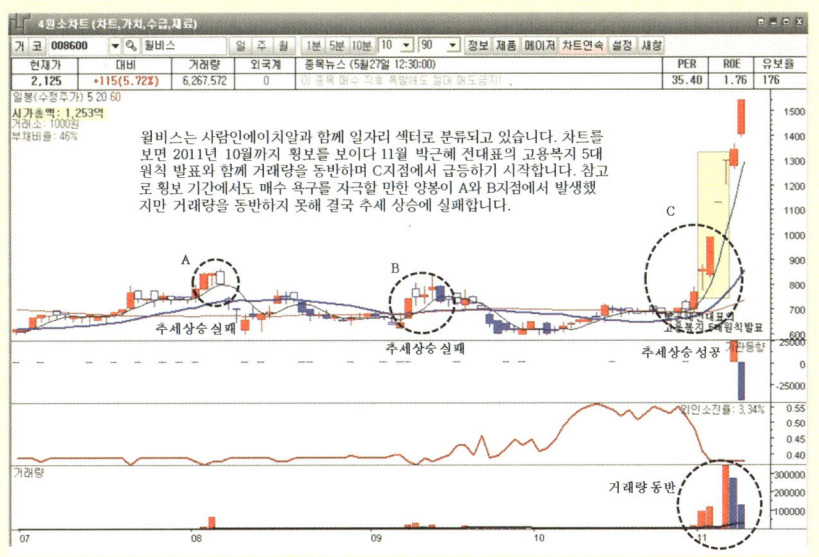

[차트 2-3] 윌비스 일봉차트(2011년)

오전 중 전일 거래량 돌파 종목을 찾아라

매매시간 중 오전장은 전일 장 마감 후 발표된 이슈들이 반영되는 가장 중요한 시간입니다. 물론 이슈는 거래량을 동반하며 주가에 변동성을 가져옵니다. 대부분의 급등주가 오전에 대량 거래량을 동반하는 경우가 많아 개장 시점부터 10시까지는 집중력을 잃어서는 안되겠습니다.

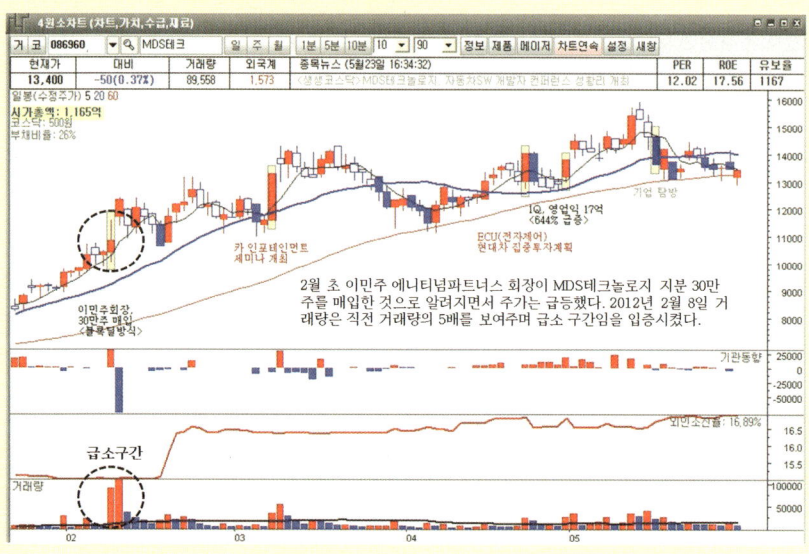

[차트 2-4] MDS테크 일봉차트(2012년)

거래량 급감 후 점증하는 시점을 노려라

많은 투자자들은 거래량이 감소되는 시점을 주가의 바닥권이라고 착각합니다. 틀린 말은 아니지만 거래량의 급증과 함께 주가의 반등이 나타나는 시점이 진정한 급소입니다. 섣불리 거래량 감소 시점을 매수 타이밍으로 잡았다가는 주가 2차 하락으로 이어질 가능성이 매우 크다는 점을 반드시 명심해야 합니다.

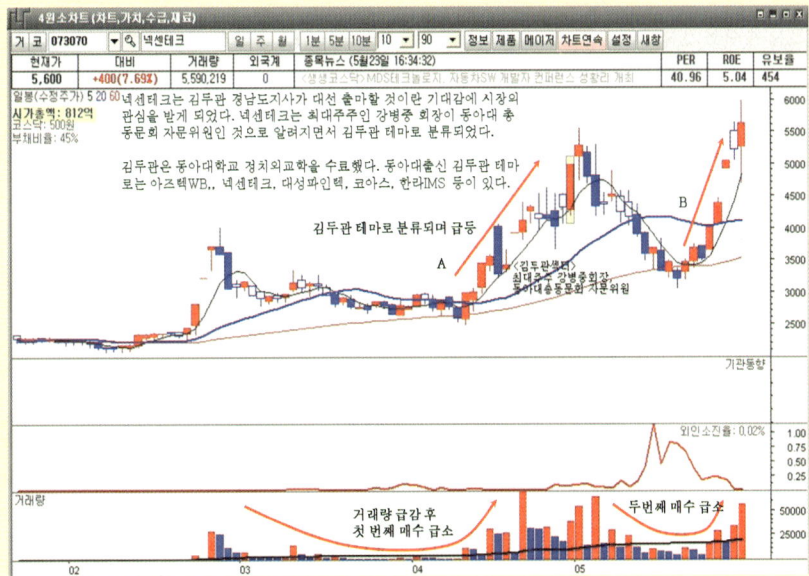

[차트 2-5] 넥센테크 일봉차트(2012년)

PART 03

이동평균선 분석으로 매수 급소를 포착하라

Section 01
그랜빌의 여덟 가지 법칙

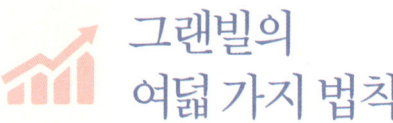

　미국의 투자전략가 조지프 E. 그랜빌은 주가와 이동평균선의 '관성의 법칙'과 '회귀 현상'을 토대로 새로운 투자이론을 만들었습니다. '그랜빌의 법칙'은 주가가 이동평균선과 멀어지게 되면 다시 가까워지려 한다는 가정하에 만든 원칙으로, 오늘날 많은 기술적 분석 이론의 기초가 되었습니다.

그랜빌의 매수신호

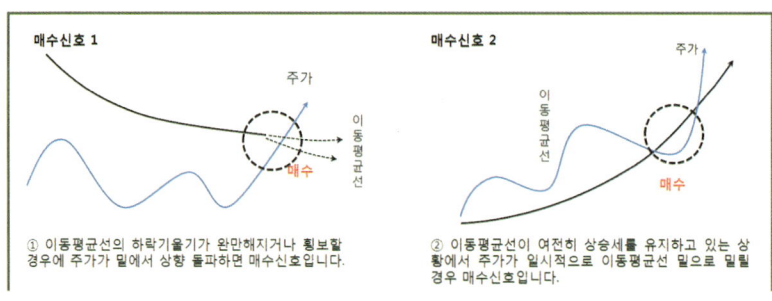

① 이동평균선의 하락기울기가 완만해지거나 횡보할 경우에 주가가 밑에서 상향 돌파하면 매수신호입니다.

② 이동평균선이 여전히 상승세를 유지하고 있는 상황에서 주가가 일시적으로 이동평균선 밑으로 밀릴 경우 매수신호입니다.

68

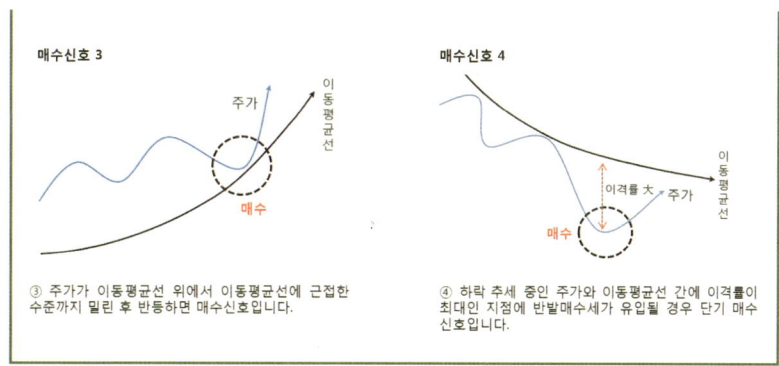

[그림 3-1] 그랜빌의 매수신호 네 가지

그랜빌의 매도신호

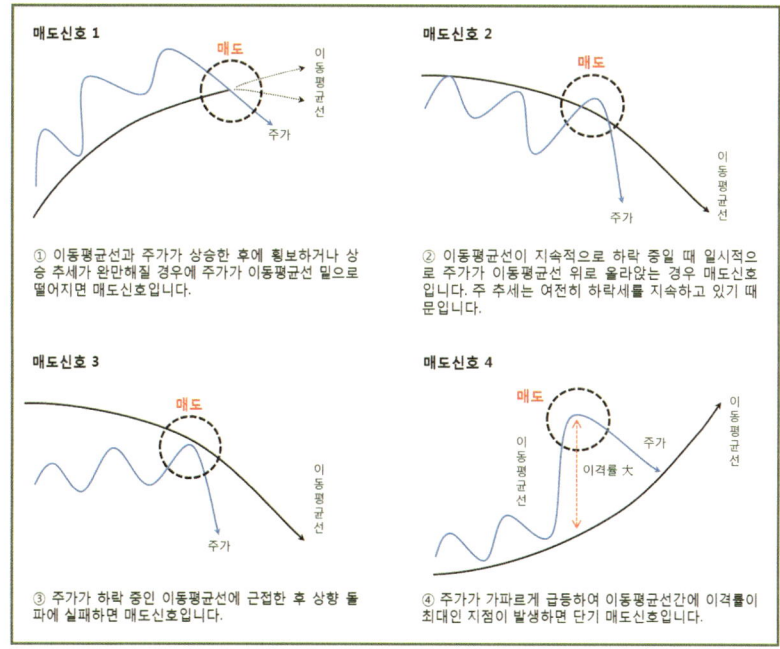

[그림 3-2] 그랜빌의 매도신호 네 가지

Section 02

급등주는 5일선을 타고 상승한다

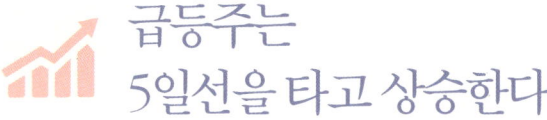

5일선의 급소는 최초 5일선이 머리를 드는 시점

급등주는 추세가 살아 있을 때 주로 나타납니다. 투자자들이 꼭 살펴야 할 추세선은 5일선과 20일 이평선입니다. 이 중 20일선에 대해서는 뒤에서 자세히 살펴보기로 하고 먼저 5일선의 급소부터 살펴보겠습니다.

5일선의 급소는 처음으로 5일선이 머리를 드는 시점, 즉 코브라가 머리를 치켜든 것처럼 5일 이평선이 살아 움직이기 시작하는 시점을 말합니다. 일명 '코브라머리' 지점입니다. 따라서 5일선이 살아 있는지 여부는 초기 시점의 흐름에 따라 판가름납니다.

앞서 그랜빌의 법칙에서 말했듯이 주가는 움직이는 방향으로 계속 움직이려는 관성의 법칙을 가지고 있습니다. 즉, 5일선이 머리를 들면 추세의 연속성에 의해 추세 상승을 지속할 가능성이 높습니다. 이러한 패턴은 양음양 패턴에서도 자주 나타나는데, 둘째날 단봉의 음봉 이후 장대양봉이 5일선 위에서 나타난다면 강력한 매수신호로 받아들여도 무방합니다.

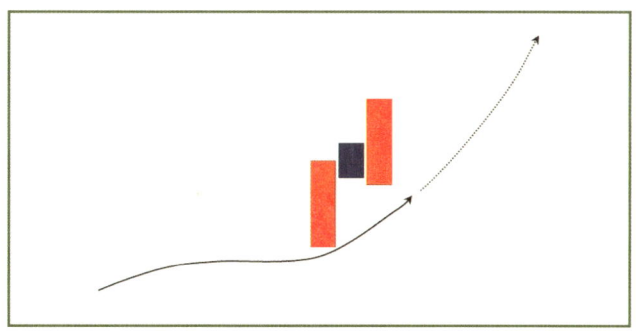

[그림 3-3] 양음양 패턴과 5일선 코브라 머리

5일선 변곡점을 통해 매수·매도 타이밍을 잡아라

데이트레이딩은 스캘핑, 데이트레이딩, 스윙트레이딩으로 구분합니다. 스캘핑은 하루에 10회 이상 매매하는 매우 공격적인 투자방식을, 데이트레이딩은 하루 10회 미만의 투자방식을, 스윙트레이딩은 짧게는 하루에 한두 번, 길게는 일주일 이상 주식을 보유하는 투자방식을 말합니다.

이 중 스윙트레이딩 기법은 그 종류가 매우 많아서 단기간에 마스터하기가 쉽지 않습니다. 이 장에서는 초보 투자자라면 누구라도 쉽게 매매할 수 있는 5일선 변곡점을 노린 스윙트레이딩 기법을 소개하겠습니다.

> **Tip** '변곡점' 이란?
>
> '변곡점' 이란 말 그대로 곡선이 변하는 지점을 말합니다. 즉, 5일 이동평균선이 역배열에서 정배열로 전환되는 시점의 상승변곡점과 정배열에서 역배열로 전환되는 시점의 하락변곡점을 말합니다. 이 모든 변곡점들은 기술적으로 매우 중요한 급소가 되는 지점입니다.

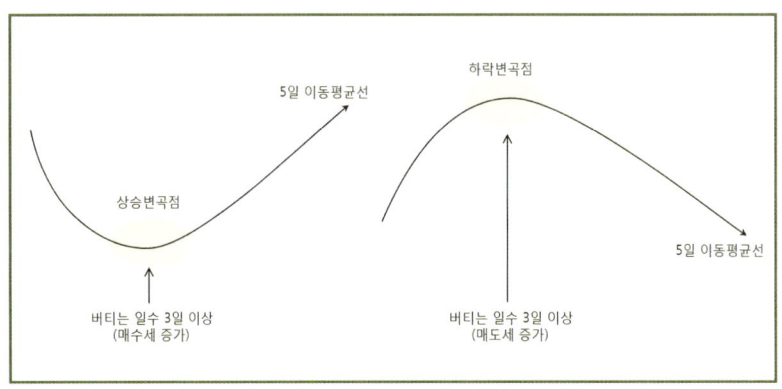

[그림 3-4] 상승변곡점과 하락변곡점

〔그림 3-4〕에서 볼 수 있듯이 변곡점 구간에서 일봉의 캔들은 최소 3일 이상 버텨주어야 합니다. 5일선은 5일 평균값을 선으로 나타내기 때문에 최소한 3일 동안 상승 또는 하락세가 멈춰야만 변곡점이 탄생합니다. 하루의 강한 반등 또는 하락을 보고 섣불리 추세를 예측하는 일은 결코 바람직하지 않습니다.

이제 본격적으로 5일선 변곡점에 대해 알아보겠습니다. 흔히 20일선을 '생명선'이라고 부릅니다. 하지만 최초의 생명선은 5일 이동평균선입니다. 주가가 5일선 위에 있는지 혹은 아래에 있는지에 따라 주가의 향후 행보를 예측할 수 있습니다. 특히 5일선이 20일선 위에서 정배열의 모습을 보일 때 추세 상승 확률이 높아지고, 20일선 아래에서 역배열의 모습을 보이면 추세 하락 확률이 높아집니다.

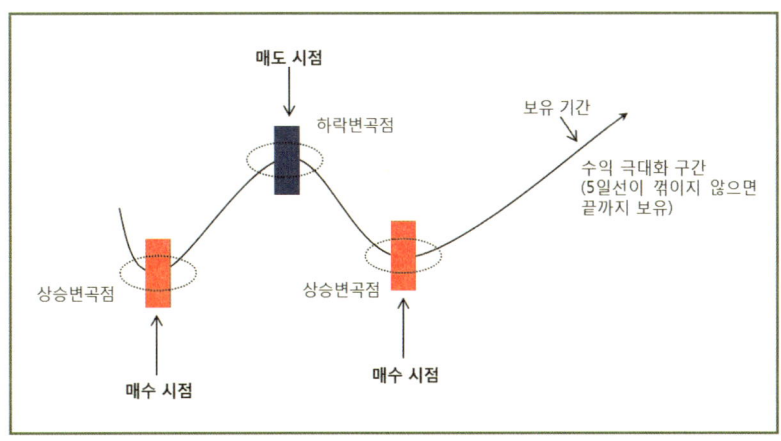

[그림 3-5] 스윙트레이딩 매수·매도 시점

Section 03

20일선 아래 종목은 쳐다보지도 마라

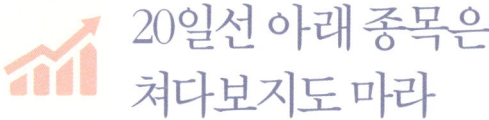

20일선을 관통한 강한 양봉은 급등주 1순위

20일 이평선은 모든 투자자들이 주목하고 감시하는 이평선으로 흔히 '생명선'이라고 부릅니다. 많은 투자자들이 매매 기준으로 삼고 있는 만큼 20일선은 막강한 매물벽으로 작용합니다. 20일선을 기준으로 수많은 투자자들의 뚫으려는 노력과 지키려는 노력이 서로 맞부딪치면서 대량 거래가 발생합니다. 이렇듯 20일선은 심리와 수급이 동시에 교차하는 급소로서 기술적 분석의 가장 중요한 맥점입니다.

결론적으로 급등주의 첫 관문은 20일선 돌파입니다. 강력한 저항 매물대가 포진한 20일선을 대량 거래량을 동반하여 뚫었을 때 주가는 20일선 위에 안착하게 됩니다. 이때 20일선에 받쳐진 물량을 전부 소화하기 위해서는 평소 거래량의 최소 50% 이상, 최대 300% 정도의 폭발적인 증가가 필요합니다.

이렇게 20일선 돌파 구간에서 탄생한 거래량 급증의 장대양봉은 급등

주 1순위로 손색이 없습니다. 이때 장대양봉의 기준은 몸통의 길이가 4% 이상이어야 하고, 전일의 몸통길이를 당일의 몸통길이가 압도해야 합니다. 특히 20일 이평선에 거의 임박했거나 살짝 돌파한 패턴은 높은 신뢰도를 보여줍니다.

물론 20일선을 살짝 돌파한 패턴이 20일선에 임박한 패턴보다 신뢰도가 높습니다. 그러나 선취매 관점에서는 임박 패턴이 돌파 패턴보다 나은 경우도 많습니다. 특히 강세장의 경우 20일선 임박 패턴은 거의 돌파 패턴으로 간주해도 좋을 만큼 당일 혹은 다음날 20일선을 강하게 돌파합니다. 이때 기준선은 20일선 아래 3% 이내가 적당합니다.

결론적으로 20일선을 기준으로 -3%~+5% 이내에 붙어 있는 구간을 20일선 매매의 급소 구간으로 보면 됩니다. 이때 거래량이 급증하면서 장대양봉이 출현하는 시점에 적극적으로 공략하는 전략이 바로 '길목 지키기 전략'입니다.

> **Tip** '길목 지키기 전략'이란?
>
> 흔히 '20일 이평선'을 생명선이라고 부릅니다. 그만큼 20일선은 심리와 수급이 동시에 교차하는 급소로서 기술적 분석의 가장 중요한 맥점이 됩니다. '길목 지키기 전략'이란 바로 급등주의 첫 관문인 20일선을 노리는 전략입니다. 20일선을 기준으로 -3~+5% 이내에서 거래량이 급증하며, 장대양봉이 출현하는 시점을 적극적으로 공략합니다. 이때 거래량은 평소보다 50~300% 정도 폭발적으로 증가해야 합니다.

정배열의 20일선 눌림목을 공략하라

흔히들 '수급선'이라 부르는 20일선을 저는 '마지노선'이라고 부릅니다. 20일선을 타고 상승하는 종목은 이익 실현 욕구 때문에 일시적인 조정을 보이게 됩니다. 이때 심리적인 지지선인 20일선을 타고 재차 반등을 주는 경우를 종종 보게 됩니다. 20일선 근접 후 주가의 저점이 높아지고 거래량이 증가하는 시점을 매수 시점으로 잡아야 합니다.

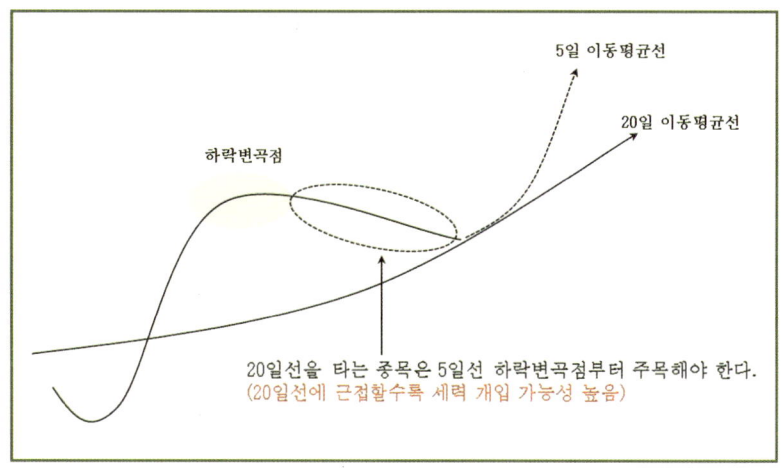

[그림 3-6] 5일, 20일 이동평균선

일단 주가가 20일선에 안착하면 20일선의 지지력은 생각 이상으로 강해서 좀처럼 데드크로스가 발생하지 않습니다. 단, 눌림목이 성립되려면 큰 폭의 상승이 없어야 합니다. 큰 폭의 상승이 없다는 것은 세력이 여전히 남아 있다고 해석할 수 있습니다. 오히려 기술적 반등을 노린 신규 매수가 유입될 가능성이 높아지게 됩니다. 즉, 완만한 상승 후의 눌림목이 신뢰도가 가장 높습니다.

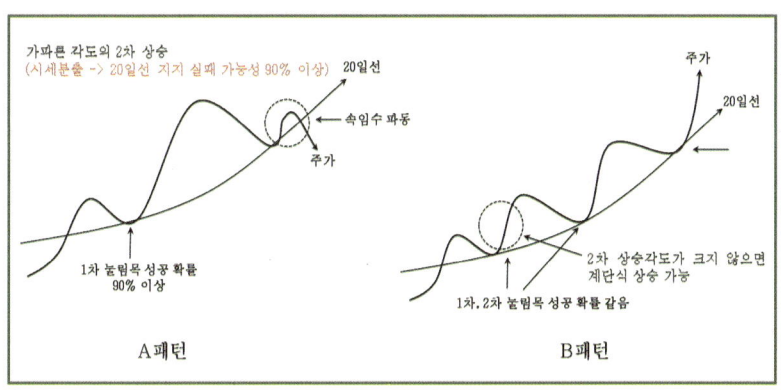

[그림 3-7] 20일선 눌림목

[그림 3-7]에서 A패턴의 경우 2차 상승 구간에서 급격한 에너지 소모로 인해 시세 분출 후 20일선 지지 가능성은 극도로 낮아졌습니다. 엘리엇 파동이론상 5파에 속하는 3차 상승파동은 거의 속임수 파동으로 끝날 공산이 큽니다.

반면, 계단식 상승파동인 B패턴은 실적 우량주나 외국인 선호주에 나타나는 대표적인 파동인데, 매물 소화를 거치면서 20일선을 타기 때문에 큰 시세를 주는 경우가 많습니다. 지난 2009년과 2010년의 기아차, 셀트리온, 금호석유와 같은 주도주가 여기에 해당됩니다. 20일선 눌림목 시점에 거래량이 감소하지 않고 급격한 상승파동만 없으면 20일선에 근접한 시점에 선취매 전략을 구사해볼 수 있습니다.

20일선 위, 역망치형은 최고의 매수 급소

최상의 차트 급소 조건은 ① 20일선에 붙은 종목, ② 거래량이 점증하는 종목, ③ 연속한 역망치형이 탄생한 종목, ④ 저점과 고점을 높이면서 5일선을 살리는 종목입니다. 특히 20일선에 붙어서 상승하는 종목은 장대 역망치형 하나만 탄생해도 적극적으로 공략할 필요가 있습니다.

앞서 역망치형은 세력이 만든 캔들이라고 누차 강조했습니다. 만약 20일선 위에서 상승하는 종목에 갭 하락 이후 양봉의 역망치형이 탄생했다면 세력의 개입으로 간주하고 적극 공략해야 합니다. 그중에서도 20일선에 붙어서 탄생한 2개의 연속된 역망치형 캔들은 상당한 신뢰도를 자랑합니다. 이 패턴의 최적 조건은 전고점대의 매물을 충분히 소화할 만한 거래량이 동반되어야 하며, 둘째날 역망치형의 저점과 고점이 높아져야 한다는 것입니다.

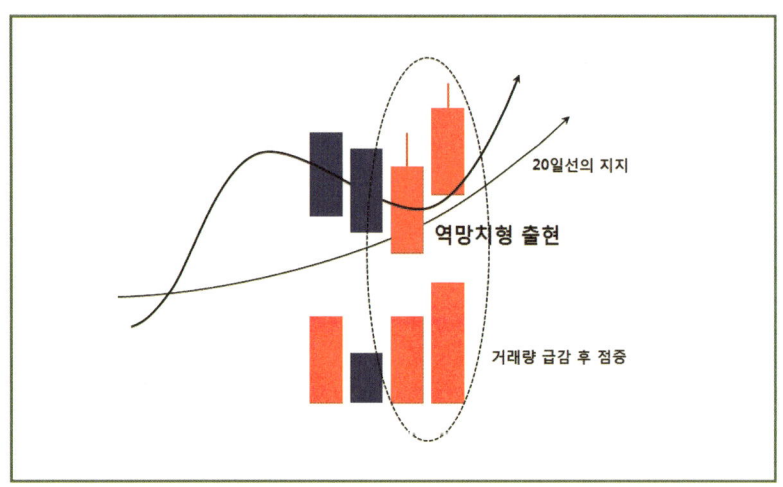

[그림 3-8] 20일선과 역망치형 출현

Section 04
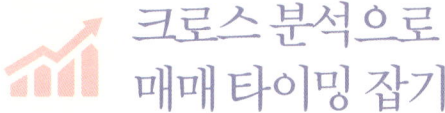
크로스 분석으로 매매 타이밍 잡기

 십자가를 뜻하는 크로스는 기술적 분석에서 빼놓을 수 없는 단골 메뉴입니다. 골든·데드 크로스는 가장 신뢰도가 높은 추세 전환 신호인 동시에 매매 급소를 찾는 유용한 도구이므로 반드시 익혀두어야 합니다.
 크로스 분석은 이동평균선이 교차하는 시점(필자는 이동평균선과 주가가 교차하는 시점을 더 중요하게 생각합니다만)을 통해 매매 타이밍을 잡는 분석법입니다. 골든·데드 크로스는 기술적으로도 큰 의미를 가지는데, 그 이유는 이동평균선이 크로스되는 시점부터 지지선과 저항선의 역할이 바뀌게 되기 때문입니다.

골든크로스

 단기 이동평균선(5일 이동평균선)이 중장기 이동평균선(20일 이동평균선)을 상향 돌파하면 '골든크로스'라 말하며, 매수 시점으로 인식합니다. 여기서 주목해야 할 점은 5일선이 20일선을 돌파하는 순간부터 골든크로스 전 저항선 역할을 하던 20일선이 강력한 지지선 역할을 하게 된다는 것입니다.

그렇다면 골든크로스 시점에 매매 타이밍은 어떻게 잡아야 할까요? 먼저 골든크로스가 예상되는 전일에 선취매하는 방법이 있습니다. 단, 저항가격대의 매물에 의해 돌파에 실패할 가능성이 있으므로 손절매는 필수입니다. 또 하나는 골든크로스 이후 음봉을 공략하는 방법입니다. 실전에서는 골든크로스 이후 이식매물에 의해 음봉이 발생하는 경우가 많습니다. 하지만 이때의 음봉은 20일선의 지지를 받을 가능성이 높으므로 매수 타이밍으로 잡는 전략이 좋습니다.

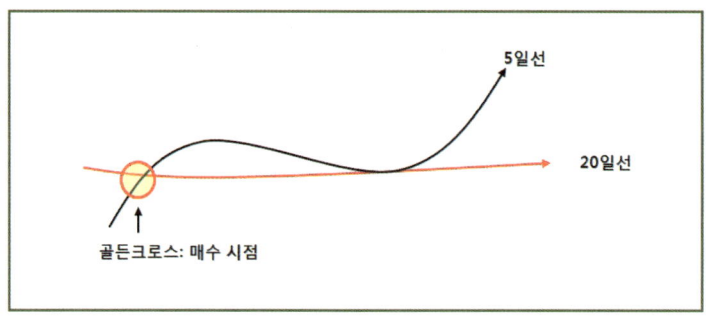

[그림 3-9] 골든크로스

데드크로스

단기 이동평균선(5일 이동평균선)이 중장기 이동평균선(20일 이동평균선)을 하향 이탈하면 '데드크로스'라 말하며, 매도 기준으로 잡고 있습니다. 데드크로스 출현시 추세 전환(하락반전) 가능성이 높으므로 이에 대비하는 자세가 필요합니다.

하지만 실전에서 경쟁력을 가지기 위해서는 데드크로스를 기다리기보다는 5일선 변곡점을 노려 매도하는 전략이 좋습니다. 심리선인 5일선이 꺾인다면 투자심리가 무너지고 있다는 의미이기 때문입니다.

5일선은 5개의 일봉 평균값입니다. 5일선을 타고 가파르게 상승하는 종목에 장대음봉이 출현하기 시작한다면 5일선이 꺾일 가능성이 높으므로 팔고 떠날 준비를 해야 합니다. 적어도 5일선과 20일선의 이격이 큰 상황에서 매도 기준은 데드크로스보다는 5일선 변곡점이 맞습니다.

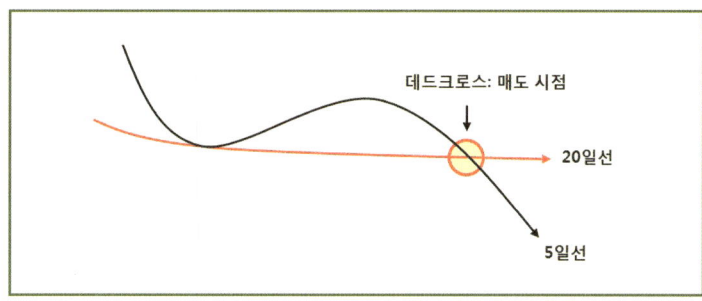

[그림 3-10] 데드크로스

골든크로스 실전 활용법(골든 임박 및 눌림목 공략)

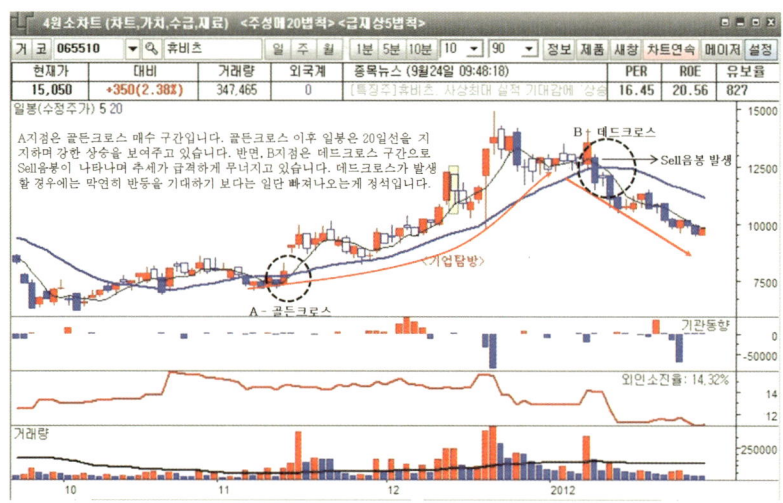

[차트 3-1] 휴비츠 일봉차트(2011년)

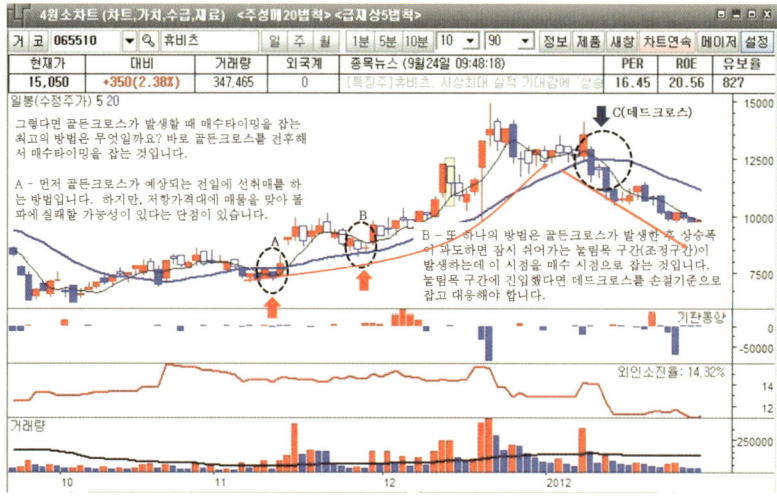

[차트 3-2] 휴비츠 일봉차트(2011년)

이동평균선 실전 활용법

5일선의 급소는 최초 5일선이 머리를 드는 시점

이동평균선은 차트를 구성하는 3대 지표 중 하나로서 실전에서 가장 중요한 투자지표로 활용됩니다. 그중 5일선은 추세의 큰 흐름이 시작되는 맥점이라 할 수 있습니다. 5일선의 급소는 처음으로 5일선이 머리를 드는 시점으로 '코브라 머리' 지점이라고도 합니다. 지금부터 급등주의 급소 구간인 5일선의 '코브라 머리' 지점 공략법을 살펴보겠습니다.

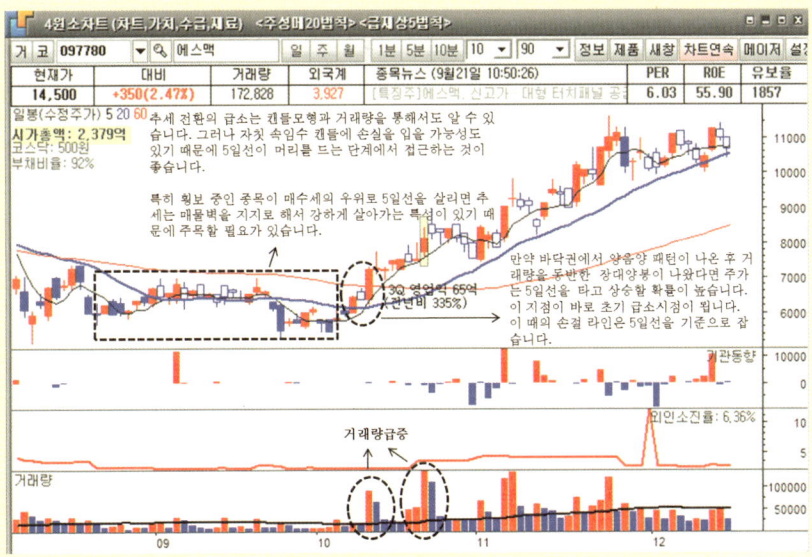

[차트 3-3] 에스맥 일봉차트(2011년)

5일선 변곡점을 통해 매수·매도 타이밍을 잡아라

변곡점이란 곡선이 변하는 지점을 말합니다. 이동평균선의 추세 전환점이

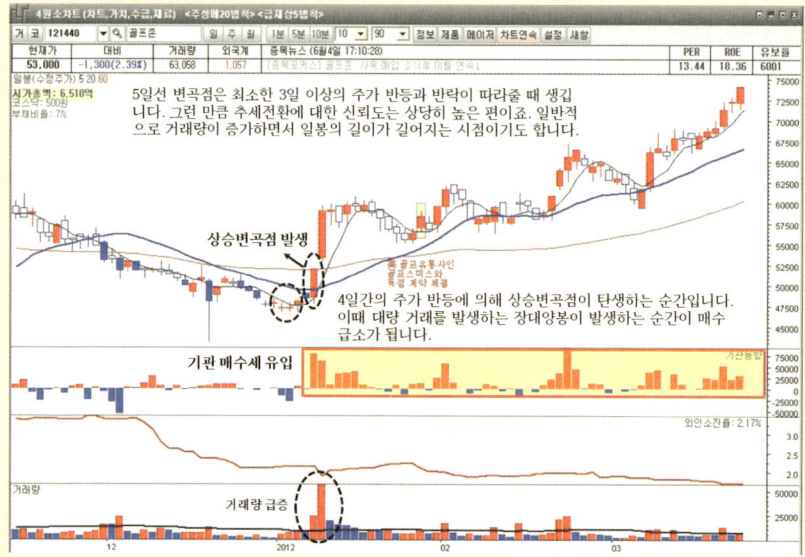

[차트 3-4] 골프존 일봉차트(2012년)

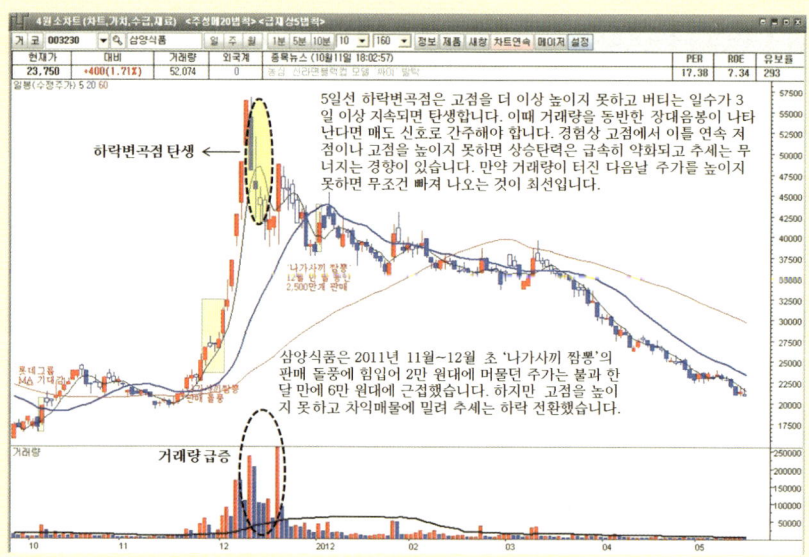

[차트 3-5] 삼양식품 일봉차트(2011년)

바로 이 변곡점에 해당됩니다. 5일 이동평균선이 역배열에서 정배열로 전환되는 시점에 생기는 상승변곡점, 이와 반대로 정배열에서 역배열로 전환되는 시점의 하락변곡점 모두 기술적으로 매우 중요한 급소가 되는 지점입니다.

20일선을 관통한 강한 양봉은 급등주 1순위

하락장세에서 장세가 호전되면 거의 대부분의 종목에서 골든크로스가 발생하게 됩니다. 중요한 것은 골든크로스가 세력 개입에 의한 것이냐 아니면 장세 영향에 의한 것이냐 하는 것입니다. 이에 따라 향후 눌림목 성공 여부가 결정됩니다. 특히 장세와 상관없이 순전히 세력의 힘만으로 20일선을 뚫는 경우 캔들의 모양은 장대양봉을 보일 가능성이 매우 높습니다. 종가에 적극적으로 교체매매를 해야 할 매매 대상인 것이지요. 참고로 골든크로스는 세력에 의해 진행되어야 골든 이후 눌림목 구간에서 지지캔들을 기대할 수 있습니다.

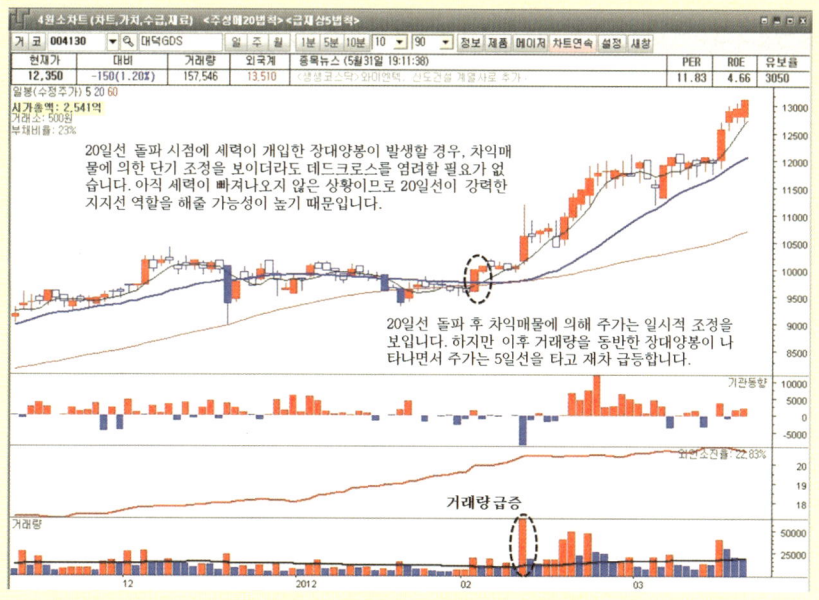

[차트 3-6] 대덕GDS 일봉차트(2012년)

정배열의 20일선 눌림목을 공략하라

앞서 20일선을 관통한 장대양봉을 공략하는 방법에 대해 설명했습니다. 문제는 장대양봉은 일반적으로 차익매물이 나오는 경우가 많아 일시적인 조정을 보인다는 사실입니다. 20일선 눌림목 매매는 바로 이 조정 구간을 공략하는 기법입니다. 20일선 눌림목 구간에서 대량 거래량을 동반한 장대양봉이 나오거나 지지캔들이 연속적으로 탄생한다면 최소한 종가 무렵에는 따라붙을 수 있어야 합니다.

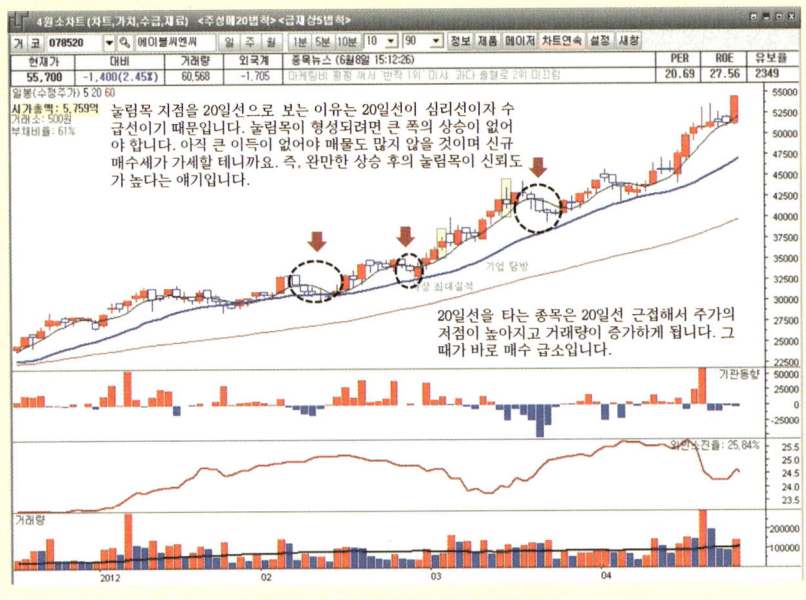

[차트 3-7] 에이블씨엔씨 일봉차트(2012년)

20일선 위, 역망치형은 최고의 매수 급소

20일선을 계단식으로 타는 시점에서 매수 급소가 탄생하는 법입니다. 20일선 위에서 노는 종목의 매수 시점을 잡기 위해서는 개인적인 투자기준을 정해놓아야 합니다. 먼저 주가와 20일선이 붙으면서 주가의 저점이 서서히 높아지는 패턴을 찾습니다. 그런 다음 세력이 만든 캔들, 비로 양봉의 역망치형이 탄생하면 일단 세력이 개입했다고 간주하고 적극 공략할 필요가 있습니다.

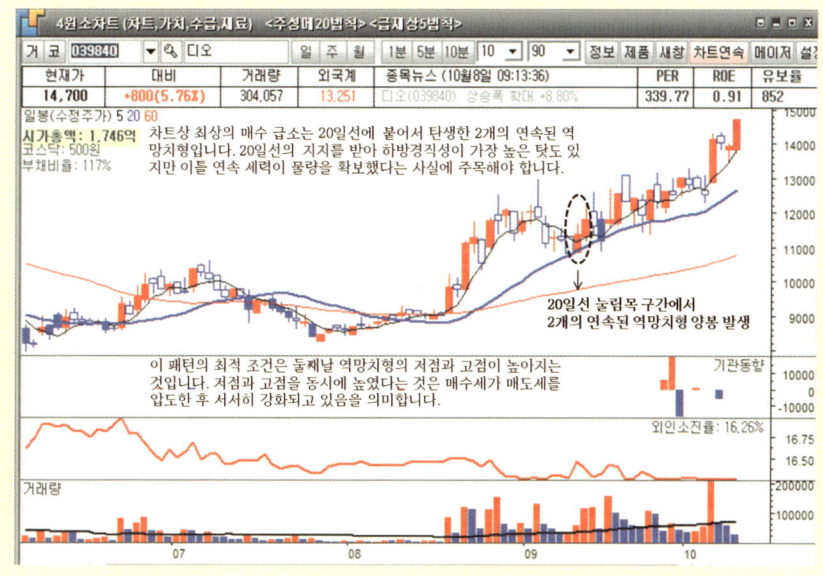

[차트 3-8] 디오 일봉차트(2012년)

크로스 분석으로 매매 타이밍 잡기

주식투자자들이 주식을 공부하면서 가장 많이 접하게 되는 내용이 바로 크로스 분석(골든크로스와 데드크로스)입니다.

크로스 분석이란 이동평균선들이 서로 교차하는 시점을 매매 타이밍으로 잡는 분석법입니다. 시중에 출간된 대부분의 증권 관련 도서에도 크로스 분석이 마치 교과서 등식처럼 언급되는데, 그 이유는 크로스 시점부터 지지선과 저항선의 역할이 바뀌기 때문입니다.

골든크로스

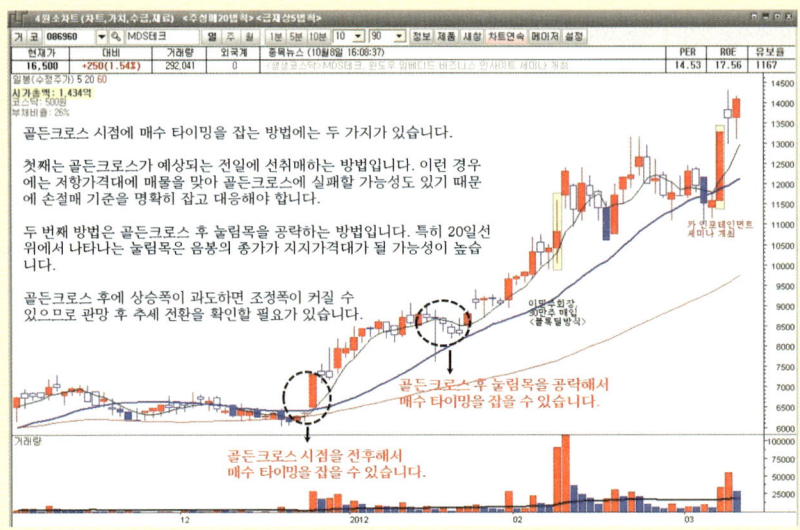

[차트 3-9] MDS테크 일봉차트(2012년)

데드크로스

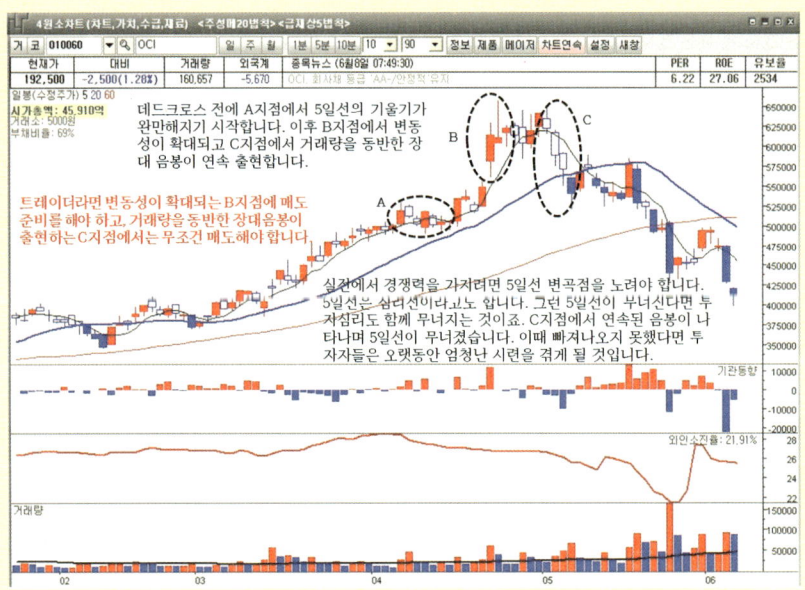

[차트 3-10] OCI 일봉차트(2011년)

PART 04

추세 분석으로 시장 흐름을 읽어라

Section 01

추세선
바로 알기

 '추세(Trend)'란 주가의 진행방향을 의미합니다. 추세선을 분석하는 이유는 한번 정해진 주가의 방향은 지속하려는 성질이 있으므로 이를 이용하여 다음의 예상 저점과 고점을 잡아 매매에 활용하기 위한 것입니다.
 주가의 추세는 움직이는 방향에 따라 상승 추세선, 하락 추세선, 평행 추세선의 세 가지로 분류할 수 있습니다. 상승 추세는 주가의 고점과 저점이 점차 높아지는 경우를 말하며, 반대로 하락 추세는 주가의 고점과

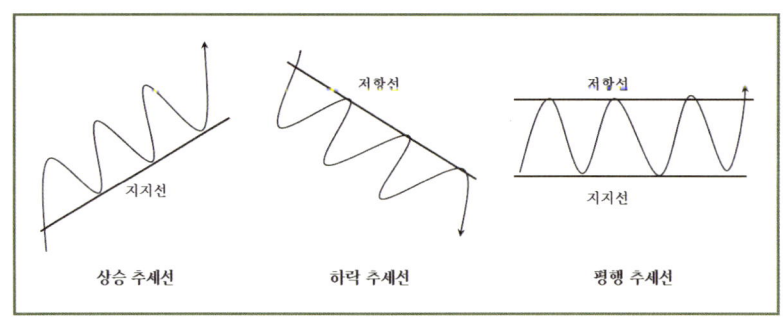

[그림 4-1] 추세선의 분류

저점이 점차 낮아지는 경우를 말합니다.

평행 추세는 고점과 저점이 옆으로 움직이는 경우로 박스권 장세에서 주로 나타납니다.

지지선과 저항선

일반적으로 추세는 지지선과 저항선을 축으로 움직이는 경향이 있습니다. 상승 추세선은 지지선을 축으로 우상향 추세를 이어가며, 하락 추세선은 저항선의 매물벽에 막혀 우하향 추세를 나타냅니다.

여기서 장세의 변동에 따라 지지선과 저항선은 끊임없이 역할이 바뀔 수 있습니다. 만약 시장 상황이 호전되어 강력한 매수세가 저항선을 뚫고 안착한다면 그때까지 저항선으로 작용하던 것이 새로운 지지선이 됩니다. 반대로 매수세가 지지선을 하향 돌파한다면 기존의 지지선은 저항선으로 작용하게 됩니다.

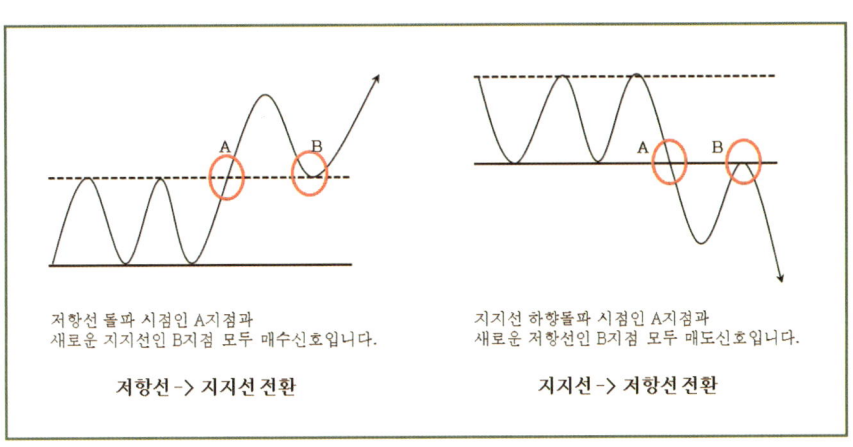

[그림 4-2] 지지선과 저항선

추세선 분석을 이용한 매수신호

추세선을 활용하여 매매할 때는 먼저 지지선과 저항선에 대해 명확히 이해해야 합니다. 일반적으로 주가가 상승 추세에 있을 때 저항선을 상향 돌파하는 경우 추가 상승이 나타날 확률이 높습니다. 특히 거래량을 동반한 장대양봉이 발생할 경우 그 신뢰도는 더욱 높아집니다.

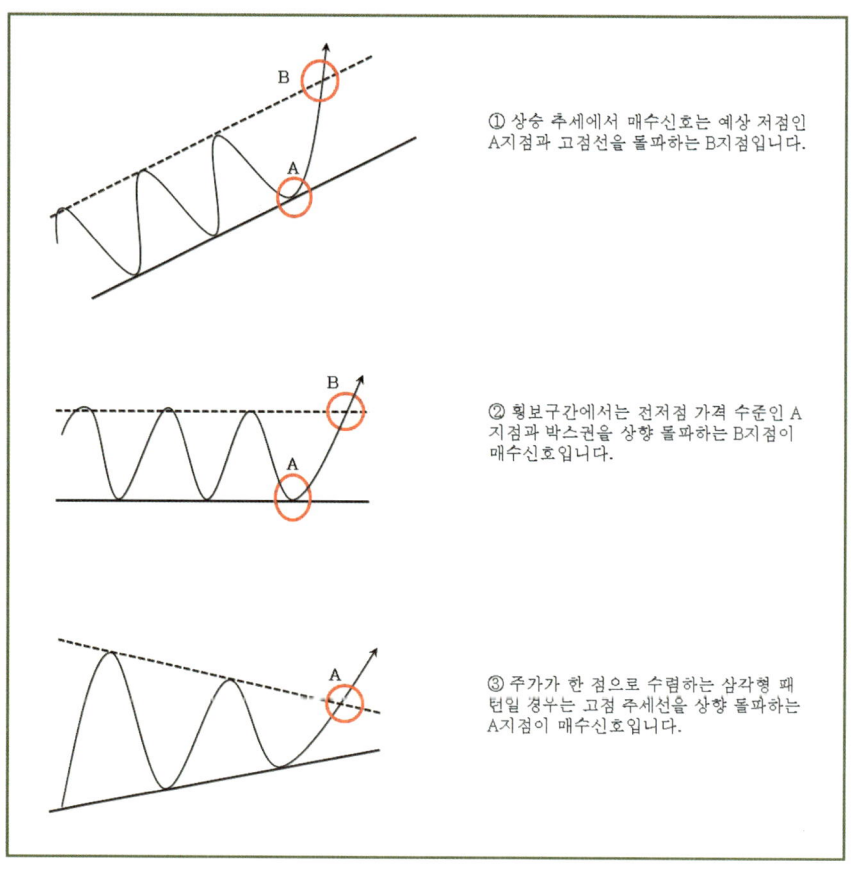

[그림 4-3] 추세선 분석을 이용한 매수신호

추세선 분석을 이용한 매도신호

주가가 하락 추세에 있을 때 지지선을 하향 돌파할 경우 추가적인 주가 하락이 나타날 가능성이 높습니다. 특히 거래량을 동반한 장대음봉이 지지선을 이탈할 경우에는 반드시 매도하여 추가 하락을 피하는 것이 좋습니다.

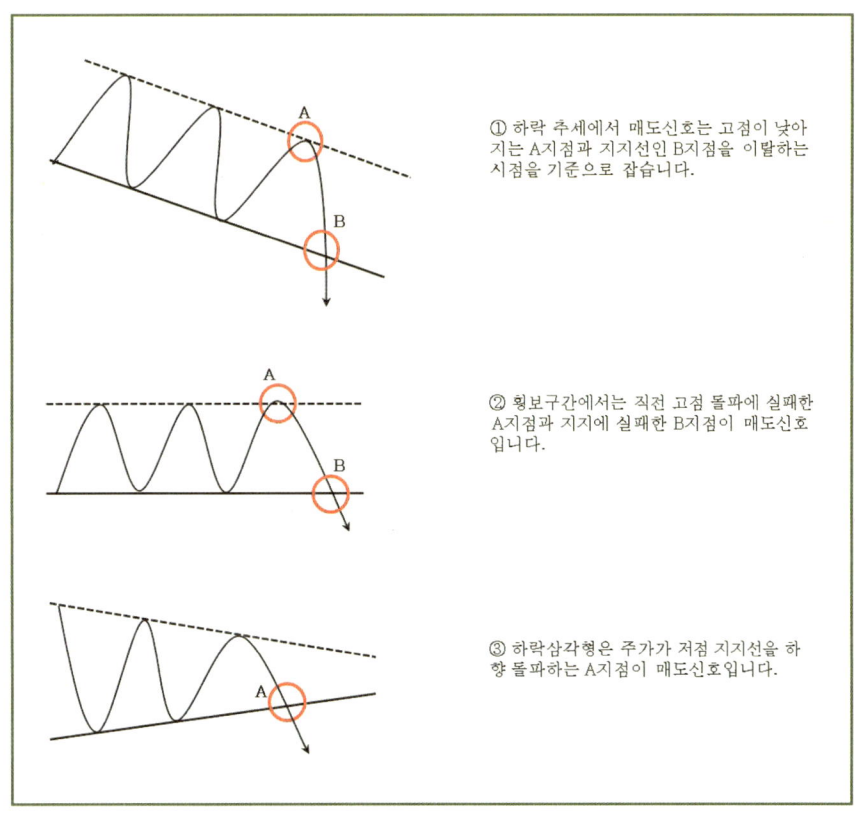

[그림 4-4] 추세선 분석을 이용한 매도신호

Section 02

평행 추세선으로 매물벽을 파악하라

추세선의 분류

시장에서 흔히 하는 말로 '추세만 알아도 깡통계좌는 안 만든다'는 말이 있습니다. 그만큼 추세를 파악하는 일은 투자자들에게 매우 중요합니다.

추세선은 상승 추세선, 하락 추세선, 평행 추세선으로 나뉩니다. 상승 추세선은 하단부에 있는 지지 구간을 바탕으로 상승곡선을 그리는 형태(우상향)를 띠고, 하락 추세선은 상단부의 저항매물을 소화하지 못하고 하향하는 형태(우하향)를 보입니다.

상승·하락 추세선이 하나의 지지선과 저항선을 타고 움직이는 것과는 달리 평행 추세선은 박스권의 형태를 보이는 특징이 있습니다. 상단에는 저항선이, 하단에는 지지선이 강력한 매물대를 형성하고 있어 주가가 전 고점과 전저점을 사이에 두고 오르내리기를 반복하는 모습입니다.

특히 평행 추세선은 매물벽 개념으로 접근할 경우에 상승 추세선이나 하락 추세선보다 더 중요합니다. 평행 추세선은 전저점과 전고점을 찾아내고 거기에 포진해 있을 매물벽의 강도를 분석하는 데 있어 중요한 역할을 합니다. 지금도 수많은 전문가들이 직접 평행 추세선을 그리면서 전저점과 전고점을 찾는 이유가 바로 여기에 있습니다.

평행 추세선 매물벽의 비밀

앞서 평행 추세선이 전저점과 전고점을 찾아내고 거기에 포진해 있을 매물벽의 강도를 분석하는 데 중요한 지표라고 하였습니다. 그런데 전저점과 전고점을 찾는 이유는 무엇일까요? 왜 전저점에 근접하면 반등이 나오고, 전고점에 임박하면 되밀릴까요? 이제부터 그 이유에 대해 구체적으로 하나씩 짚어보겠습니다.

전저점과 전고점은 매매 타이밍 포착에 있어 매우 중요한 기준점입니다. 전저점과 전고점은 바로 그 지점에 매물벽이 존재합니다. 따라서 전저점에 터진 거래량은 매물벽으로서 지지선 역할을 하고, 전고점에 터진 거래량은 저항선 역할을 하게 되는 것입니다. 반대로 전저점과 전고점에 거래량이 터지지 않았다면 매물벽이 존재하지 않으므로 큰 의미를 둘 필요가 없게 됩니다.

좀 더 자세히 설명하면 주가는 전고점 부근에 도달하면 저항매물(차익실현)이 출회되고, 전저점 부근에서는 지지매물(저가매수)이 유입되는 특성을 가지고 있습니다. 이때 저항매물과 지지매물이 벽을 형성하여 두터운 저항선과 지지선의 역할을 하게 되는 것이지요.

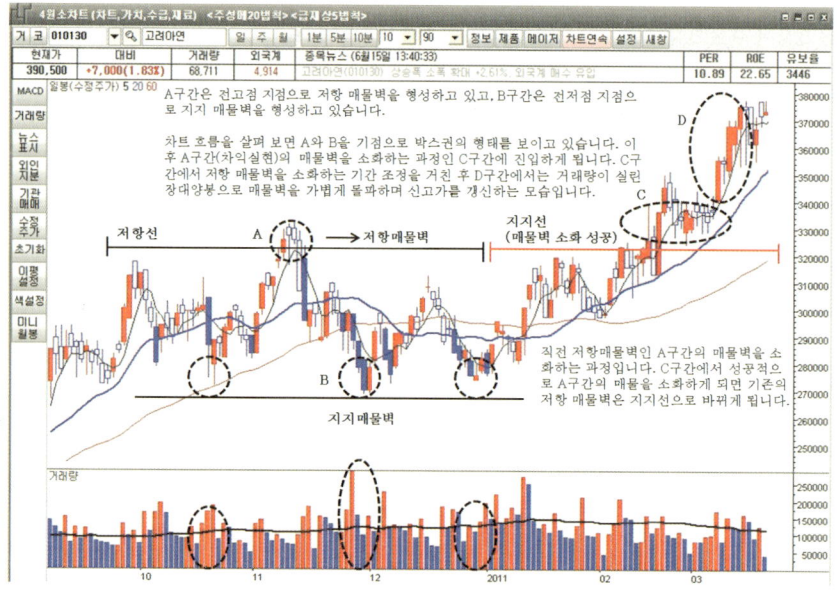

[차트 4-1] 고려아연 일봉차트(2011년)

〔차트 4-1〕에서 볼 수 있듯이 매물벽 분석을 통해 큰 그림(추세)을 그리고 자신이 가지고 있는 주식의 가격이 A, B, C, D 구간 중 어디에 속하는지 파악한다면, 현재 시점에서 매수해야 할지 또는 매도해야 할지 판단하는 데 큰 도움이 될 것입니다.

Section 03

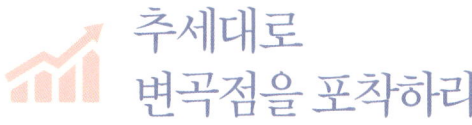

추세대로 변곡점을 포착하라

추세대는 고점 추세선과 저점 추세선을 평행하게 그려 주가의 진행방향과 추세 전환점을 예측하는 중요한 투자지표입니다. 추세대에는 상승

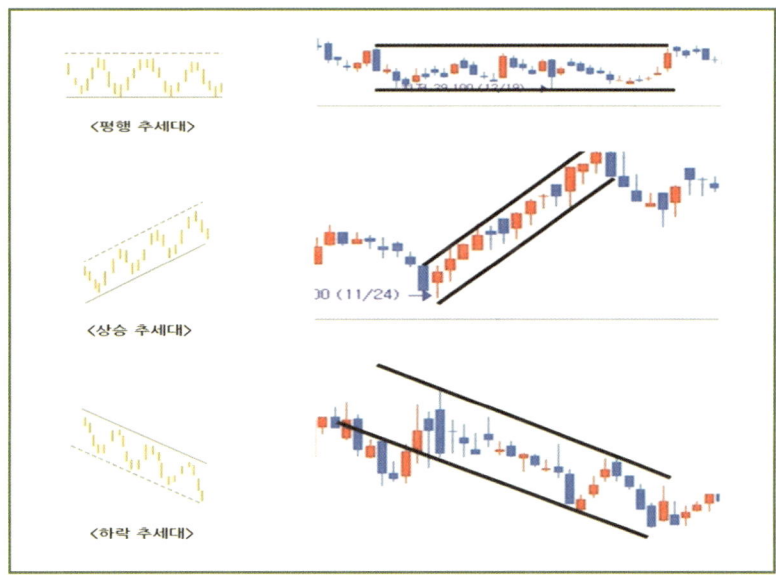

[그림 4-5] 추세대의 종류

추세대, 하락 추세대, 평행 추세대가 있습니다.

상승 추세대를 이용해 2차 상승이나 단기 고점을 예견할 수 있고, 하락 추세대를 이용해서 2차 하락이나 주가 바닥을 점칠 수 있습니다.

주가는 추세대의 상·하단 범위 안에서 움직이는 경향이 있으므로 추세대는 지지·저항선 역할을 하게 됩니다. 따라서 추세대를 이탈하면 추세 확장으로 이어지고, 추세대에 못 미쳐 꺾이면 추세 전환이 이뤄집니다. [그림 4-6]을 통해 좀 더 자세히 살펴보도록 하겠습니다.

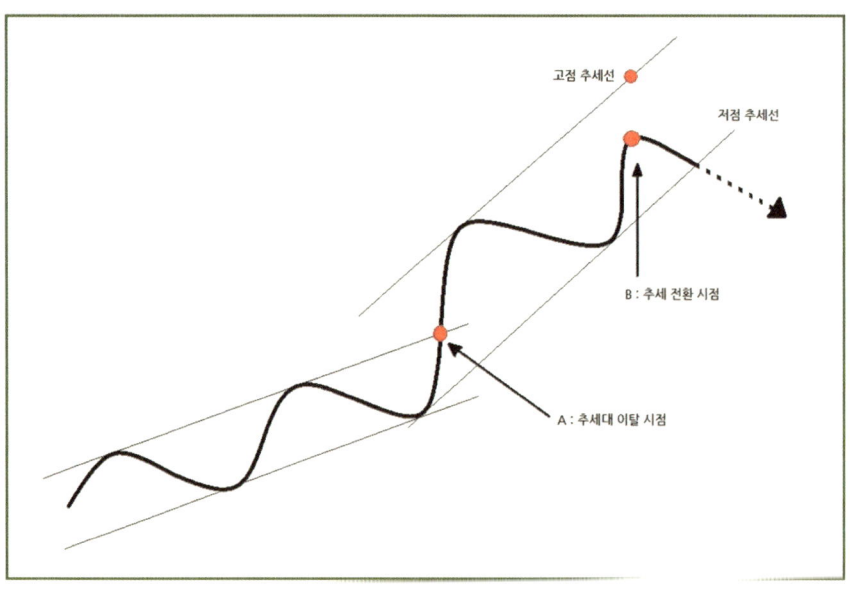

[그림 4-6] 상승 추세대

A지점은 추세대 상단을 이탈하는 지점으로 추세 확장을 의미합니다. 추세대 상단의 매물을 모두 소화한 패턴으로 2차 상승을 예상할 수 있습니다. 따라서 이 지점이 바로 매수 지점이 되는 것입니다.

여기서 우리는 추세대 상단에 미치지 못하고 꺾인 B지점을 주목해야 합니다. 바로 추세 전환점이기 때문입니다. 고점을 조금 높인 이런 유형을 저는 '고점 높인 쌍고점'으로 규정합니다. '고점 높인 쌍고점'은 주가 상투를 암시하기도 합니다. 상승파동에서 추세대 상단에 미치지 못하고 하락하는 경우 상승 가속도는 떨어지기 때문입니다.

실전에서 개미들이 가장 많이 물리는 경우도 바로 이 B지점입니다. 실제 사례를 통해 한 번 더 살펴보고, 앞으로는 주가가 추세대 상단을 터치하는지 여부를 꼭 체크하기 바랍니다.

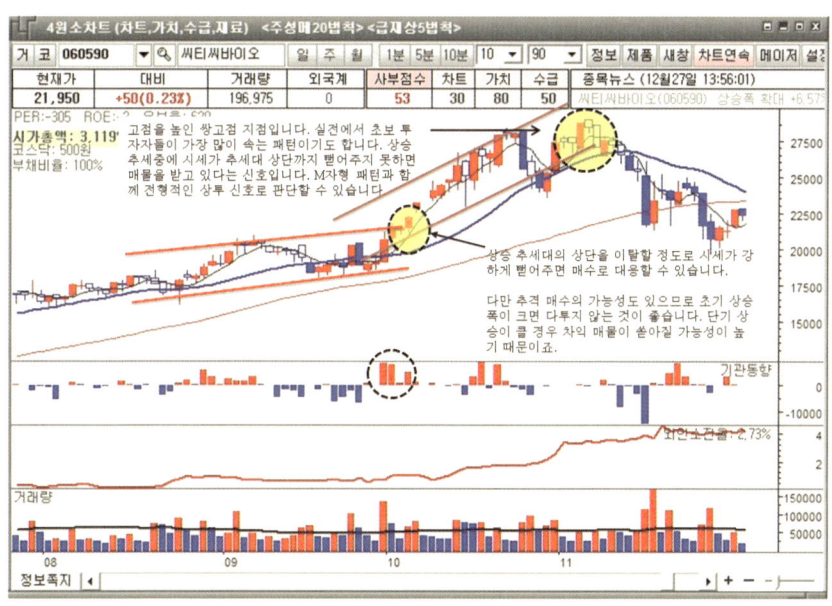

[차트 4-2] 씨티씨바이오 일봉차트(2012년)

반대로 하락 추세대를 이용해 주가 바닥을 예측할 수도 있습니다. 주가는 서서히 고점과 저점을 낮추며 하락 추세대의 상단과 하단을 횡보하기 때문에 추세대 하단에 못 미쳐 반등했는지 여부만 체크하면 됩니다. 평행 추세대 또한 상·하단 추세대가 지지·저항선 역할을 하므로 거래량 증가와 함께 추세대 이탈 시점에만 주목하면 됩니다.

> **Tip 추세대 분석으로 반드시 기억할 것!**
>
> ① 상승파동이 약해지면 주가 상투에 임박했음을 암시합니다.
> ② 하락파동이 약해지면 주가 바닥에 근접했음을 암시합니다.

Section 04

추세각도로
미래를 예측한다

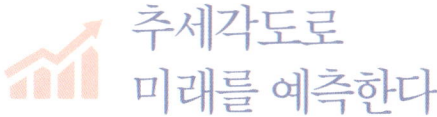

　지금까지 추세의 기본적인 원리에 대해 살펴보았습니다. 이제 한 단계 더 나아가 추세각도를 통해 추세의 연속성을 예측해보도록 하겠습니다. 이 부분은 마냥 공부하기보다 투자자의 심리가 추세에 어떻게 반영되는지 곰곰이 생각해보는 것이 중요합니다.

　'추세'란 시장 참여자들의 심리를 연속성 있게 표현한 하나의 긴 선입니다. 여기서 투자자들의 '심리'에 영향을 미치는 것은 '모멘텀(Momentum)'입니다. 모멘텀은 주가의 움직임에 가속도를 부여할 수 있습니다. 즉, 주가의 상승속도나 하락속도가 둔화되면 모멘텀이 약화되고 있다는 의미가 됩니다.

　다시 본론으로 돌아가서 개인 투자자들이 추세를 이용한 매매를 할 때 가장 범하기 쉬운 실수는 무엇일까요? 대부분의 초보 투자자들은 주가의 단기 낙폭이 커질 경우 주식을 싸게 살 수 있다는 생각에 섣불리 바닥을 예측하는 경우가 많습니다. 하지만 실전에서는 예측이 여지없이 빗나가는 경우를 종종 볼 수 있습니다.

과연 무엇이 잘못되었을까요? '추세는 같은 방향으로 지속한다'는 관성의 법칙을 간과했기 때문입니다. [그림 4-7]처럼 하락 추세에서의 일시적인 하락 멈춤과 상승 추세에서의 일시적인 상승 멈춤은 추세 전환을 의미한다기보다는 2차 하락 또는 상승을 위한 쉬어가는 구간이라고 생각해야 합니다.

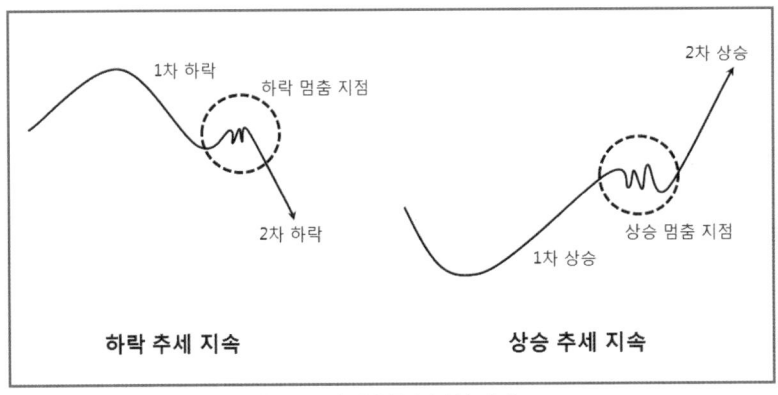

[그림 4-7] 하락 추세와 상승 추세

다음으로 추세가 연속성을 가지기 위해서는 추세각도가 일정하게 유지되거나 갈수록 높아져야 한다는 사실을 명심하세요. 추세의 탄력성이 꺾여서는 절대 추세의 연속성을 기대할 수 없습니다.

예를 들어, 비에이치의 주가가 8,000원에서 출발해 불과 열흘 만에 16,000원이 되었다고 가정하면 추세각도는 45도 이상으로 매우 가파르게 나타날 것입니다. 그로부터 5일 후 주가가 18,000원이 되었다면 추세각도는 다시 완만하게 돌아설 것입니다. 즉, 상승 모멘텀이 약화되면서 추세는 하락 반전될 가능성이 높아지게 됩니다.

[그림 4-8]은 추세 전환과 추세 지속을 A, B, C, D의 네 가지 패턴으로 정리한 것입니다. 네 가지 패턴을 정리해보면 추세가 연속성을 가지기 위해서는 추세각도가 완만하게 진행된 후에 다시 가파르게 진행되어야 함을 알 수 있습니다.

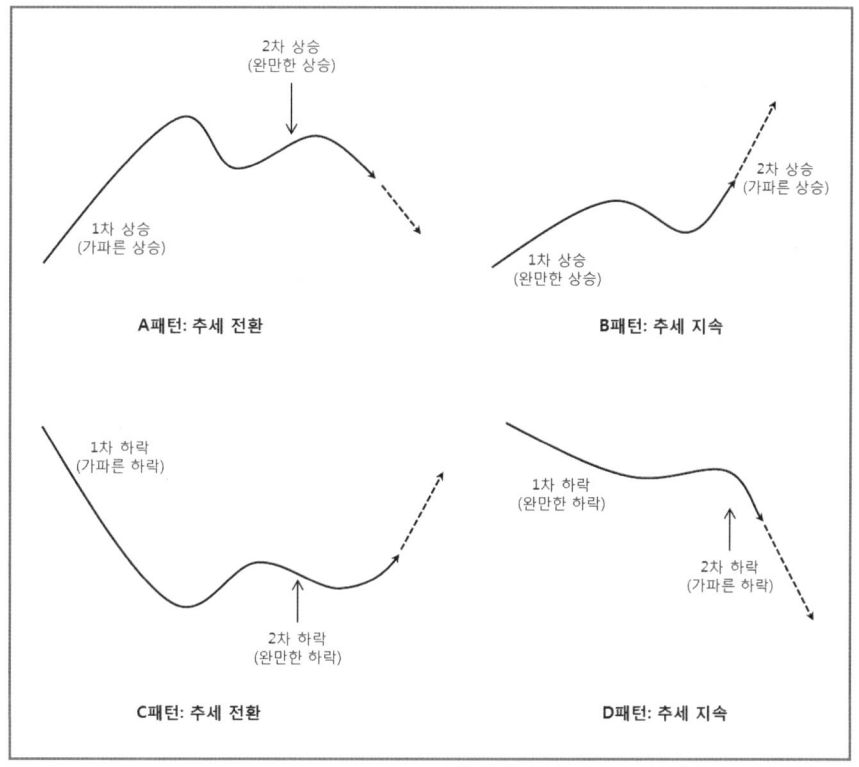

[그림 4-8] 추세 전환과 추세 지속의 패턴

A패턴은 주가가 단기간에 100% 이상 또는 상승각도가 45도 이상 가파르게 상승한 종목이 고점을 찍고 꺾이는 모습입니다. A패턴처럼 단기 조정 이후 일시적인 반등을 주는 경우도 있지만, 상승각도가 완만해서 추세

상승은 힘든 파동입니다. 이는 속임수 상승파동으로 세력들의 마지막 물량털기일 가능성이 높습니다.

B패턴은 엘리엇 파동이론에 가장 충실한 패턴입니다. 완만한 상승 후 2차 상승은 가파르게 진행되고 있습니다. 1차 상승각도가 완만했을 때 상승폭이 크지 않아 전고점의 매물 부담이 작아집니다.

즉, 적은 물량으로도 전 고점은 쉽게 돌파됩니다. 주요 공략 대상은 1차 상승시 완만한 각도를 이루면서 상승폭이 저점 대비 30% 이상 상승하지 않은 종목이 되겠습니다.

하락파동에서 발생하는 C, D패턴은 위의 내용과 반대 개념에서 이해하면 됩니다. 참고로 C패턴에 대해 간단히 설명하면, 1차 하락파동이 가파르게 진행된 후 2차 파동의 하락각도가 완만해지면 주가 바닥에 근접했다고 볼 수 있습니다. 패턴 분석에서 하락쐐기형이나 W자형 패턴이 여기에 속합니다.

상승 추세 종목을 기준으로 정리해보겠습니다. 추세각도가 완만하게 진행된 후 다시 가파르게 진행되면 큰 시세를 줍니다. 반대로 가파르게 진행된 후 완만해지면 시세는 꺾이게 됩니다. 이를 달리 해석하면 1차 상승각도가 가파른 종목은 일단 매수 관점에서 배제하고, 완만한 각도로 진행되는 종목을 매수 관점에서 접근해야 한다는 결론에 이릅니다.

추세선 실전 활용법

평행 추세선으로 매물벽과 변곡점을 파악하라

앞서 추세는 투자자들의 심리가 가장 잘 반영된 지표라고 했습니다. 바꿔 말하면 투자자들의 심리가 반영된 추세는 그 자체로 지지선과 저항선의 역할을 합니다. 평행 추세선은 전저점과 전고점을 찾아내고 거기에 포진해 있을 매물벽의 강도와 변곡점을 분석하기 위한 가장 좋은 지표입니다. [차트 4-3]을 통해 평행 추세선을 활용한 매매기법을 확실히 숙지하기 바랍니다.

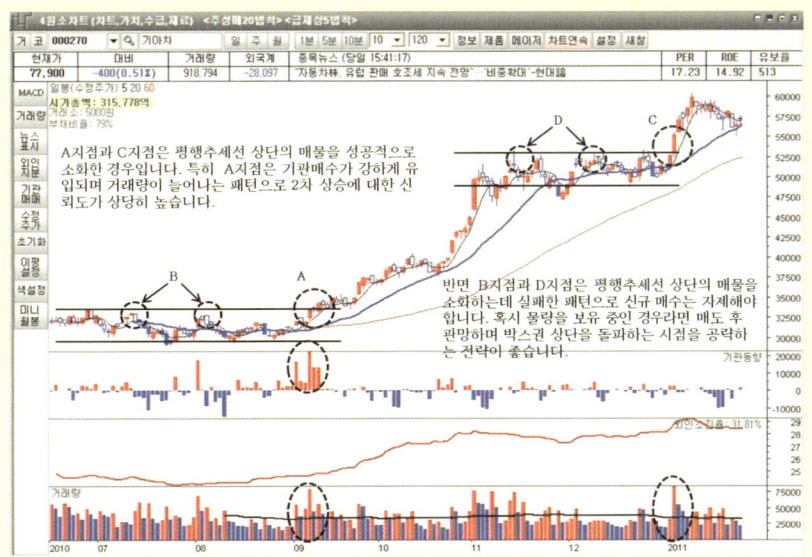

[차트 4-3] 기아차 일봉차트(2010년)

'짝궁둥이 이론'은 추세매매의 절대강자

앞에서는 언급하지는 않았지만 짝궁둥이 이론은 추세매매를 하는 데 있어 최고의 기법입니다. 최고의 매수 타이밍은 '전저점 위에서의 터닝점'인데, '짝궁둥이 이론'은 이를 기초하여 만들어진 이론으로 꽤 높은 신뢰도를 자랑합니다.

제 경험에 비춰볼 때 '짝궁둥이 이론'은 주가의 저점을 포착할 때 가장 활용도가 높습니다. 지금부터 여러분들이 알고 있는 바닥잡기에 관련된 여러 이론들은 무시하고 '짝궁둥이 이론'만 활용해보세요. 아마도 기존의 다른 이론들보다 훨씬 높은 성공률을 경험할 수 있을 겁니다.

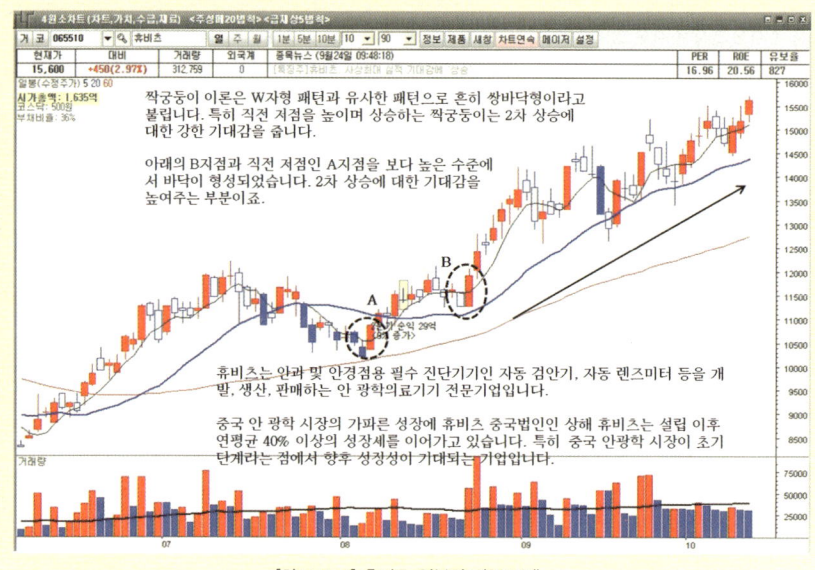

[치트 4-4] 휴비츠 일봉차트(2011년)

추세각도로 미래를 예측한다

추세각도는 추세의 연속성을 예측할 수 있는 중요한 지표입니다. 개인투자자들이 흔히 범하는 실수가 바로 추세의 전환을 섣불리 예단해서 추가적인 주가 조정에 무방비 상태로 노출된다는 점입니다. 추세가 연속성을 가지기 위해서는 특정 모멘텀의 발생으로 추세의 강도가 점차적으로 강해져야 한다는 점을 명심하기 바랍니다.

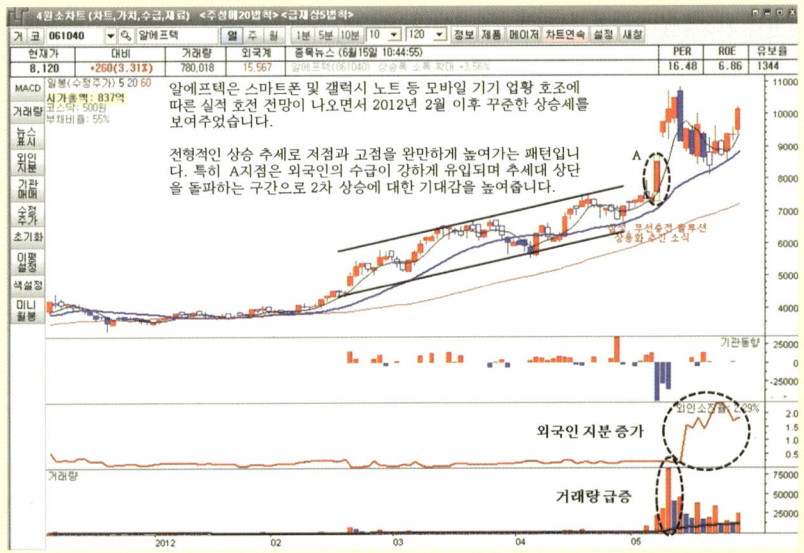

[차트 4-5] 알에프텍 일봉차트(2012년)

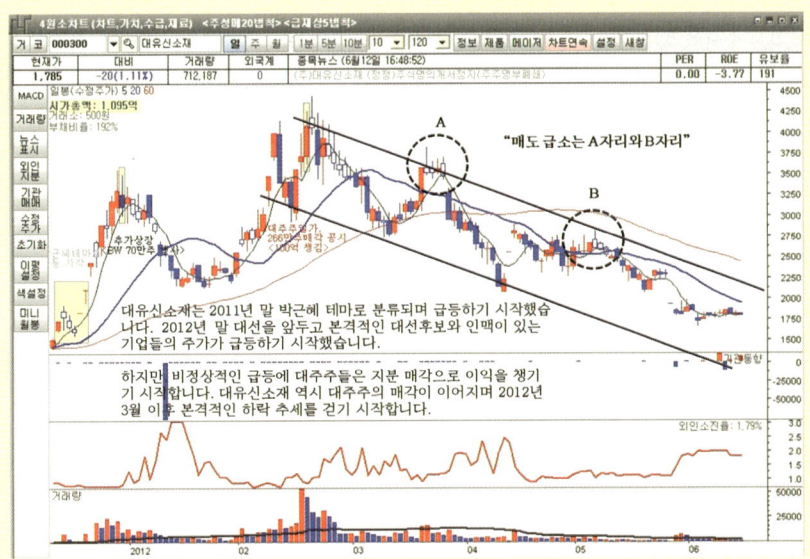

[차트 4-6] 대유신소재 일봉차트(2012년)

Section 01

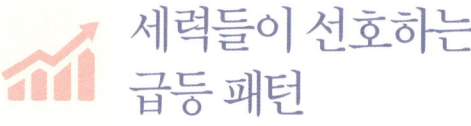
세력들이 선호하는
급등 패턴

오늘의 주가를 바탕으로 내일의 주가를 예측하기는 어렵습니다. 따라서 증시 전문가들은 미래의 주가를 예측할 때 주로 과거의 축적된 데이터를 이용합니다. 이렇듯 오랫동안 축적된 경험과 통계자료 분석을 통해 주가의 변화에는 일정한 패턴이 있다는 것을 알게 되었고, 그것을 모델로 정형화해놓은 것이 바로 '패턴 분석'입니다.

최상의 패턴은 플랫폼 패턴

플랫폼 패턴은 눌림목 구간에 기간조정만 있고 가격조정은 없습니다. 또한 매물 부담이 가장 적은 만큼 급등 가능성은 가장 높은 패턴입니다. 따라서 급등 패턴 중 최상의 패턴으로 플랫폼 패턴을 꼽습니다.

1차 상승 후 조정 구간에서 가격조정 없이 기간조정으로 대신한다는 것은 2차 상승을 염두에 둔 매수세가 많아 조정 중에 대기 매수세가 지속적으로 유입되고 있음을 말해줍니다. 매수세 절대 우위 패턴이며, 매물부담이 가장 적은 패턴임을 반드시 기억해야 합니다.

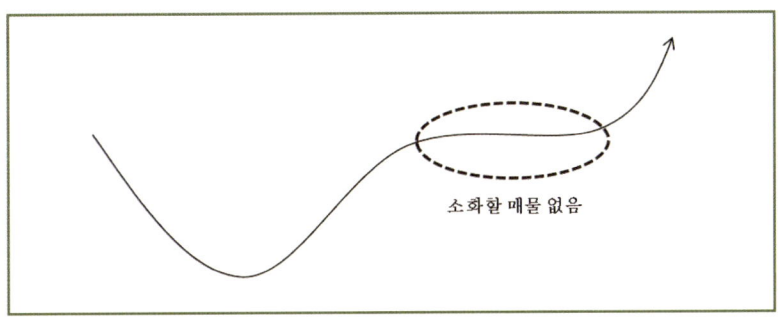

[그림 5-1] 플랫폼 구간

의자형(N자형) 패턴은 최고의 눌림목 급소

N자형 패턴은 눌림목 패턴으로서 쌍바닥 패턴과 함께 대표적인 급등 패턴입니다. 패턴 성공 가능성은 플랫폼 패턴보다는 낮지만 W자형 패턴보다 높으며, 조정폭이 얕을수록 급등 가능성이 높습니다. 만약 조정폭이 깊어지면 W자형 패턴이 되며 매물 부담을 안게 됩니다. 또한 급등 패턴 중 신뢰도가 높고 가장 실전에서 발견하기 쉬운 패턴입니다.

1차 상승 후에는 조정폭에 대한 개인적인 원칙을 정해둘 필요가 있습니다. 일반적으로 50% 룰을 적용하는데, 상승폭의 50% 미만에서 눌림목을 완성하는 것이 가장 이상적입니다. 그 이유는 조정폭이 얕을수록 매물 부담이 줄어들기 때문입니다.

N자형 패턴은 주로 주도주나 대기 매수세가 풍부한 종목에서 나타나기 때문에 급등주를 찾는 데 있어서도 활용도가 높습니다.

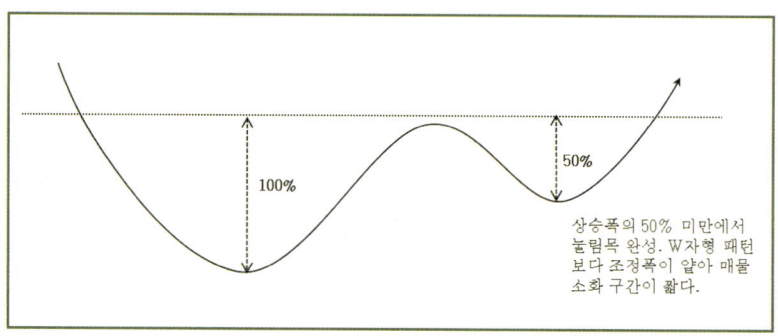

[그림 5-2] N자형 패턴

짝궁둥이는 최상의 매수 급소

W자형 패턴은 추세 반전형 패턴 중에서 신뢰도가 매우 높으며 상승폭도 큰 경우가 대부분입니다. 한때는 급등주의 대표적인 패턴으로 꼽기도 했을 만큼 바닥 잡기에 가장 탁월한 패턴입니다.

W자형 패턴은 1차 저점을 확인했다는 점 때문에 투자심리를 크게 호전시킵니다. W자형 패턴의 핵심은 2차 저점이 전저점보다 높아야 한다는 사실입니다. 만약 1차 저점까지 밀렸다면 아직 소화해야 할 매물이 많이 남아 있다는 의미입니다.

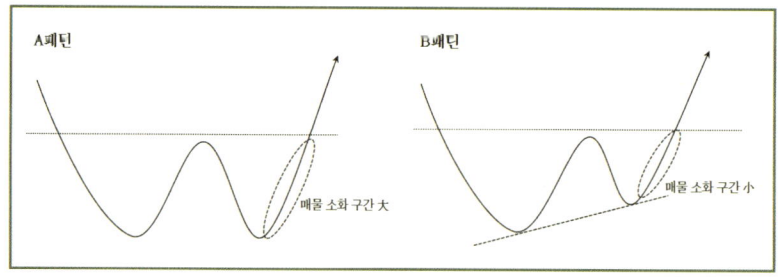

[그림 5-3] W자형 패턴

〔그림 5-3〕은 W자형 패턴의 두 가지 경우를 보여줍니다. A패턴은 2차 저점이 1차 저점까지 하락한 경우로 소화해야 할 매물벽이 두텁습니다. 반면 B패턴의 경우에는 A패턴에 비해 상대적으로 조정폭이 얕아 매물 소화 구간이 짧습니다. 즉, N자형 패턴으로 변형되기 직전의 형태로 추가적인 상승 여력이 높다고 할 수 있습니다. 결론적으로 B패턴의 경우처럼 2차 저점이 전저점보다 높아야 합니다. 이를 '짝궁둥이 이론' 이라고 부릅니다.

> **Tip** '짝궁둥이 이론' 이란?
>
> 2차 저점이 전 저점보다 높은 형태로, 저점을 높이지 않은 상태에서는 절대 매수에 가담해서는 안 되며, 짝궁둥이처럼 한쪽 궁둥이가 높아질 때까지 기다리라는 것입니다.

V자형 패턴은 돌발 악재 때 나타난다

V자형 패턴은 실전에서 빈번하게 발견할 수 있습니다. 통상적으로 낙폭 과대주에서 발생하는데, 단기 악재나 수급 불균형으로 급락한 후 악재의 소멸 또는 매물 공백을 이용한 단기세력의 저가매수로 급반등하며 완성됩니다.

V자형 패턴은 주로 시장 외적인 요소로 인해 나타납니다. 예를 들면, 북한 도발 관련 뉴스나 국가신용등급 강등 같은 경우입니다. 따라서 반전

형 패턴 중 가장 변동폭이 크고 움직임이 빨라 데이트레이딩에 적합합니다. 다만 매집기간이 짧고 상승시 소화해야 할 매물이 많아 상승폭은 제한적일 수 있습니다.

　V자형 패턴을 이용해 매매할 때는 '50% 룰(Rule)'을 지키는 것이 핵심입니다. V자형 패턴은 단타성 세력의 개입이 많아 단기 반등 후 긴 조정에 들어갈 가능성이 높습니다. 추가 이익에 대한 미련을 가지기보다는 50% 반등 지점에 미리 매도 주문을 깔아놓는 것도 하나의 전략입니다.

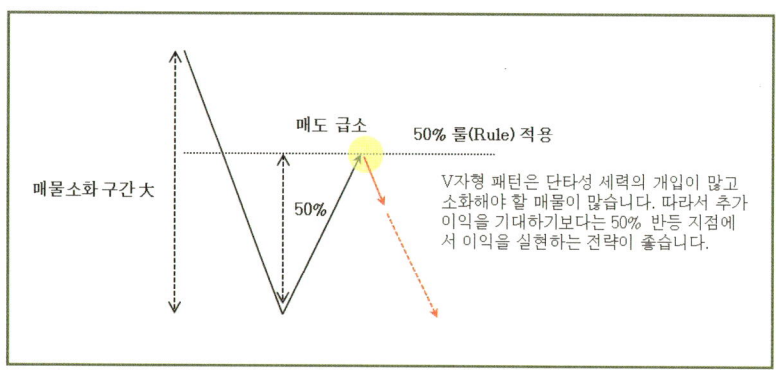

[그림 5-4] V자형 패턴

Section 02

투자자들이 피해야 할 하락 패턴

앞에서 세력들이 선호하는 급등 패턴에 대해 알아봤습니다. 이제 개인 투자자들이 반드시 피해야 하는 하락 패턴에 대해 배우도록 하겠습니다.

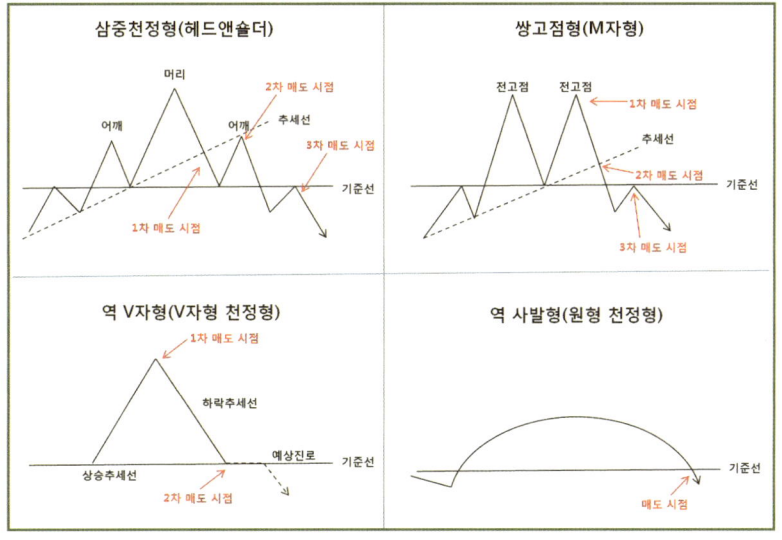

[그림 5-5] 하락 패턴의 종류

〔그림 5-5〕와 같이 하락 패턴에는 삼중천정형(헤드앤숄더), 쌍고점형(M자형), 역V자형(V자형 천정형), 역사발형(원형 천정형) 등이 있습니다. 그중 우리가 주목해야 할 것은 삼중천정형의 2차 매도 시점과 쌍고점형의 1차 매도 시점입니다. 그러면 지금부터 다양한 매도 기준에 대해 자세히 다뤄보겠습니다.

쌍고점 패턴 종목은 목숨 걸고 팔아라

제가 주식시장에 몸담은 지 어느덧 15년이 흘렀습니다. 그동안 셀 수 없이 많은 종목들이 급등락을 반복했습니다. 저는 그 과정을 지켜보면서 저 나름대로 손절매 원칙을 세웠고, 그것을 대략 10여 가지로 정리했습니

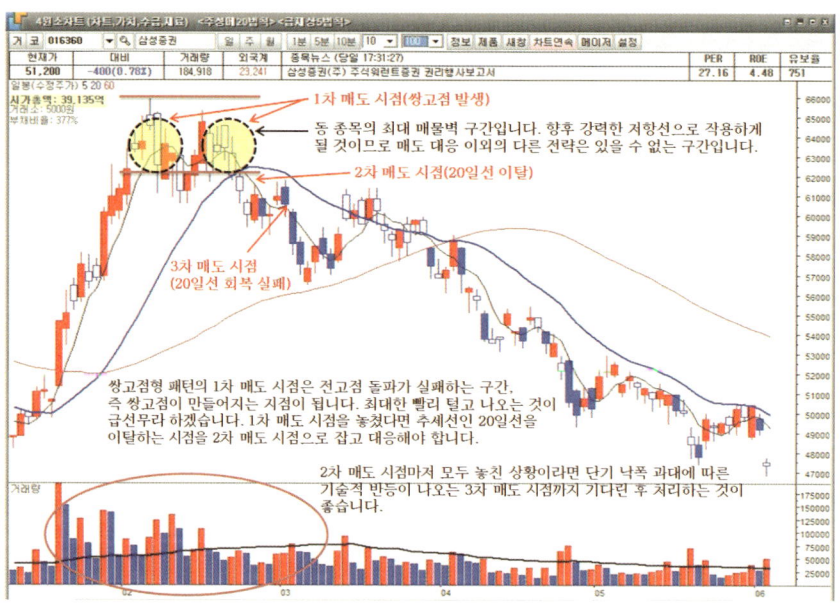

[차트 5-1] 삼성증권 일봉차트(2012년)

다. 그중 제가 반드시 지키는 원칙 중 하나가 바로 '쌍고점 출현시 손절 매'입니다. 특히 전고점 돌파에 실패한 쌍고점은 '무조건 매도'라고 보면 됩니다.

고점 돌파에 실패한 종목은 현재 주가 상단에 매물벽이 만들어진 상황입니다. 고점이 2개면 매물벽은 더욱 높게 쌓인 상태가 되기 때문에 한동안 해당 주식을 떠나는 것이 상책입니다. 사실상 쌍고점 종목은 거의 '목숨 걸고 팔고 떠난다'고 보면 됩니다.

하락삼각형

하락삼각형은 약간 특별한 패턴에 속합니다. 현재의 주가 위치와 삼각형이 만들어진 기간에 따라 추세 전환을 가져올 수도 있고, 반대로 2차 하락으로 이어질 수도 있기 때문입니다. 주변 환경에 따라서 몸의 색깔을 달리하는 카멜레온과 같다고 해서 '카멜레온 패턴'이라고 부르기도 합니다.

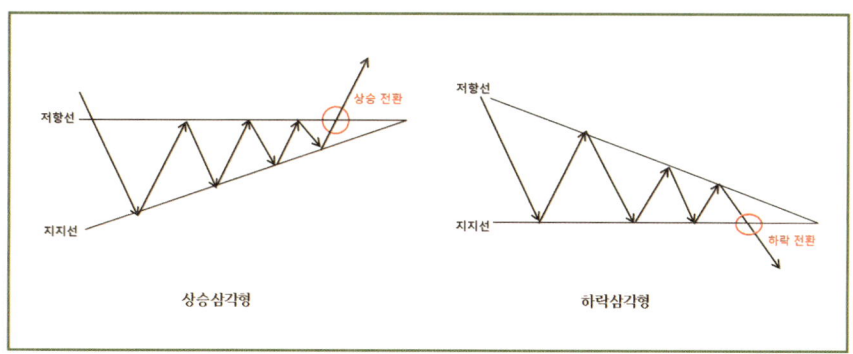

[그림 5-6] 상승·하락 삼각형 패턴

패턴 실전 활용법

최상의 패턴은 플랫폼 패턴이다

플랫폼 패턴은 눌림목 구간에 기간조정만 있고 가격조정은 없는 최고의 상승 패턴입니다. 1차 상승 후 조정구간에서 가격조정 없이 기간조정으로 대신한다는 것은 2차 상승을 염두에 둔 대기매수세가 지속적으로 유입되고 있음을 의미합니다. 매수세 절대 우위의 패턴이며, 매물부담이 가장 적은 패턴임을 꼭 기억하기 바랍니다.

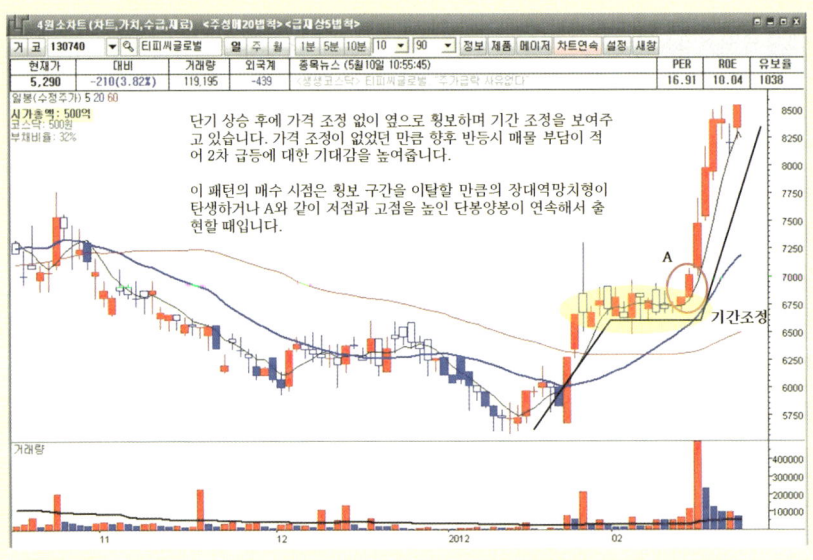

[차트 5-2] 티피씨글로벌 일봉차트(2012년)

의자형(N자형) 패턴은 최고의 눌림목 급소

의자형(N자형) 패턴은 눌림목 패턴으로서 쌍바닥 패턴과 함께 대표적인 급등 패턴입니다. W자형 패턴보다 신뢰도가 높으며 조정폭이 얕을수록 2차 상승에 대한 기대감을 높여줍니다. 여기서 조정폭이 깊어지면 W자형 패턴이 되며 높은 매물 압박을 받게 됩니다.

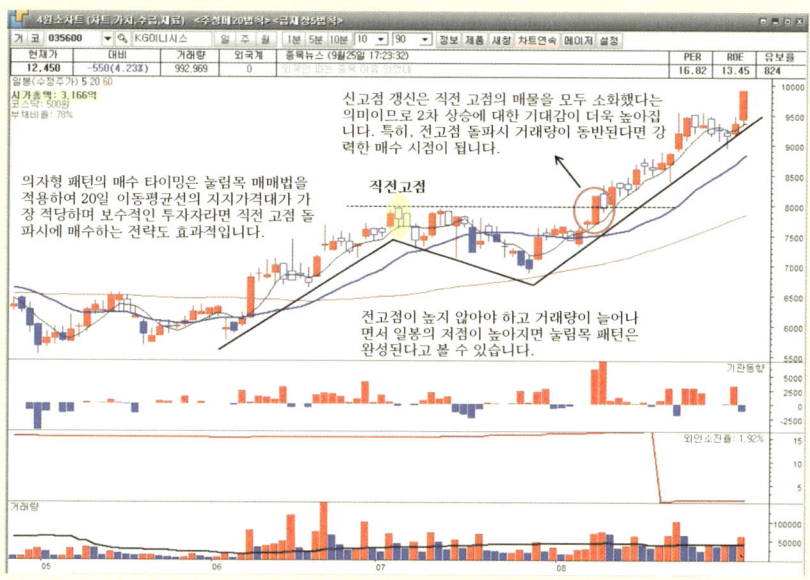

[차트 5-3] KG이니시스 일봉차트(2012년)

짝궁둥이는 최상의 매수 급소

제가 '짝궁둥이'라는 무척 촌스러운 단어를 쓰면서도 더 이상의 이론은 없다고 큰소리치는 데는 다 그만한 이유가 있습니다. 매수 타이밍을 포착하는 기준은 매우 다양해서 투자자마다 각기 다른 기준을 가지고 있습니다. 하지만 매수 타이밍 시점상 최상의 급소는 '전저점 위에서 터닝점' 이기 때문입니다. 제 경험에 비춰볼 때, 저점을 높이지 않고서는 소수의 의도적인 역배열주를 제외하고는 결코 추세 상승으로 연결되지 않았습니다.

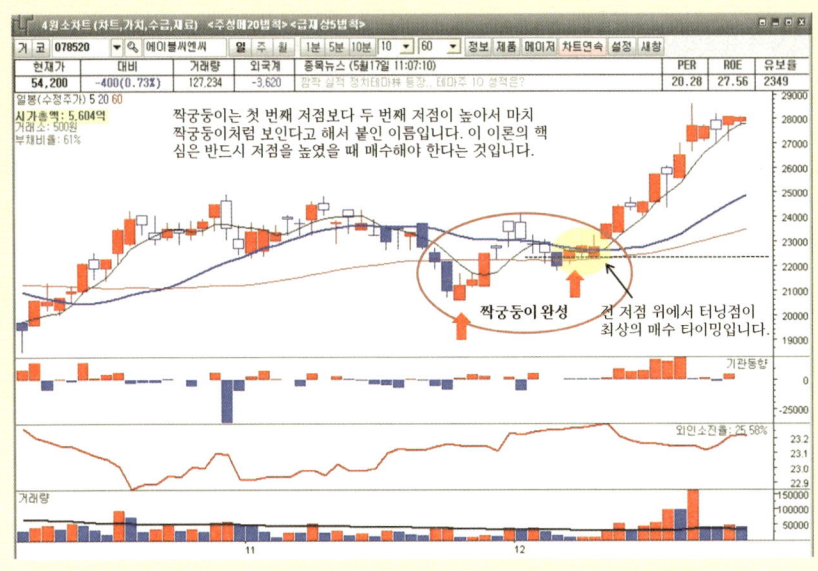

[차트 5-4] 에이블씨엔씨 일봉차트(2011년)

V자형 패턴은 돌발 악재 때 나타난다

V자형 패턴은 실전에서 가장 많이 발생하는 패턴으로, 돌발 악재에 따른 단기 낙폭이 큰 종목에 주로 나타납니다. 악재가 소멸되거나 매물 공백을 이용한 단기 세력들의 개입으로 급반등하면서 V자형 패턴이 완성됩니다. 하지만 매집 기간이 짧고, 상승시 소화해야 할 매물이 많아 상승폭은 제한적일 수밖에 없습니다.

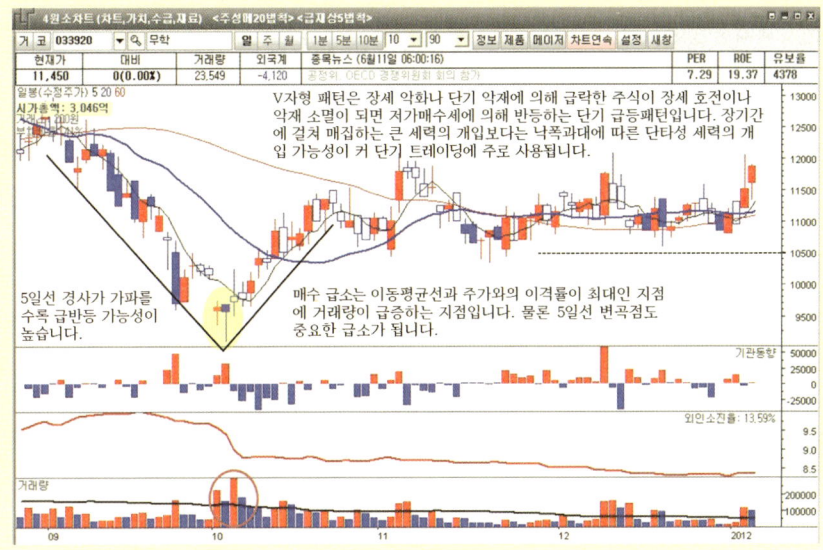

[차트 5-5] 무학 일봉차트(2011년)

쌍고점 종목은 목숨 걸고 팔아라

쌍고점 종목의 경우 '목숨 걸고 팔라'는 말을 가슴에 새기기 바랍니다. 혹시나 하는 기대감에 매도 타이밍을 놓치면 돌이킬 수 없는 손실로 이어질 수 있습니다. 쌍고점 패턴은 여러 하락 패턴들 중에서도 투자자가 가장 경계해야 할 패턴입니다. 하락 패턴 중 신뢰도가 가장 높습니다. 일봉은 물론이고 장중 분봉상에 나타난 쌍고점도 강력한 매도신호로 간주하고 처분해야 합니다.

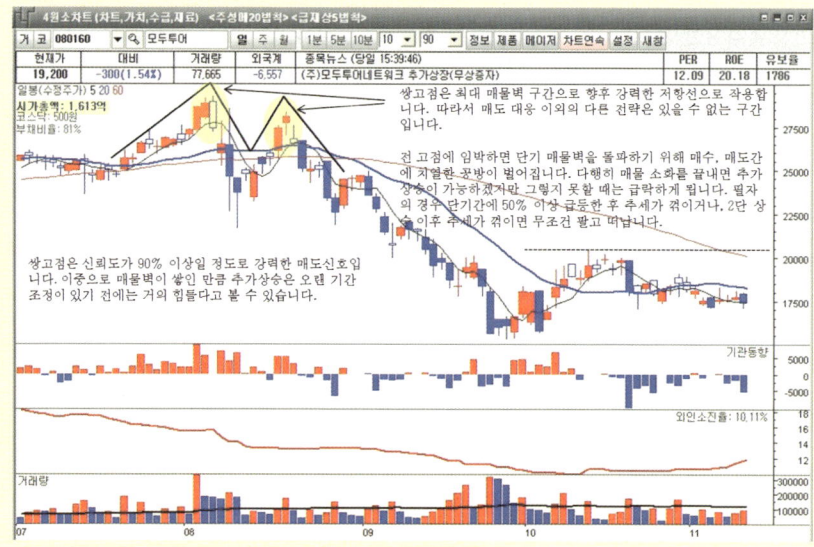

[차트 5-6] 모두투어 일봉차트(2011년)

하락삼각형 패턴

삼각형 패턴은 크게 '상승삼각형 패턴'과 '하락삼각형 패턴'의 두 가지로 나눌 수 있습니다. 패턴이 만들어진 기간과 모양, 현재의 주가 위치에 따라서 상승 또는 하락 패턴으로 나뉘어지기 때문에 '카멜레온 패턴'이라고 부르기도 합니다. 다음 차트를 살펴본 후 각각의 패턴을 확실히 숙지하시기 바랍니다.

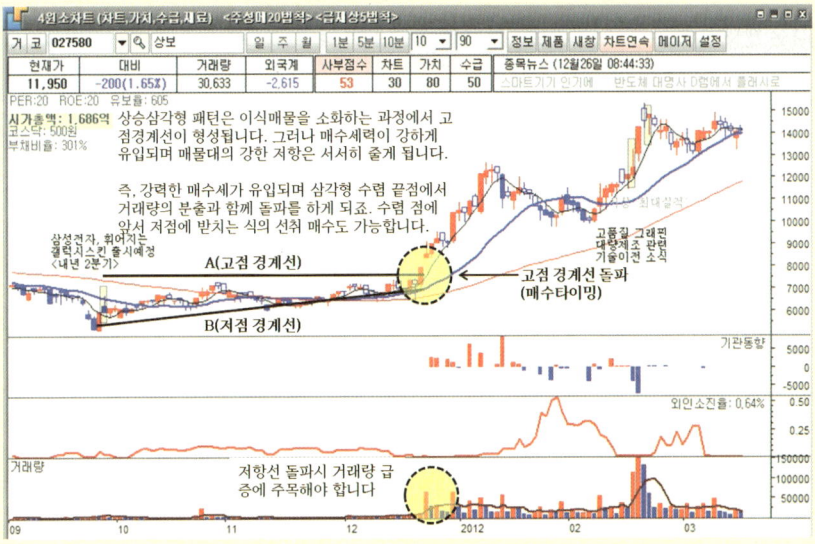

[차트 5-7] 상보 일봉차트(2012년)

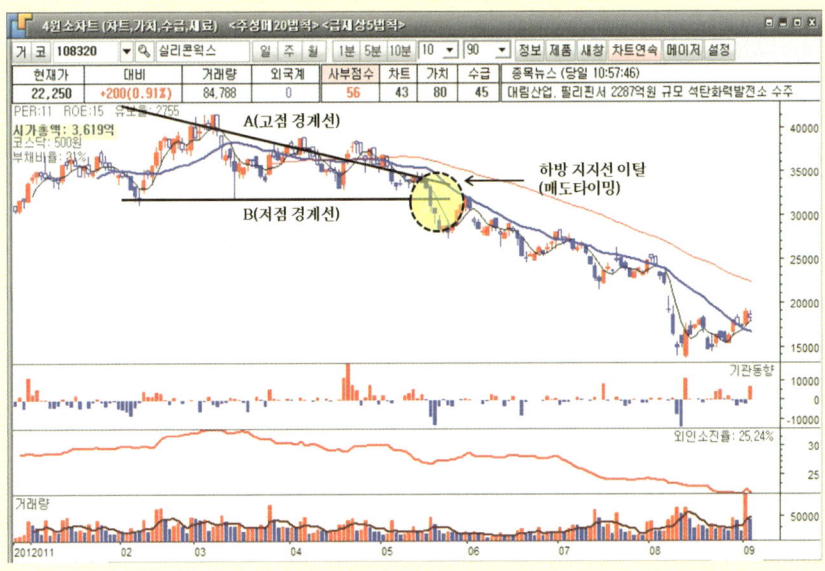

[차트 5-8] 실리콘웍스 일봉차트(2012년)

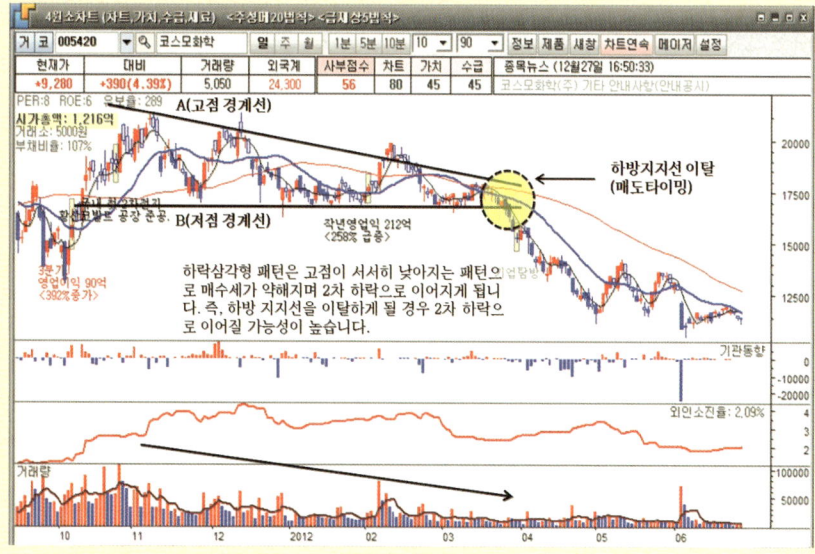

[차트 5-9] 코스모화학 일봉차트(2011년)

차트만 보고 **투자**하지 마라!
차트에 숨어 있는 시장을 읽고 주문고수 되는 법!

2부

응용편

PART 06

메이저 분석하기

Section 01

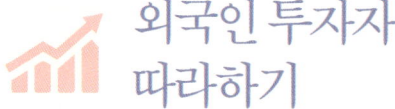
외국인 투자자
따라하기

검은 머리 외국인 구별방법

주식시장에서 '검은 머리 외국인'이라는 말을 종종 들어보셨을 겁니다. '검은 머리 외국인'이란 진짜 외국인이 아니라 외국인을 가장한 국내 기관투자가나 법인을 말합니다. 즉, 내국인이 외국에 상장된 '오프쇼어 펀드(offshore fund)'에 투자한 후 그 펀드를 통해 국내 주식을 매수하는 것입니다.

검은 머리 외국인들이 이러한 편법으로 국내 주식을 매수하는 이유는 무엇일까요? 외국계 펀드를 이용해 검은 자금 등을 국내 증시에 투자하려는 데 있습니다. 일종의 자금 세탁입니다. 또한 이들은 외국인을 가장해 매매하므로 개인투자자들을 쉽게 현혹시킬 수 있습니다. 외국인이 투자하는 기업은 무조건 안정적이라고 믿는 개인투자자들은 이들의 꾐에 빠져 큰 낭패를 보기 쉽습니다.

그렇다면 검은 머리 외국인을 구별하는 방법은 무엇일까요? 이들은 단기수익을 목적으로 주로 코스닥 소형주나 코스피 저가주에 투자하며, 하루나 이틀 사이에 수익을 내고 빠지는 전략을 사용합니다. 일반적으로 순수 외국인이라면 매수면 매수, 매도면 매도의 한 방향으로 수급을 집중시키는데, 이들은 매수와 매도의 시차가 아주 짧아 거의 동시에 이루어지는 것이 특징입니다.

개인투자자들은 단기간에 오른 종목에 처음으로 외국인의 입질이 들어오는 경우를 피해야 합니다. 물량을 넘기기 위한 미끼 물량일 경우가 많기 때문입니다. 외국인의 매수가 대외적으로는 10만 주 잡히게 하고, 실제로는 국내 창구를 통해 100만 주를 내다 파는 식이지요. 이렇듯 싼 종목이나 많이 오른 종목에 외국인들이 들어오면 일단 의심해봐야 합니다.

> **Tip** '오프쇼어 펀드' 란?
>
> 오프쇼어 펀드(offshore fund)는 우리말로 '역외펀드' 라고 하는데, 세금이 아주 싼 국가에 본거지를 둔 투자신탁을 말합니다. 예를 들면, 카리브 해변의 버뮤다, 바하마 같은 국가나 파나마 등에 근거지를 둔 투자신탁 같은 것이지요. 이런 경우 외국에 상장된 투자펀드가 국내 주식을 매수하는 것이기 때문에 공식적으로 외국인 투자가의 주식 매수로 인정됩니다.

CD 주문과 LITMIT 주문

외국인들의 대표적인 주문 유형에는 CD 주문과 LITMIT 주문이 있습니다. CD(Careful Discretion) 주문은 외국인 투자자가 브로커, 즉 증권사에게 좋은 가격에 물량을 사거나 팔아달라고 100% 주문 권한을 위임하는 형태의 주문입니다. CD 주문은 현재 외국인 주문의 80% 이상을 차지하며, 매매체결 가격에 제한이 없습니다. 즉, 브로커에게 주문가격을 별도로 제시하지 않고 매입수량만 제시하는 것이 핵심입니다. CD 주문에서 상한가나 하한가가 곧잘 탄생하는 이유가 바로 여기에 있습니다.

반면 LITMIT 주문은 외국인들이 브로커(증권사)에게 매입가격을 제시하는 주문 유형입니다. 예를 들어, '호텔신라 1만 주를 5만 원에 사달라'는 식의 주문 유형입니다.

시간	회원사	종목명	현재가	등락률	체결수량	창구누적	외국계전체
14:43	노무라	오스템임플란	31,050	8.19	3,180	84,533	84,533
14:40	노무라	오스템임플란	31,100	8.36	2,120	81,353	81,353
14:36	노무라	오스템임플란	31,000	8.01	2,171	79,233	79,233
14:34	노무라	오스템임플란	31,200	8.71	1,009	77,062	77,062
14:32	노무라	오스템임플란	30,900	7.67	2,120	76,053	76,053
14:27	노무라	오스템임플란	31,200	8.71	2,120	73,933	73,933
14:25	노무라	오스템임플란	31,300	9.06	2,120	71,813	71,813
14:24	노무라	오스템임플란	31,450	9.58	1,060	69,693	69,693
14:22	노무라	오스템임플란	31,550	9.93	3,180	68,633	68,633
14:20	노무라	오스템임플란	31,350	9.23	2,120	65,453	65,453
14:19	노무라	오스템임플란	31,250	8.89	1,305	63,333	63,333
14:17	노무라	오스템임플란	31,000	8.01	3,995	62,028	62,028
14:11	노무라	오스템임플란	30,750	7.14	5,300	58,033	58,033
14:07	노무라	오스템임플란	30,550	6.45	9	52,733	52,733
14:06	노무라	오스템임플란	30,600	6.62	123	52,724	52,724
14:04	노무라	오스템임플란	30,550	6.45	5,168	52,601	52,601
14:01	노무라	오스템임플란	30,400	5.92	2,084	47,433	47,433
13:59	노무라	오스템임플란	30,450	6.10	120	45,349	45,349

[그림 6-1] 오스템임플란트 외국계 실시간 거래 창

외국인 매집주 포착방법

글로벌 경제의 네트워크망이 발전하면서 외국인들이 국내 시장에 미치는 영향력은 날이 갈수록 커지고 있습니다. 특히 주식시장에서 외국인들은 기관투자자와 같이 막강한 영향력을 발휘하곤 합니다.

그런데 이들은 어떤 기업의 주식을 사들일까요? 먼저 해외 IR을 준비하거나 진행 중인 기업을 유심히 살펴야 합니다. 해외 IR은 외국인 투자자들에게 자기 기업을 홍보하는 것으로, 자기 회사가 만드는 생산품과 시장 점유율, 그리고 기술력과 향후 성장성 등을 적극적으로 알리는 자리입니다. 따라서 해외 IR을 자주하는 기업을 살피고, 해당 기업의 공시 내용을 수시로 참조해야 합니다. 통상적으로 해외 IR은 후원 증권사를 끼고 진행되는 경우가 많습니다. 만약 해당 후원사를 통해 외국인 매수세가 잡히면 IR이 성공적이었음을 알 수 있습니다.

다음으로 주목해야 것은 외국인이 첫 입질을 하거나 오랜만에 매수를 강화하는 기업입니다. 앞서 말했듯이 순수 외국인 투자자들은 투자에 앞서 특정 종목의 수익성과 안정성을 꼼꼼하게 분석하여 종목을 고르는 경향이 있습니다. 그런 측면에서 외국인들의 신규 매수가 포착되는 종목은 투자자들의 매수심리를 자극할 수밖에 없습니다.

그런데 실전에서는 최근 6개월 이내에 외국인들의 입질이 없다가 신규로 외국인의 수급이 들어오는 종목에 주목해야 합니다. 이때 외국인 매집 물량이 전체 물량의 1%를 넘는 종목이 좋습니다. 간혹 자신이 가진 큰 물량을 처분할 목적으로 1~2만 주 정도의 외국인 미끼 물량을 동원하는 경우가 있는데 절대 속아서는 안됩니다.

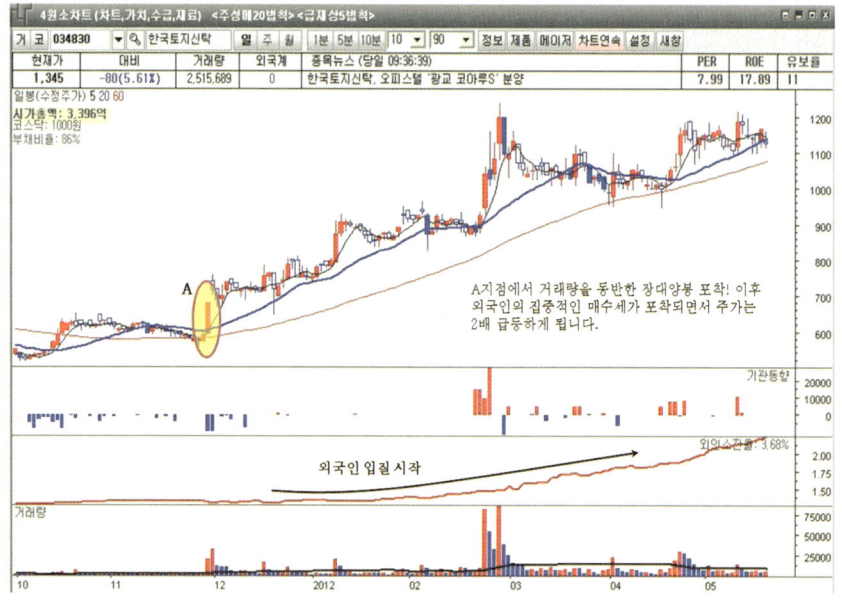

[차트 6-1] 한국토지신탁 일봉차트(2012년)

　　마지막으로 주가와 외국인 지분율의 상관관계가 역배열인 종목에 주목해야 합니다. 이런 종목은 외국인의 수급에도 불구하고 시장 상황이 좋지 않거나 일시적인 악재로 인해 주가가 빠지는 경우가 많습니다. 하지만 순수 외국인들은 철저하게 종목의 장기가치를 분석한 후 접근하기 때문에 단기악재에 물량을 털지 않습니다. 오히려 저가 매수의 기회로 활용할 가능성이 높다는 점에 투자자들은 주목해야 합니다.

　　저평가 종목이란 꼭 PER이 낮은 종목만을 말하지는 않습니다. 이렇게 외국인이 물린 종목 중 단기악재가 소멸될 가능성이 높은 종목군으로 선별해 접근하는 것도 저평가 종목을 공략하는 방법 중 하나입니다. 매매대상은 현 주가 수준과 외국인 지분율이 역배열이면서 오히려 외국인이 매수를 강화하는 종목으로 압축하는 것이 좋습니다.

참고로 외국인들의 로스컷 폭은 20%를 넘기지 않습니다. 따라서 외국인들의 수급이 유입되는데도 20% 이상 급락한 종목은 오히려 외국인의 매물 폭탄을 맞을 수 있으므로 피해야 합니다.

Section 02

기관투자가
따라하기

기관의 매매 동향 파악하기

증시를 움직이는 힘을 가진 대표적인 수급 주체로 외국인과 함께 기관투자가를 들 수 있습니다. 국내 기관투자가는 크게 자산운용사, 증권사, 은행, 보험사 같은 금융기관과 연기금으로 분류됩니다. 연기금 중에는 국민연금이 자산규모와 투자규모 면에서 가장 크고, 그 밖에는 정보통신부기금, 공무원연금, 사학연금, 군인연금 등이 비교적 큰 규모에 속합니다.

국내 기관투자가의 종목 선정 방법을 살펴보면 외국인과 별 차이가 없음을 알 수 있습니다. 단지 차이가 있다면 외국인은 5년 이상 장기투자 관점에서 투자를 하는 데 반해 국내 기관투자가는 몇 주 또는 길어야 1년 이내에 수익을 거둘 목적으로 종목을 선정한다는 것입니다. 투자기간이 다르기 때문에 자연히 선정하는 종목도 다를 수밖에 없는 것이지요.

기관의 매매 동향은 HTS로 실시간 확인 가능합니다. [그림 6-2]처럼 현재가 창에서 실시간으로 확인할 수도 있고, [그림 6-3]처럼 투자 주체별 매매 추이를 통해서도 확인할 수 있습니다.

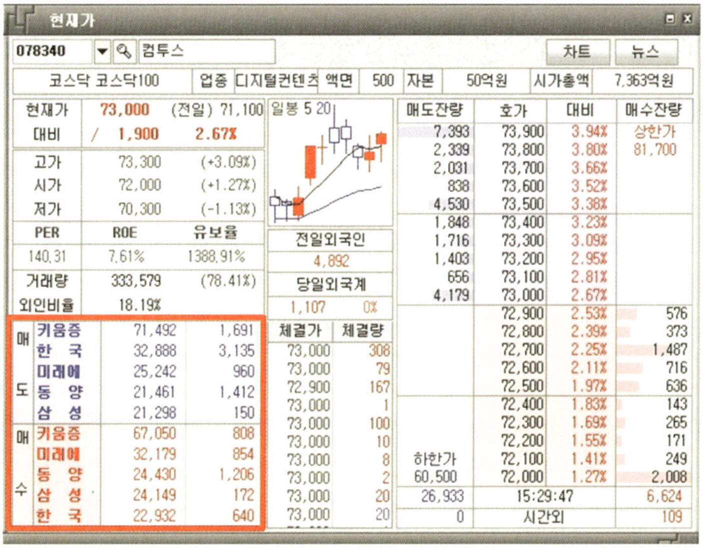

[그림 6-2] 컴투스 현재가 창

투자자별(잠정) | 투자자별종합(잠정) | 투자자별(확정) | 일별 매매추이 | 평균가 분석

078340 컴투스 누적기간 사용자지정 2012/05/02 ~ 2012/10/15 조회 상세 편집

날 짜	종 가	대 비	대비율	거래량	기관 기간누적 (A)	기관 일별순매매 (A)	외국인 일별순매매	외국인 지분율
2012/05/31	32,000 ▲	550	1.75%	458,001	896,708	31,568	-10,869	12.77%
2012/05/30	31,450 ▲	1,750	5.89%	499,905	865,140	31,962	24,761	12.87%
2012/05/29	29,700 ▲	650	2.24%	300,855	833,178	20,604	-2,196	12.62%
2012/05/25	29,050 ▼	-1,250	-4.13%	489,809	812,574	11,462	-44,161	12.64%
2012/05/24	30,300 ▲	200	0.66%	505,003	801,112	15,726	-98,457	13.10%
2012/05/23	30,100 ▼	-1,000	-3.22%	548,488	785,386	6,323	-61,608	14.00%
2012/05/22	31,100 ▲	2,800	9.89%	787,515	779,063	81,207	19,484	14.61%
2012/05/21	28,300 ▲	800	2.91%	294,529	697,856	25,068	8,217	14.42%
2012/05/18	27,500 ▼	-1,650	-5.66%	428,759	672,788	76,113	-58,816	14.31%
2012/05/17	29,150 ▲	550	1.92%	437,863	596,675	12,700	-5,868	14.82%
2012/05/16	28,600 ▼	-1,150	-3.87%	513,073	583,975	72,979	-39,852	14.88%
2012/05/15	29,750 ▲	750	2.59%	702,632	510,996	74,426	-19,437	15.28%
2012/05/14	29,000 ▲	2,200	8.21%	1,173,613	436,570	88,217	23,281	15.47%
2012/05/11	26,800 ▲	950	3.68%	450,566	348,353	68,890	-16,993	15.24%
2012/05/10	25,850 ▼	-100	-0.39%	307,987	279,463	58,753	-18,411	15.41%
2012/05/09	25,950 ▲	850	3.39%	586,271	220,710	94,389 (B)	-6,649	15.59%
2012/05/08	25,100 ▲	1,000	4.15%	416,148	126,321	47,921	-56,057	15.66%
2012/05/07	24,100 ▼	-700	-2.82%	351,657	78,400	9,873	-52,050	16.22%
2012/05/04	24,800 ▲	1,050	4.42%	421,519	68,527	36,498	-5,468	16.73%
2012/05/03	23,750 ▼	-700	-2.86%	291,040	32,029	20,628	-70,831	16.79%
2012/05/02	24,450 ▲	1,550	6.77%	358,510	11,401	11,401	15,091	17.47%

[그림 6-3] 컴투스 투자 주체별 일별 매매 추이

제가 개발해서 현재 운영 중인 '쪽집게 시스템'에서는 차트에서 바로 기관 매매 동향을 확인할 수 있습니다. 앞의 [그림 6-3]과 아래의 [차트 6-2]를 함께 보면 쉽게 이해할 수 있을 겁니다.

컴투스의 주가는 기관의 매집(A표시 부분)이 시작되면서 본격적으로 상승 추세를 타기 시작합니다. 그러다 기관 매집 물량이 줄어든 3월 중순부터 보름 가까이 하락세를 보입니다. 하지만 하락 중에도 매물을 던지지 않던 기관이 다시 집중적으로 매집(B표시 부분)하기 시작하면서 주가 역시 큰 폭으로 상승하게 됩니다.

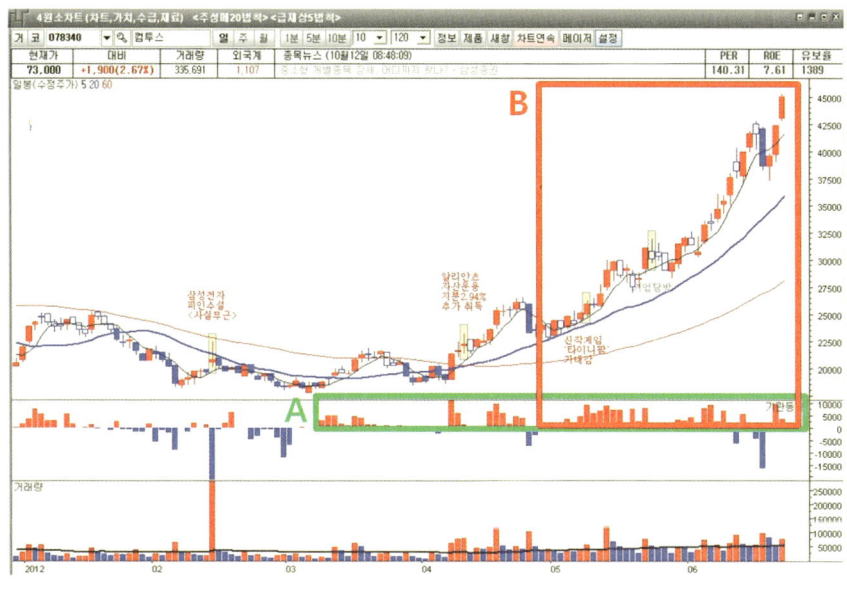

[차트 6-2] 컴투스 일봉차트(2012년)

이처럼 기관투자가는 강력한 자금력을 바탕으로 증시를 움직일 수 있는 힘을 보유하고 있으므로 증시의 변화를 알기 위해서는 기관투자가의 수급 역시 잘 살펴야 합니다.

연기금과 투신의 매매 특징

　기관투자가 중에서 시장 지배력이 가장 높은 기관을 꼽자면 단연 연기금과 투신입니다. 개인투자자들은 이 둘만 잘 챙기면 됩니다.

　연기금은 공적자금 성격이 강해서 포지션을 길게 잡습니다. 포지션만 봤을 때는 가장 기관답습니다. 지금까지 시장 안전판은 바로 연기금의 몫이었습니다. 또한 연기금은 시장이 약세장이거나 횡보장일 때 주로 들어옵니다. 그들의 첫 번째 철칙은 '싸야 산다'는 것인데, 포지션이 워낙 길다 보니 비싸게 살 수가 없습니다. 실전에서도 연기금이 들어오는 타이밍을 노리는 전략은 매우 유효합니다. 실제로 연기금 물량이 하루 1천억 원을 넘는 날은 약세장임에도 후장이 강하게 뻗는 날이 많습니다.

　트레이더가 가장 주목해야 할 주체는 역시 투신입니다. 투신의 시장 감각과 지배력은 상상을 초월합니다. 투신은 정말 얄미울 정도로 치고 빠지기에 능합니다. 2000년 초, IT버블 붕괴 때 가장 먼저 시장을 빠져나온 기관이 바로 투신이었습니다. 또한 2008년 폭락장에서 23조 원(기관 전체 규모)을 순매수하며 모든 기관투자가들이 물타기로 대응하고 있을 때, 정작 투신은 2조 원을 팔았습니다. 지금도 장중에 투신의 정보력에 감탄이 터질 때가 한두 번이 아닙니다. 게다가 매우 공격적이라는 것도 투신의 특징 중 하나입니다.

　증시격언 중에 흔히 '정부 정책에 맞서지 말라'는 말이 있습니다. 하지만 저는 '투신에 맞서지 말라!'는 말을 더 신뢰합니다. 이것은 곧 앞으로 투신 포지션과 자신의 포지션을 항상 일치시키라는 의미입니다.

물론 평소 중장기 관점에서 투신 포지션은 때로는 의미가 없는 경우도 있습니다. 하지만 그들이 사고파는 당일만큼은 매우 위협적입니다. 특히 그들이 매도하는 종목 대부분은 당일에 반드시 떨어진다고 해도 과언이 아닙니다.

통상 기관투자가들의 당일 거래 내역은 오전 10시경에 공개됩니다. 직업적인 트레이더라면 만사 제쳐놓고 이 시간에 기관투자가들의 거래 종목을 체크하기 바랍니다. 이때 그들의 매수세가 확인된 종목을 집중적으로 거래하면서 승률을 높여야 합니다. 한편 그들이 매도하는 종목을 체크하는 것도 의미가 큽니다. 기관이 매수하는 종목도 중요하지만, 그들이 매도하는 종목도 투자자라면 반드시 알아야 하기 때문입니다.

기관 매집주 급소 공략법

지수와 무관하게 잘 버티는 종목, 특히 관련 업종 중에서 가장 탄탄한 종목은 십중팔구 기관 매수가 유입 중인 종목입니다. 이런 종목은 기관 동향을 확인하기 전에 매수에 동참할 수도 있습니다.

과거에도 그랬지만 최근까지도 시장에서 가장 큰 지배력을 보여주고 있는 기관은 '삼성자산운용'입니다. 따라서 이 기관의 물량 이동은 수시로 체크하는 것이 좋습니다. 가장 쉬운 방법은 금융감독원 전자공시시스템(http://dart.fss.or.kr)을 통해 삼성자산운용의 물량 흐름을 체크하는 것입니다.

어렵지 않습니다. '5% 룰'을 활용하면 됩니다. 5% 이상 보유종목은

1% 이상 지분 변동이 있으면 다음 달 10일까지 공시해야 할 의무가 있습니다. 이 공시 의무를 활용해서 삼성자산운용이 물량을 늘린 종목을 모니터링하면 됩니다. 특히 시장이 상승 기조를 탈 때를 노리면 더욱 효과적입니다.

	보고서 작성기준일	보고자		주식등		주권	
		본인 성명	특별관계자수	주식등의 수 (주)	비율 (%)	주식수 (주)	비율 (%)
직전보고서	2012.06.12	삼성자산운용	-	1,765,749	5.13	1,765,749	5.13
이번보고서	2012.09.06	삼성자산운용	-	2,258,777	6.56	2,258,777	6.56
증 감				493,028	1.43	493,028	1.43

[그림 6-4] 2012년 9월 10일 전자공시 '대상' 검색 내용

〔그림 6-4〕를 보면 2012년 6월 12일에 삼성자산운용이 5%룰에 의해 대상에 대한 지분 보유 신고를 했습니다. 〔차트 6-3〕에서 바로 A지점입니다. 그 후 주가는 다소 조정을 받았지만 꾸준한 기관 매수세로 제자리를 찾아가는 모습입니다.

우리가 주목해야 할 지점은 바로 B지점입니다. 약 3개월 후인 2012년 9월 6일, 삼성자산운용은 동 종목의 지분을 6.56%로 확대했다는 공시를 재차 띄웁니다. 이후 대상의 주가는 어떻게 됐을까요? 〔차트 6-3〕에서 보듯이 이후 거래량이 동반된 박스권 돌파와 더불어 10월 중순 현재까지 상승 랠리를 펼치고 있습니다. 만약 삼성자산운용의 움직임에 주목한 투자자라면 아래의 상승 랠리에 동참해 수익을 고스란히 챙겼을 것입니다. 제가 왜 투신, 그것도 삼성자산운용을 주목하라고 말했는지 이제 아셨겠지요?

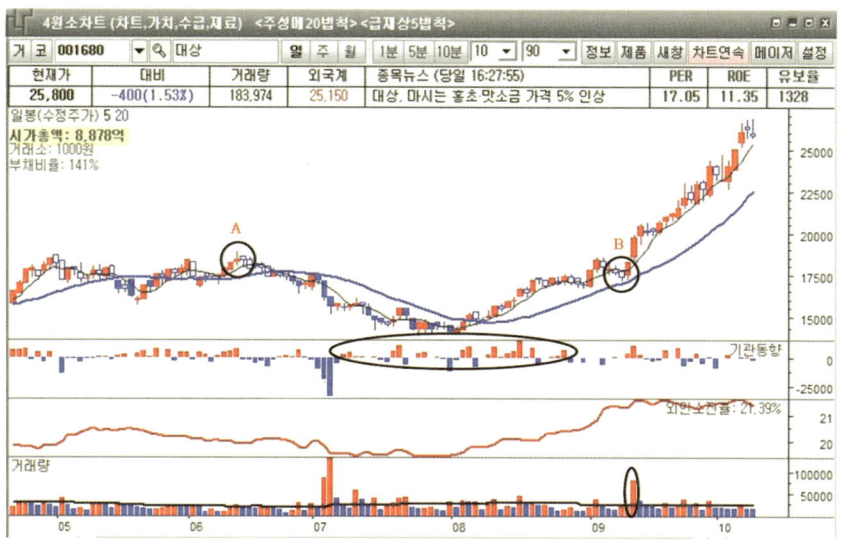

[차트 6-3] 2012년 5~10월 대상 일봉차트

Section 03

프로그램 매매 동향에 주목하라

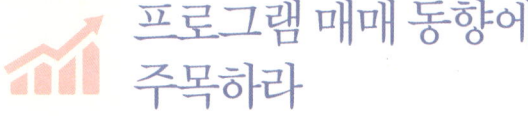

증권 관련 신문기사와 TV방송을 보면 '프로그램 매물 폭탄 우려' 혹은 '옵션 만기를 앞두고 프로그램 잔고가 얼마 남았다' 등의 프로그램 매매 동향에 관한 언급을 자주 볼 수 있습니다.

주식시장에서 전체 거래대금 대비 프로그램 매매 비중이 점차 늘어나는 추세이고, 프로그램 매매가 시장 급등락의 매우 중요한 변수로 자리잡고 있습니다. 따라서 투자자들은 프로그램 매매를 반드시 익혀두고 이를 적극 이용할 수 있는 단계까지 습득해야 합니다. 그렇다면 프로그램 매매란 대체 무엇이며 주식투자에서 어떻게 활용해야 하는지 지금부터 알아보도록 하겠습니다.

프로그램 매매란?

'프로그램 매매'라고 하면 왠지 복잡하고 어려워 보이지만, 실상 그 원리는 매우 간단합니다. 컴퓨터 프로그램으로 대량의 복수주문을 미리 해놓고, 특정 조건과 시점이 될 때 사전에 설정된 프로그램에 따라 매매가 자동적으로 이뤄지게 되는 구조입니다.

프로그램 매매는 '바스켓 매매'라고도 불립니다. 바스켓에 수십 개의 주식 종목들을 넣고 이를 묶음 단위로 매매하기 때문입니다. 바스켓을 '바구니'로 바꾸어 표현해볼까요? 평소 시장에서 과일을 살 때 바구니째 사고파는 것처럼 주식시장에서도 다양한 종류의 주식을 한꺼번에 매매한다고 생각하면 한결 이해하기 쉬울 겁니다. 개인투자자들은 이러한 시스템을 구축하는 데 어려움이 따르는 만큼 프로그램 매매는 대부분 기관투자가나 외국인 투자자들에 의해 이뤄집니다.

그런데 프로그램 매매는 간혹 시장을 왜곡시키기도 합니다. 유사한 매매전략을 구사하는 기관 또는 외국인 투자자들에 의해 대량 주문이 발생할 경우 주식시장이나 선물시장의 가격 변동에 큰 영향을 미치게 됩니다. 과거에도 수차례 이런 일이 있었습니다.

1987년 10월 19일 월요일, 미국 다우지수는 하루 만에 508포인트, 비율로는 22.6% 급락하면서 사상 최대의 하락률을 기록했습니다. 바로 우리가 흔히 말하는 '블랙먼데이(black Monday)'입니다. 당시 레이건 대통령에게 보고된 결과보고서(브래디 보고서)에 따르면 포트폴리오 보험의 대량매도 주문이 주가 폭락의 주범으로 확인됐습니다

차익매매와 비차익매매

프로그램 매매는 차익거래와 비차익거래로 나뉩니다. 먼저 차익거래는

현물과 선물의 가격차이인 베이시스를 이용한 전략으로, 무위험 수익을 거둘 수 있는 기법입니다. 현물가격과 선물가격이 순간적으로 왜곡되어 괴리가 발생할 때 매매가 이뤄집니다.

선물이 현물보다 가격이 비쌀 때(콘탱고 contango)는 선물을 팔고 현물을 사는 '매수 차익거래'가 발생합니다. 정상적인 흐름이면 단기 상승장을 연출합니다. 반대로 현물이 선물가격보다 비쌀 때(백워데이션 backwardation)는 현물을 팔고 선물을 사는 '매도 차익거래'가 발생합니다. 약세장의 전형입니다. 특히 백워데이션은 대량의 현물 매도를 유발시켜 과거 블랙먼데이의 주범으로 지목되기도 했습니다.

반면 비차익거래는 선물과는 전혀 무관한 거래입니다. 일반적으로 15개 이상의 종목을 한꺼번에 사거나 파는 바스켓 거래를 뜻합니다. 예를 들면, 펀드가 새로 포트폴리오를 구성하거나 주식투자 비중을 높일 때 비차익거래 형태로 매매가 이뤄집니다.

베이시스, 콘탱고, 백워데이션

'베이시스'란 주식시장에서 선물가격과 현물가격의 차이를 말합니다. 즉, '베이시스 = 선물가격 - 현물가격(KOSPI200)'입니다. 베이시스는 현물과 선물을 잇는 중개자인 동시에 앞에서 배운 차익거래의 방향을 결정 짓는 중요한 변수입니다. 베이시스를 활용한 차익거래는 고도의 계산을 필요로 하기 때문에 개인투자자들이 하기에는 어려우며, 대부분 기관투자자들에 의해 이뤄지고 있습니다.

베이시스를 언급하면 항상 따라나오는 증권용어 중 하나가 바로 '콘탱고'와 '백워데이션'입니다. 콘탱고(contango)는 선물가격이 현물가격보다 높은 상태로 베이시스가 양(+)의 값을 가집니다. '선물 고평가'라고도 불리며, 선물을 팔고 현물을 사는 매수 차익거래를 유발시킵니다. 주로 강세장에서 나타납니다.

반면 백워데이션은 현물가격이 선물가격보다 높은 상태로 베이시스가 음(-)의 값을 가집니다. 대개 주가가 하락할 것으로 예상되는 경우 백워데이션 현상이 일어나며, 현물을 팔고 선물을 사들이는 프로그램 매도 차익거래가 발생하게 됩니다. 주로 약세장에서 나타납니다.

그밖에도 콘탱고와 백워데이션은 시장의 흐름을 파악하는 데 결정적인 단서를 제공합니다. 선물옵션의 움직임과 베이시스의 추세 분석을 통해 차익거래의 방향성을 미리 예측하여 장중 전략을 수립할 수 있습니다. 콘탱고 상황에서는 시장이 강세를 보일 수 있어 매매하기에 유리하지만, 백워데이션 상황에서는 시장 급락 가능성이 높아지므로 주식보다는 현금 비중을 늘리는 전략이 좋습니다.

PART 07

데이트레이딩
고수 따라하기

Section 01

데이트레이딩 성공을 위한 절대 원칙

데이트레이딩 종목 선정 기준

성공적인 트레이딩을 위해서는 좋은 종목을 선정하는 것이 가장 중요합니다. 종목은 투자성향에 따라 세력주, 초소형주, 급락주, 재료주, 신규주, 우량주, 저가주, 고가주 등으로 나눌 수 있으며, 각각의 성격에 따라 기법과 원칙이 달라집니다. 아래는 데이트레이딩의 일반적인 기준을 정리한 것입니다.

> **데이트레이딩 종목 선정 기준**
> ① 유통 물량이 본인 매매 물량의 최소 20배 이상인 종목(본인의 물량이 호가에 큰 영향을 주지 않아 여유 있는 대응이 가능합니다.)
> ② 상승 추세의 종목(손절매 가능성이 낮습니다.)
> ③ 실적 호전주나 성장 가능성이 높은 종목(하방 경직성이 높습니다.)
> ④ 일일 변동폭이 큰 종목(매매 기회가 많고 기대 수익이 큽니다.)

> ⑤ 거래량이 증가하는 종목(주가 변동 요인이 발생했음을 알립니다.)

 종목을 선정할 때는 하루 거래량이 많고 주가 변동성이 크며 주가가 일정한 박스권 안에서 움직이는 종목이 좋습니다. 하루 거래량은 50만 주 이상 되어야 하며, 단기간에 50% 이상 급등한 종목과 관리대상 종목은 피해야 합니다.
 특히 주가와 단기이동평균선이 장기이동평균선을 타고 상승하는 정배열의 종목과 단기이동평균선이 장기이동평균선을 돌파하려는 골든크로스가 나타나는 종목은 투자에 성공할 확률이 높습니다. 기술적으로 5분, 20분, 60분 이평선을 분석할 때는 5일, 20일, 60일 이평선을 분석할 때와 동일하게 접근하면 됩니다. 매매할 때는 매수가격을 기준으로 +3%를 목표가격, -3%를 손절가격으로 정해놓고 매매하는 것이 바람직합니다. 물론 '3%'라는 기준은 투자자의 성향에 맞게 조절하면 됩니다.

데이트레이더의 유형

 주식을 매매할 때는 자신의 성격과 취향에 맞는 투자기법을 사용해야 수익을 극대화할 수 있습니다. 대표적인 매매기법으로는 스캘핑, 데이트레이딩, 스윙트레이딩이 있는데, 이러한 기법으로 매매하는 사람들을 각각 스캘퍼, 데이트레이더, 스윙트레이더라고 합니다.

스캘퍼

 '스캘퍼'란 하루에 수십 번 이상 초단타 매매를 하는 트레이더를 말합니다. 그들은 아주 짧은 시간의 가격 변동을 노린 초단타 매매기법을 구사하므로 주로 분차트나 호가창을 활용합니다. 매매횟수는 하루에 최소한 10회를 초과하며, 작은 수익이라도 매도하여 수익을 확정하는 것을 원칙으로 합니다. 보유기간이 길어지면 외부 요인에 따른 돌발 변수가 생길 수 있으므로 이들의 보유시간은 한 시간을 넘기지 않습니다.

스캘퍼는 잦은 거래로 시장에 유동성을 제공하지만, 시장을 교란한다는 비판도 받습니다. 그렇다고 그들의 매매기법이 무조건 잘못되었다고만은 할 수 없습니다. 초단타 매매도 하나의 매매기법이기 때문입니다. 오히려 그들의 장점을 분석하여 자기 것으로 만든다면 보다 다양한 매매 전략을 구사할 수 있겠지요. 피할 수 없다면 철저히 그들을 분석해서 시장에 대응하는 것이 보다 현명한 자세가 아닐까요?

데이트레이더

1일 매매횟수 10회 미만이며, 당일 포지션을 정리하여 장 종료 후 발생 가능한 위험으로부터 벗어나는 투자 유형입니다. 스캘퍼와는 달리 데이트레이더는 1일 매매횟수가 적고 분봉차트와 함께 일봉차트를 기준으로 하며 추세를 중시합니다.

데이트레이더는 거래량이 풍부한 종목과 추세 상승 중인 정배열의 종복, 실적이 뒷받침되는 성장주를 주로 다룹니다. 이들 종목은 유동성이 풍부해 거래하기 쉽고, 실적과 추세가 뒷받침되므로 종목에 대한 신뢰도가 높습니다. 이런 측면에서 시장 주도주나 테마주 중에서도 주로 대장주를 다루는 것이 유리합니다.

그렇다면 데이트레이더가 가장 주목해야 할 시간대는 언제일까요? 하루 중 변동성이 가장 강한 장 초반대입니다. 그들은 보통 장 시작 직후 9시부터 10시까지를 집중 공략합니다. 하루 중 변동성이 가장 강한 시간대이기 때문입니다. 특히 9시부터 9시 30분까지는 상한가 매매가 가능한 시간대로 첫 상한가를 노리는 전략이 가능합니다. 상한가는 장 초반에 가장 빨리 진입하여 상한가 문을 닫을수록 다음날부터 급등할 확률이 높기 때문입니다.

수익률 대회 우승자의 절반 이상이 상한가 매매를 구사한다고 합니다. 따라서 데이트레이더라면 상한가 매매기법을 반드시 숙지해야 합니다. 참고로 상한가 장세는 점진적으로 상한가 수가 증가해야 하며, 일 평균 상한가 개수가 코스닥 기준 20개 이상이어야 합니다. 만약 상한가 수가 20개가 넘었더라도 감소하는 추세라면 상한가 공략은 위험합니다. 상한가가 감소하는 장세에서는 장 막판에 상한가가 풀리는 경우가 많기 때문입니다.

그 외에도 데이트레이더는 주로 오후 2시부터 3시 사이를 공략합니다. 장이 끝나기 직전 마지막 한 시간은 내일 장에 대한 투자자들의 심리가 고스란히 반영되므로 장 초반보다는 덜하지만 비교적 변동성이 강하게 나타나는 시간입니다. 만약 종가 매매를 구사하는 트레이더라면 오후 2시 30분 이후를 노리는 전략이 좋습니다. 2시 30분 이후에는 안정적인 수급과 추세를 형성한 종목이 갑자기 급락하는 경우가 드물기 때문입니다.

스윙트레이더

상승 초기에 매수 타이밍을 포착해 수일간 보유함으로써 수익률을 극대화시킵니다. 가장 보수적인 데이트레이더 유형이며, 매매횟수가 많은 데이트레이딩에 비해 실패할 확률이 낮고 중기 보유 전략에 비해 투자 효율성이 높습니다. 다만, 보유기간이 길어지는 만큼 장 마감 후 돌발 악재에 그대로 노출될 수 있으므로 종목 선정에 보다 신중해야 합니다.

스윙트레이딩에는 앞에서 설명했던 '양음양 법칙'이나 '20일선 눌림목 매매' 등이 주로 활용됩니다. 특히 정배열의 20일선 눌림목 구간에서 거래량이 점증하는 종목은 추가 상승의 가능성이 커서 스윙트레이더가 가장 선호하는 패턴입니다.

데이트레이딩 성공 원칙

개인투자자들은 매매를 할 때 본인만의 확실한 원칙이 있어야 합니다. 자신의 성향과 자금의 규모, 시장 상황에 따라 매매기법을 선택하고 운용할 줄 알아야만 시장에서 살아남을 수 있습니다.

아래는 데이트레이딩을 할 때 초보 투자자들이 반드시 지켜야 하는 원칙을 정리한 것입니다. 이때 무조건 원칙을 따르기보다는 본인의 성향에 맞게 조금씩 변화를 주는 것이 좋습니다. 아무리 멋진 옷이라도 모든 사람에게 어울리지는 않듯이, 투자원칙도 본인의 성향에 맞게 조금씩은 변화를 주는 것이 현명합니다.

> **초보 투자자를 위한 데이트레이딩 원칙**
> ① 손절매 기준을 정해야 합니다(2~3% 내외).
> ② 자신만의 종목 선정 기준과 매매 기준을 정해야 합니다.
> ③ 일일 목표수익률은 3% 전후로 잡는 게 좋습니다.

④ 미수와 몰빵은 금물입니다.

⑤ 추격매수나 물타기는 극도로 자제해야 합니다.

⑥ 일일 매매횟수를 10회 미만으로 자제해야 합니다.

⑦ 매매 대상 종목은 세 종목 미만으로 압축해야 합니다.

⑧ 약세장에서는 현금 보유 비중을 90% 이상 유지해야 합니다.

⑨ 슬럼프 시기에는 매매를 금하거나 매매횟수, 투자금액을 1/3 이하로 줄여야 합니다.

⑩ 자만해서도 안되지만 자신감을 잃어서는 더욱 안됩니다.

Section 02
분차트를 이용한 매매 시점 포착법

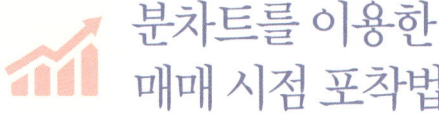

 매매 타이밍을 잡기 위해서 수많은 기법들이 사용되는데, 투자자마다 각기 다른 방식을 사용하고 있습니다. 이를 크게 나누면 지지·저항선 활용법, 5분선 변곡점 매매법, 눌림목 매매법, 호가공백 활용법, 동시호가 공략법, 상(하)한가 공략법 등으로 나눌 수 있습니다.
 데이트레이딩은 분, 초를 다투는 타이밍의 싸움입니다. 따라서 데이트레이더라면 반드시 분차트 분석 능력을 갖춰야 합니다. 참고로 데이트레이딩 종목 선정에는 5일·20일 이동평균선을, 매매 타이밍 포착에는 5분·20분 이동평균선을 이용하는 것이 가장 효과적입니다.

5분선 변곡점 매매

 5분선 변곡점 매매는 20분선을 기준으로 상향 돌파시(골든크로스) 매수하고, 하향 이탈시(데드크로스) 매도하는 전략입니다. 하지만 최근에는 데이트레이더들의 폭발적인 증가와 주가 변동성 확대로 인해 실전에서는 일반적인 방법만으로는 한 템포 늦는 경우가 많습니다.

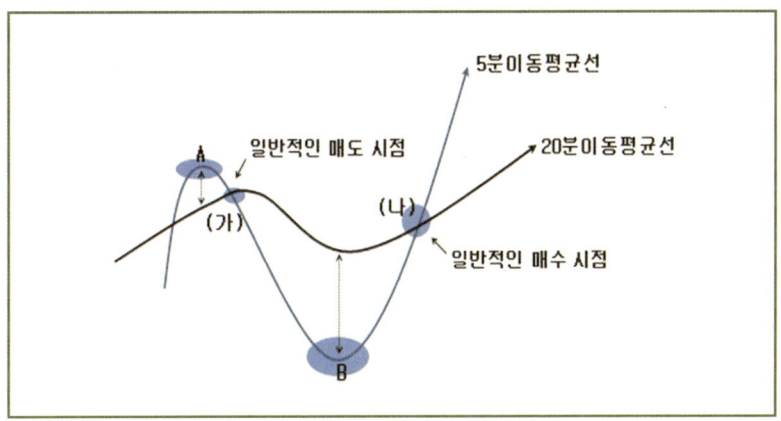

[그림 7-1] 분차트를 이용한 매수·매도 급소

[그림 7-1]에서는 (가)와 (나)지점이 가장 안전하고 일반적인 매매 시점입니다. 그러나 작은 수익을 빠르게 취해야 하는 데이트레이더라면 이야기가 달라집니다. 추세가 완전히 돌아선 후 매매 타이밍을 잡는다면, 만약 장세가 급변할 경우에는 노련한 트레이더들의 공격을 받게 될 수 있습니다. 경쟁력이 떨어질 수밖에 없는 것입니다.

실전에서는 5분선과 20분선과의 이격도가 벌어진 시점에서 5분선의 기울기가 완만해지는 A와 B지점을 노리고 선취 매도, 선취 매수를 단행하는 것이 유리합니다. 추세 전환이 예상되는 시점에서 거래량의 증가를 확인한 후 매매에 임한다면 가장 적절한 타이밍이라고 볼 수 있습니다.

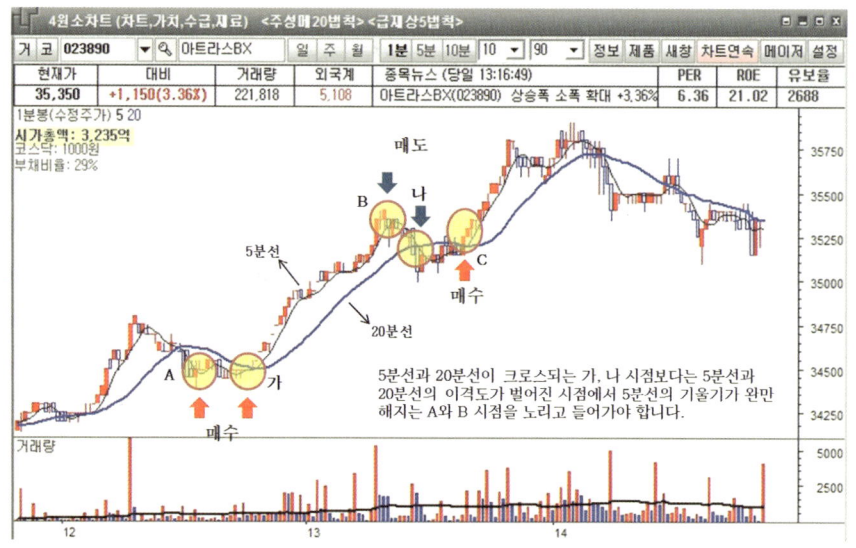

[차트 7-1] 아트라스BX 1분봉차트

20분선 눌림목 매매

눌림목은 심리와 수급이 완벽하게 조화를 이룬 최상의 매수 급소입니다. 눌림목이 성립되기 위해서는 5분선이 20분선의 저항을 돌파한 후 조정을 받을 때 20분선이 강력한 지지선 역할을 해줘야 합니다. 단, 20분선 눌림목 구간에서 강력한 대기 매수세가 존재할 때 주가는 반등을 줄 수 있습니다. 거래량이 붙지 않는다면 주가는 20분선 아래로 이탈할 가능성이 높습니다.

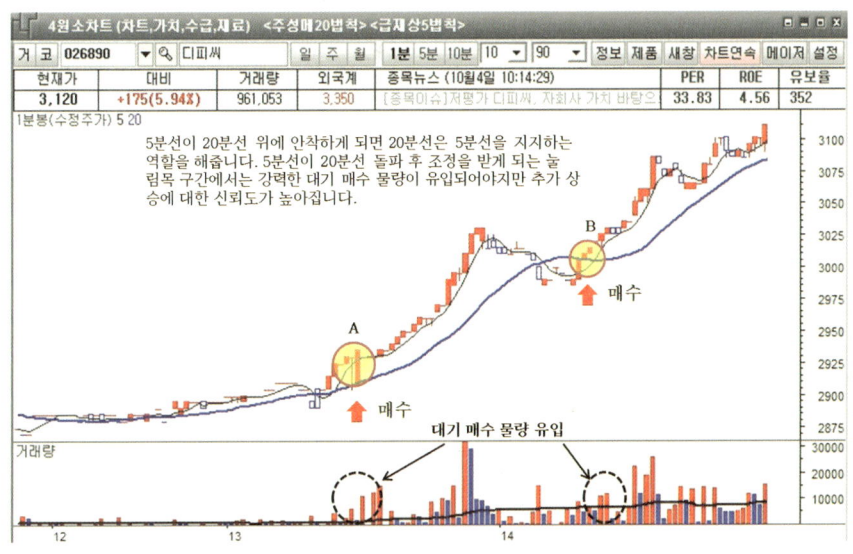

[차트 7-2] 디피씨 1분봉차트

〔차트 7-2〕에서 볼 수 있듯이 5분선이 20분선을 돌파하면 20분선은 5분선의 지지선 역할을 합니다. 즉, 5분선이 20일선과의 이격을 좁히는 눌림목 구간을 매수 타이밍으로 잡으면 됩니다.

실제로 굉장히 많은 데이트레이더가 눌림목 전략을 구사합니다. 공격적인 투자자라면 20분선 돌파 시점을 노려 이익을 극대화하겠지만, 단기 차익 실현 매물에 막혀 손실을 보는 경우가 많습니다. 따라서 전문적인 트레이더가 아니라면 20분선 눌림목 구간에서 거래량이 붙는 것을 확인한 뒤 매수에 가담하는 전략이 보다 안정적이라고 할 수 있습니다.

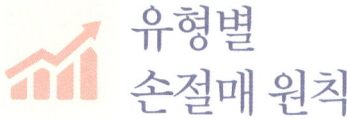

Section 03 유형별 손절매 원칙

매도는 트레이더에게 가장 어려운 영역입니다. 따지고 보면 대부분의 투자자들이 깡통을 차는 이유도 정확한 시점에 매도하지 못했기 때문입니다. 사실 매도가 쉽다면 떨어지는 종목을 계좌에 보유할 이유도 없겠지요. 프로와 아마추어의 결정적 차이도 매도 시점과 결단력에 있다고 할 수 있습니다.

주식시장에서 오랫동안 승자로 남고 싶다면 매도 고수가 되어야 합니다. 이익 실현을 위한 매도도 중요하지만 무엇보다 중요한 것이 바로 손절매입니다. 떨어지는 종목이라면 즉각 매도하는 것만이 최선입니다. 작은 손실에서 과감하게 자르지 못한하면 나중에는 반토막이 나도 팔지 못할 테니까요.

따라서 투자자들은 자신만의 매도 기준, 특히 손절매 원칙을 정하는 것이 중요합니다. 손절매 원칙에는 정답이 없습니다. 여기서는 투자 유형을 세 가지로 나누어 각각의 유형별 손절매 원칙을 소개하겠습니다. 이 원칙만 몸에 익혀도 여러분은 매도 고수에 한걸음 다가서게 될 것입니다.

데이: 3% 손실, 시초가 이탈

데이 종목은 손절매 폭을 3%로 정하는 것이 기본입니다. 데이트레이더라면 한 번의 거래에서 3% 이상 잃어서는 곤란하기 때문입니다. 한 종목에서 손실이 크면 회복이 힘들어질 뿐 아니라 초기에 이를 잘라주지 않으면 손실 확대는 물론이고 자금이 묶여 그날의 매매를 망칠 수 있습니다.

한편 시초가를 잘 견디는 통통한 양봉의 종목(몸통 5% 이상의 장대양봉은 제외)은 시초가 이탈을 기준으로 하는 것이 좋습니다. 시초가는 생각보다 쉽게 무너지지 않습니다. 특히 20일선 급소를 통과하고 있는 통통한 양봉이나 점핑양봉(갭상승 3% 이상, 몸통 5% 미만)을 공략할 때는 매도 기준을 시초가 이탈 시점으로 잡는 것이 좋습니다.

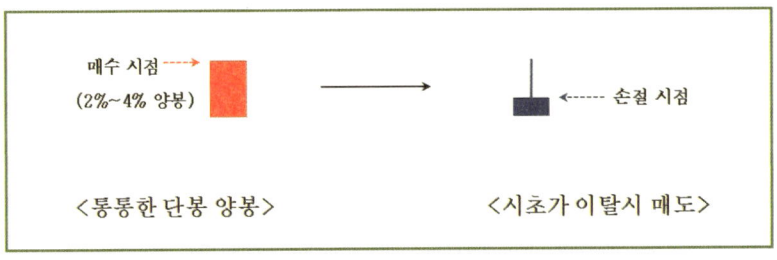

[그림 7-2] 통통한 양봉의 매도 시점

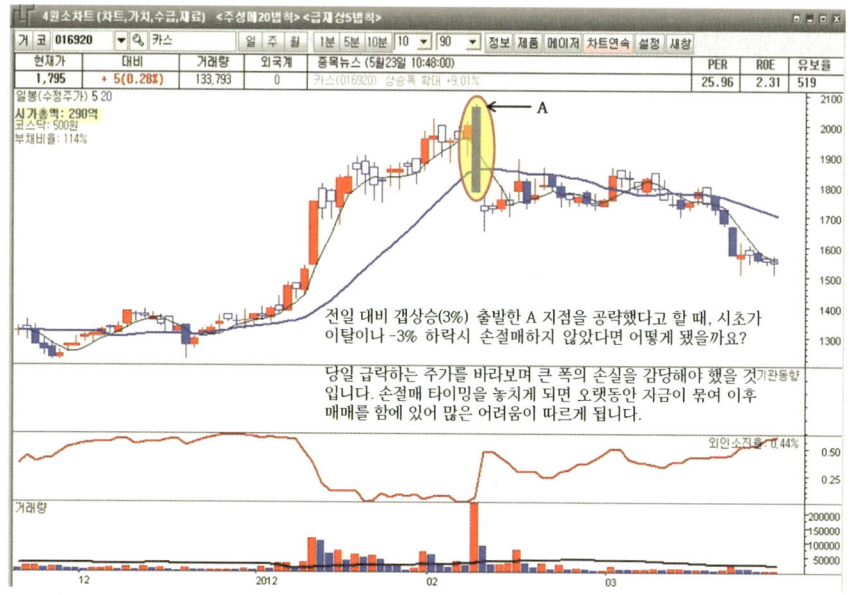

[차트 7-3] 카스 일봉차트(2012년)

스윙: 20일선 이탈, 음봉 2개, 7~10%대 장대음봉

스윙 종목의 매도 기준에는 대략 세 가지가 있습니다. 20일선 위에서 계단식으로 상승하는 종목은 20일선 이탈 시점이 매도 기준입니다. 이때 20일선을 음봉으로 이탈해야 하며, 이격이 2% 정도 벌어지는 시점이 매도 급소가 됩니다.

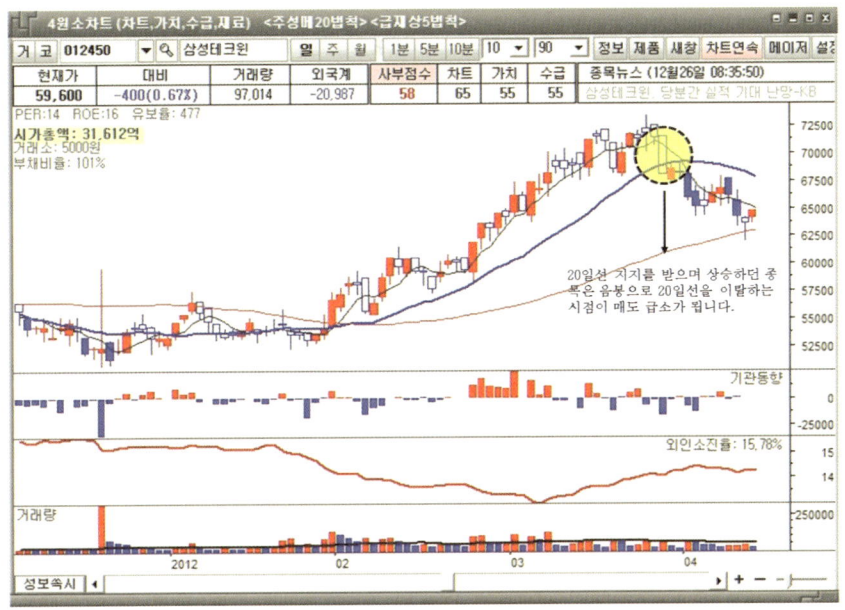

[차트 7-4] 삼성테크윈 일봉차트(2012년)

    5일선 위에서 연일 급등하는 종목이라면 연속한 음봉 2개 혹은 5일선 이탈 음봉이 매도 기준입니다. 이때 둘째날 음봉이 단봉이면서 첫째날 음봉에 비해 거래량이 감소하면 하나의 음봉으로 간주하고 하루 더 기다리는 것이 좋습니다. 둘째날 음봉의 거래량이 늘거나 몸통이 길어진 음봉이 나와야 2개의 음봉으로 인정됩니다.

    한편 하루 하락 폭이 -7~10%를 넘거나, 음봉 길이가 10%를 넘으면 상투 징후로 받아들여야 합니다. 이런 경우에는 악재가 떴거나 세력이 이탈했거나 둘 중 하나입니다. 20일선을 이탈하지 않더라도 미련을 두지 말고 신속히 빠져나와야 합니다.

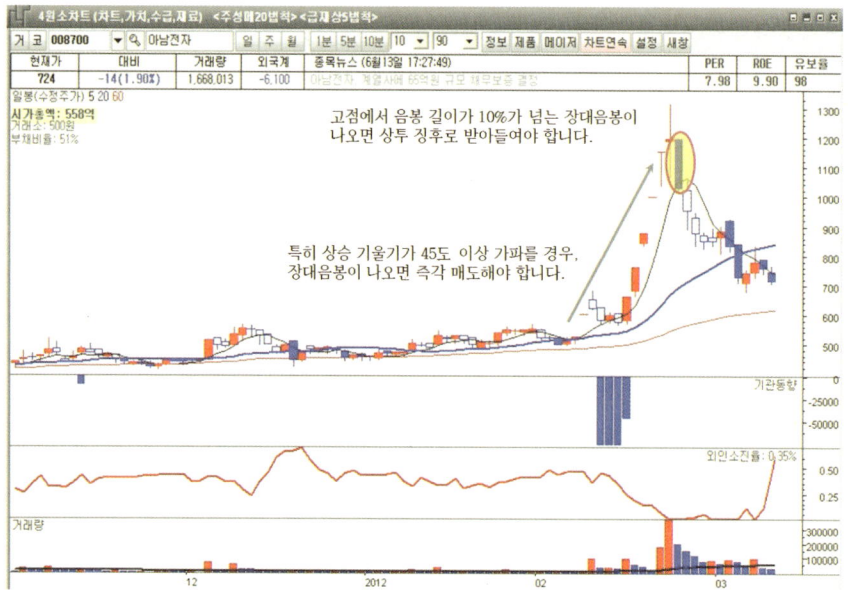

[차트 7-5] 아남전자 일봉차트(2012년)

중기: 실적 연속 악화 또는 메이저(외국인, 기관) 매도 전환

중기로 종목을 접근하는 경우에는 작은 변동성에 휘둘리기보다는 큰 추세를 보고 매매에 임해야 합니다. 이런 경우에는 해당 종목의 실적이 연속 악화되거나 외국인 또는 기관투자자의 수급이 이탈될 때를 매도 기준으로 잡습니다. 기술적 기준으로는 60일 이평선을 이탈하는 시점으로 잡을 수 있습니다.

외국인과 기관투자자의 경우 한번 매수하기 시작하면 자본 여력이 풍부해 보통 1개월 이상 중기 투자를 합니다. 이때 실적이 좋고 배당수익이 있는 업종을 선택하게 됩니다. 반대로 실적이 연속 악화되면 어떻게 될까요? 외국인이나 기관투자자들의 수급이 이탈되면서 상승 추세도 약해지게 됩니다. 바로 이때가 매도 시점이 되는 것입니다. 때문에 중기로 투자한 종목이 있다면 해당 종목의 실적 발표와 함께 외국인과 기관투자자의 매매 동향을 꼼꼼히 체크해야 합니다.

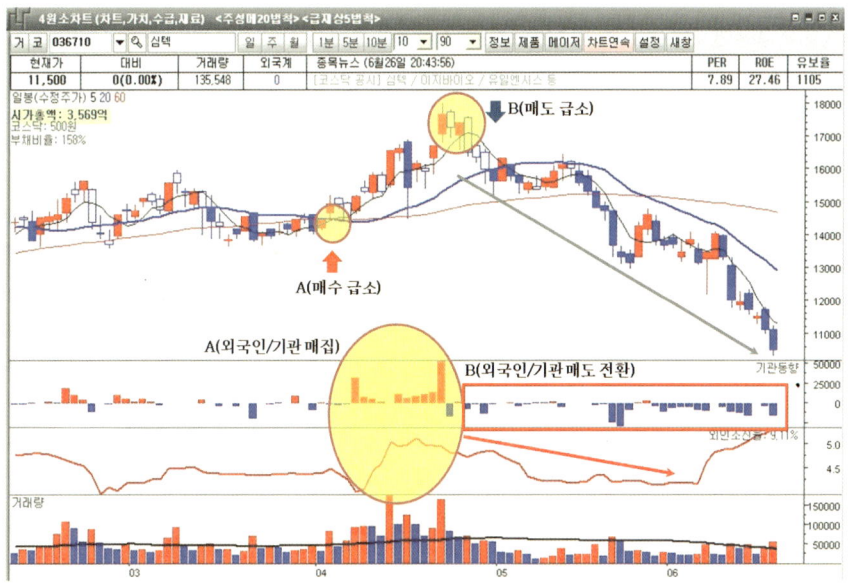

[차트 7-6] 심텍 일봉차트(2011년)

[차트 7-6]을 보면 A지점에서는 외국인과 기관의 매수세가 유입되면서 주가 역시 상승 추세를 이어갑니다. 하지만 외국인과 기관이 매도로 전환한 시점(B지점)부터 주가는 지속적으로 하락하게 됩니다. [그림 7-3]을 보면 외국인과 기관이 매도로 전환한 시점인 2011년 2분기부터 '심텍'의 영업이익이 전년 동기 대비 악화됐다는 사실을 확인할 수 있습니다.

구분		2011/12	2011/09	2011/06	2011/03	2010/12	2010/09	2010/06	2010/03
매출액 (분기별)	현황	1,658	1,437	1,546	1,482	1,559	1,464	1,438	1,306
	전년동기대비율	6.33	-1.84	7.56	13.53	16.05	14.38	17.73	16.34
	전분기 대비율	15.34	-7.06	4.33	-4.92	6.48	1.84	10.11	-2.81
영업이익 (분기별)	현황	170	114	176	164	211	232	244	165
	전년동기대비율	-19.30	-50.84	-28.01	-0.07	41.62	95.75	164.47	7.66
	전분기 대비율	49.68	-35.13	6.79	-22.18	-8.81	-5.00	48.24	10.28

[그림 7-3] 심텍 2011년 매출 및 영업이익 현황

전설적인 투자자 앙드레 코스툴라니는 '손절매는 개인투자자를 위한 거의 유일한 보험'이라고 말했습니다. 앙드레 코스툴라니 외에도 많은 전문가들이 입을 모아 손절매의 중요성을 강조합니다. 그런데도 대부분의 투자자들이 하락하는 종목들을 계좌에 그냥 묻어두는 이유는 무엇일까요? 바로 '본전 회복 심리' 때문입니다.

손절매에서 무엇보다 중요한 것은 손해가 난 경우에는 전량 매도로 확실하게 끊어주는 것입니다. 자신이 정한 손절매 기준에 도달한 경우 본전 회복에 대한 미련을 버리고 과감히 매도할 수 있는 결단력을 키우기 바랍니다.

PART 08

매도의 달인이 되자

Section 01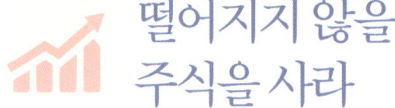
떨어지지 않을 주식을 사라

매도에서 가장 중요한 원칙은 '떨어지지 않을 주식을 사는 것'입니다. 너무나도 당연한 이야기입니다. '떨어지지 않을 주식을 사는 일'은 그 어떤 투자원칙이나 타이밍, 매매 스킬보다도 중요합니다. 물론 말처럼 쉬운 일은 아닙니다.

그렇다면 '떨어지지 않을 주식'이란 도대체 무엇일까요? 그 해답은 지금까지 배운 '강한 종목'에서 찾으면 됩니다. 강한 종목은 재료, 추세, 수급 등 다양한 모멘텀이 유기적으로 작용했을 때 나타납니다.

가령 강력한 재료를 보유한 종목, 20일선 골든크로스에 성공한 종목, 전고점 매물 돌파에 성공한 종목 등은 추세 하락할 가능성이 매우 낮습니다. 특히 차트 급소를 점핑양봉으로 가볍게 돌파한 종목은 점핑폭만큼 하방경직성이 강화되어 추가 상승에 대한 신뢰도가 매우 높습니다.

실전에서 장대양봉이 나타날 경우 다음날 차익매물의 조정을 받는 경우가 많습니다. 물론 장대양봉은 특정 모멘텀에 의해 발생하는 것이므로 중장기 관점에서는 추세 상승을 기대해볼 수 있습니다. 반면에 점핑양봉은 그러한 매물벽을 단숨에 돌파한 경우로 차익매물에 대한 부담이 없어 '떨어지지 않을 주식'의 최적 조건이 됩니다.

> **Tip** '떨어지지 않을 주식'을 사는 가장 확실한 방법
>
> 강한 종목의 패턴을 모조리 암기합니다. 차트를 통으로 암기하는 방법도 좋습니다. 통차트 암기는 매수 자리, 매도 자리를 자연스럽게 습득하게 해줄 것입니다.
> 강한 종목의 패턴을 암기했다면 이제 손절매 가능성이 가장 낮은 종목을 선택하기 바랍니다. 상승 추세에서는 매도 시점을 최대한 길게 가져가고, 하락 추세에서는 손절 타이밍을 최대한 짧게 잡으면 됩니다. 주식부자는 이것을 평생 반복한 사람이라는 사실을 잊지 마세요!

Section 02

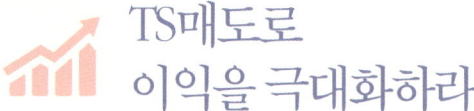
TS매도로
이익을 극대화하라

 이제부터 'TS매도(고점추적매도) 전략'에 대해 배워보겠습니다. TS는 'Trailing Stop'의 약자입니다. TS매도는 고점 대비 일정 수준 이상 하락하면 자동으로 매도하는 전략입니다. 이 전략은 필자가 만든 것인데, 이익 극대화의 핵심 전략인 '드라이브 이론'에 입각하여 만들어졌습니다.

 '드라이브 이론'이란 위험 구간인 커브길이나 과속방지턱이 나타나기 전까지 직선 구간에서는 감속할 필요가 없다는 내용입니다. 반면 위험 구간(커브길, 과속방지턱)이 출현하면 속도를 대폭 낮춰서 리스크를 조기에 예방하는 전략입니다. 즉, 드라이브 이론대로 추세 상승 구간에서는 종목을 보유하고, 상승 탄력 둔화로 고점에서 밀릴 경우에는 매도한다는 이론입니다.

 TS매도는 변동성이 강한 선물 시스템 매매에서 가장 많이 활용되고 있습니다. 추세 추종을 기반으로 한 매도 전략으로, 손실은 즉시 끊어주고 이익은 끝까지 굴리는 데 가장 적합합니다. 일반적으로 TS매도의 기준은 단기 종목은 10%, 중기 종목은 15%, 장기 종목은 20% 정도로 잡는 것이 가장 이상적입니다.

저는 실전에서 당일 상한가 매매나 급등주 매매를 할 때 거의 대부분 TS매도 전략을 활용합니다. 물론 자동 시스템으로 걸어놓기도 합니다. 주가가 고점에서 일정 수준 이하로 떨어지지 않으면 매도하지 않기 때문에 급등주를 끝까지 보유할 수 있어서 TS매도 전략은 이익 극대화를 위한 최상의 전략이라고 할 수 있습니다. 특히 상한가 매매를 주로 하는 투자자라면 TS매도 전략을 반드시 숙지해야만 합니다.

예를 들어, 어떤 종목이 1만 원에서 2만 원까지 급등한 후 추세가 꺾였다고 가정해봅시다. TS매도 기준을 10%로 정했을 때, 고점인 2만 원을 기준으로 10%(2,000원) 하락한 18,000원에 이익을 실현해야 합니다. 만약 18,000원까지 밀리지 않고 줄곧 상승하면 이때는 TS매도가 작동되지 않기 때문에 이익이 극대화됩니다.

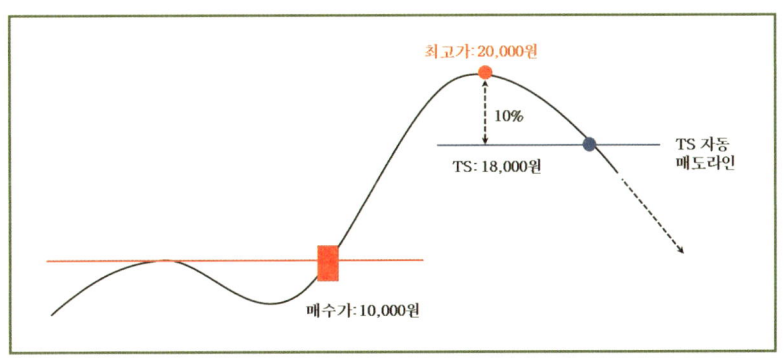

[그림 8-1] 10% TS매도(고점 추적 매도) 기본 구도

반면 매수 후 1만 원에서 곧장 하락하면 10%가 빠진 9,000원이 손절매

자리입니다. 이처럼 상승장에서 수익을 끝까지 실현하고, 하락장에선 반토막 나는 경우를 100% 완벽하게 막아주는 전략이 바로 TS매도입니다. TS매도는 특히 강세장에서 제 몫을 톡톡히 합니다.

그런데 TS매도를 적용하기에 가장 적합한 종목은 무엇일까요? 변동성이 크면서 상승 탄력이 좋은 개별 주도주나 급등주가 가장 이상적입니다. 장대양봉, 점핑양봉, 1등 테마 대장주 등 당일 혹은 익일 상한가가 예상되는 종목이 최상이지요. 이런 종목들의 TS매도 폭은 통상적으로 2.5~3.5%가 적당합니다.

TS매도 대상 종목

① 세력 음봉: 전일 상한가 출현 종목 중에 금일 거래량이 감소한 음봉이 출현하면 공략 대상이 됩니다. 아직 세력이 이탈하기 전인 경우가 많아서 당일 저가 매수세가 활발하게 유입되는 패턴입니다. 추가 하락 가능성도 낮고 그 폭도 크지 않기 때문에 TS 3% 정도 설정하고 공략이 가능합니다.

② 역망치형: 역망치형 종목은 장중 한때 장대양봉이 출현했을 정도로 강했던 종목입니다. 비록 고점에서 크게 밀린 패턴이지만, 윗꼬리가 나온 배경이 세력의 이탈이 아니라 지수 하락에 의한 것이라면 지수 반등시 재차 양봉으로 바뀔 가능성이 큽니다. 따라서 지수 반등시 TS매도를 걸고 눌림목 매수 전략이 가능합니다.

③ 상한가 7부: TS매도 대상 중 가장 좋은 종목을 하나 꼽으라면, 시초가에 2~5% 정도 갭상승으로 출발해서 10%를 막 넘은 종목을 들 수 있습니다. 이 종목이 바로 상한가 7부 대상입니다. 상한가라는

> 목표가 있기 때문에 3% 정도의 손실은 감수하고 배팅한다면 급등주를 잡는 행운도 누릴 수 있습니다.
>
> ④ 상한가: 개장 후 한 시간 이내의 첫 상한가 진입 종목은 TS매도를 걸고 매수할 만합니다. 특히 개장 후 30분 이내에 첫 상한가 진입 종목은 급등주일 가능성이 매우 높습니다. 물론 TS매도로 손실 폭을 제어한 후 매수해야 합니다.

참고로 TS매도는 HTS의 메뉴를 통해서 손쉽게 설정 가능합니다. 아래〔그림 8-2〕는 제가 개발한 주도주, 급등주 전용 TS매도 시스템입니다. 각자 개별적으로 사용하는 HTS의 TS매도 설정방법을 찾아서 유용하게 사용하기 바랍니다.

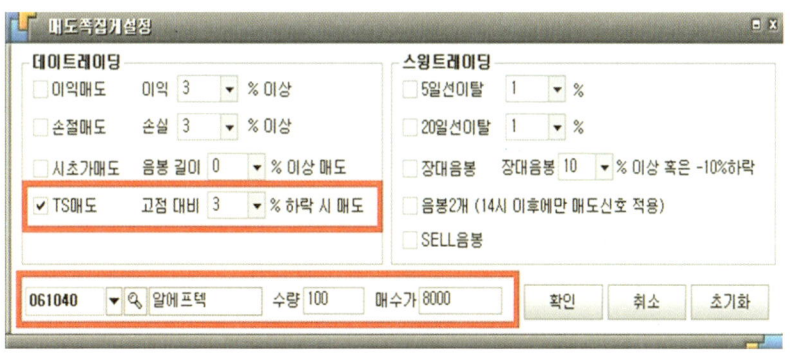

[그림 8-2] 시스템에 의한 'TS매도' 설정

Section 03

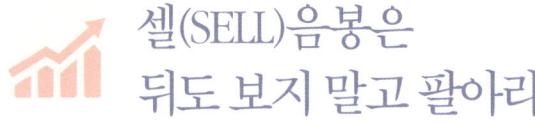
셀(SELL)음봉은
뒤도 보지 말고 팔아라

제가 가장 많이 받는 질문 중 하나가 바로 '셀(SELL)음봉'에 관한 것입니다. 셀(SELL)음봉은 매도를 뜻하는 '셀(SELL)'과 당일 시가보다 종가가 낮은 '음봉'을 합쳐 부르는 말로, 쉽게 이야기하면 팔아야 하는 음봉을 말합니다. 셀음봉 자체가 매도 신호가 되는 것이지요.

셀음봉의 가장 중요한 기준은 20일 이평선의 하향 이탈입니다. 20일 이평선을 이탈한 음봉의 출현은 강력한 매도 신호, 바로 셀음봉이 됩니다. 20일 이평선은 심리선이자 가장 강력한 수급선입니다. 모든 투자자들이 주목하고 감시하는 이평선으로, 흔히 '생명선'이라고도 부릅니다.

이렇듯 중요한 의미를 갖는 20일 이평선을 깨고 주가가 하향 이탈하면 심리와 수급 모두를 크게 해치게 됩니다. 실망 매물이 쏟아지고 상승 추세는 순식간에 하락 추세로 돌변합니다.

추세가 전환된 이상 이런 종목에서는 신속하게 빠져나오는 것이 최선입니다. 어디까지 떨어질지 모르는 종목을 우직하게 보유하는 것은 비합

리적인 리스크 대응책이며, 이런 대응으로는 주식시장에서 결코 살아남을 수 없음을 명심해야 합니다. 주식투자를 하는 동안에는 '20일 이평선이 무너지면 무조건 던진다!'고 가슴 깊이 새기기 바랍니다.

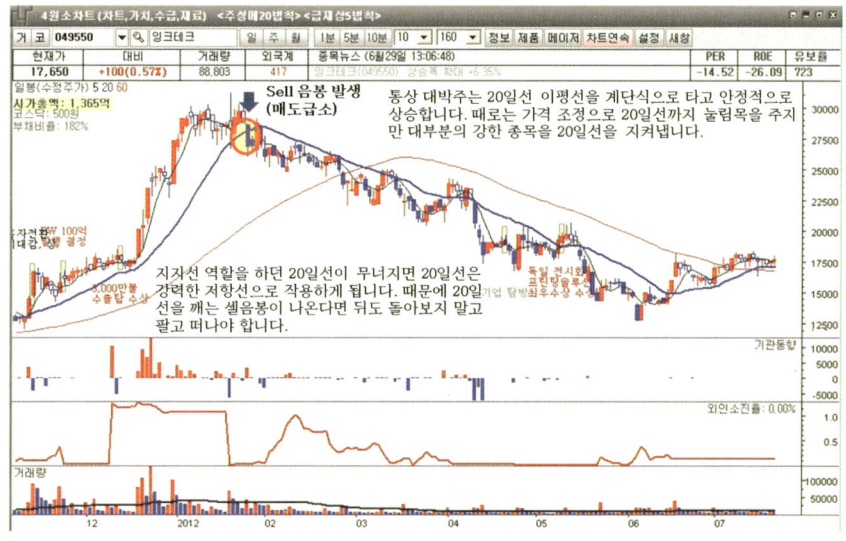

[차트 8-1] 잉크테크 일봉차트(2012년)

또한 주가의 고점에서 만들어지는 장대음봉(당일 시가부터 하락을 시작해 종가가 큰 하락으로 마무리)도 중요한 의미를 갖는 셀음봉으로 볼 수 있습니다. 앞에서도 언급했듯이 하루 하락폭이 -7~-10%를 넘거나, 음봉 길이가 10%를 넘으면 상투 징후입니다. 이런 장대음봉이 출현한 경우 셀음봉으로 간주하고 20일선을 이탈하지 않더라도 팔고 나오는 것이 좋습니다. 악재가 떴거나 세력이 이탈했거나 둘 중 하나이기 때문입니다. 따라서 미련을 갖지 말고 신속히 빠져나오는 것이 최선입니다.

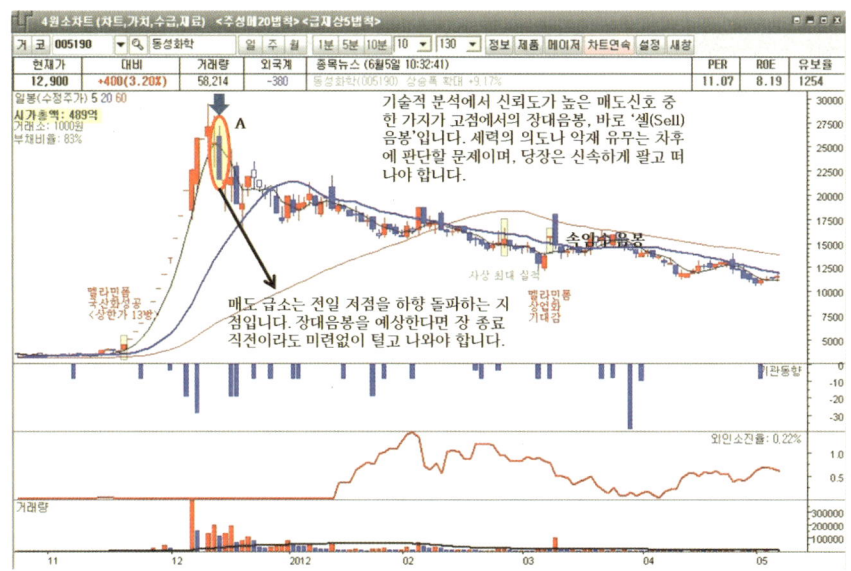

[차트 8-2] 동성화학 일봉차트(2012년)

> **Tip 셀음봉의 다섯 가지 기준**
>
> 아래 기준 중 하나만 충족하면 셀음봉으로 볼 수 있습니다.
>
> 하나, 현재가가 20일선 아래로 1% 이상 빠지면서 시초가보다 5% 아래로 빠질 때
> 둘, 현재가가 20일선 아래로 2% 이상 빠지면서 시초가보다 2% 아래로 빠질 때
> 셋, 현재가가 시초가 아래루 7% 이상 빠질 때
> 넷, 현재가가 고점 대비 10% 이상 빠지면서 시초가를 무너뜨릴 때
> 다섯, 현재가가 전일 종가보다 10% 이상 빠지면서 시초가를 무너뜨릴 때

Section 04

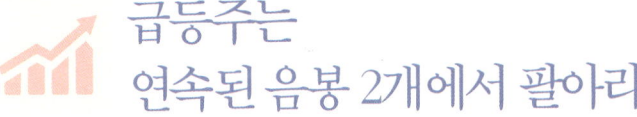
급등주는
연속된 음봉 2개에서 팔아라

　많은 개인투자자들이 범하는 실수 중 하나가 바로 이익은 짧게 끊고 손실은 크게 키우는 것입니다. 이익이 나면 조급한 마음에 수익을 확정하려 매도 타이밍을 짧게 가져가고, 손실이 나면 아쉬운 마음에 매도를 하지 못합니다.

　급등주를 공략할 때는 정확한 매도 기준을 가지고 있어야 합니다. 대표적인 기준으로는 '연속된 음봉 2개', '5일선 이탈', '고점 대비 10% 하락' 등이 있습니다. 이러한 기준 외에도 고점에서 변동성이 확대되면 매도를 염두에 두고 시장에 대응해야 합니다.

　급등주 매도 기준 중 가장 대표적인 것으로, '연속된 음봉 2개'를 예로 들어보겠습니다. 통상 급등하는 종목은 속임수 음봉을 만듭니다. 시장 상황이 좋지 않은 날, 세력들은 하루 쉬어가는 모습을 보이는데 이때 속임수 음봉이 탄생합니다. 만약 이런 쉬어가는 음봉을 고점 상투로 해석하고 던진다면 대박을 놓치는 결과를 초래하겠지요.

따라서 급등주를 오랫동안 보유하기 위해서는 '연속된 음봉 2개'를 매도법칙으로 정하는 것이 좋습니다. 최소한 연속된 2개의 음봉이 나올 때까지 굳건히 버틸 수 있어야만 진정한 대박을 맛볼 수 있습니다.

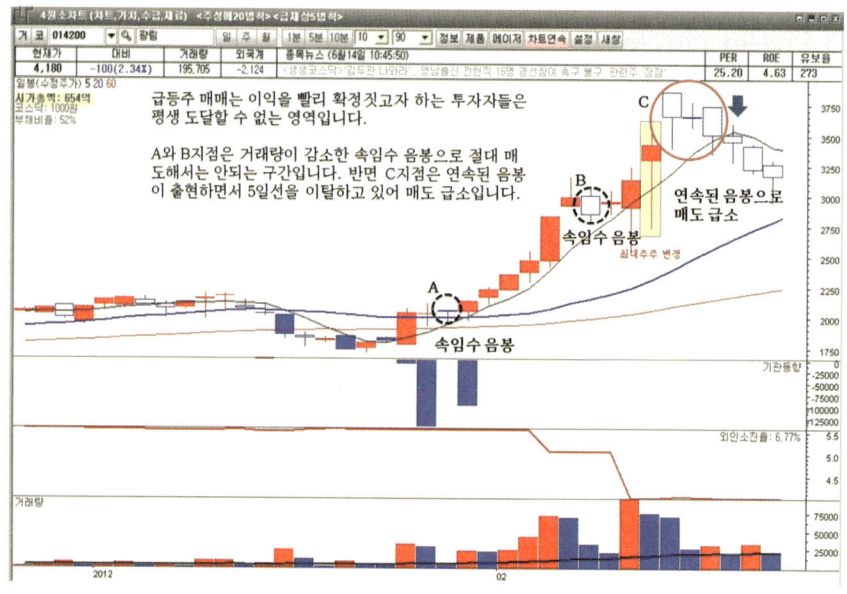

[차트 8-3] 광림 일봉차트(2012년)

참고로 5일선 위에 윗꼬리가 긴 피뢰침 음봉이거나 거래량이 급증한 장대음봉(하한가는 무조건 당일 매도)이 출현하면 음봉 2개로 간주하고 종가 전에 신속히 빠져나와야 합니다. 특히 장중 하한가는 어떤 경우라도 반드시 털고 나와야 합니다.

이익 극대화를 위해 한 가지 조언을 하자면, 강한 종목은 그 누구에게도 물을 필요가 없습니다. 소위 증권 전문가에게 물으면 그날로 십중팔구는 팔게 됩니다.

"이 종목 올라가는 이유가 뭔가요? 언제 팔까요?"

"글쎄요, 특별한 재료는 없는 것 같은데……. 일단 단기적으로 많이 올랐으니 한 번 끊어주는 것이 좋겠습니다."

어떤 전문가나 주담한테 물어도 많이 오른 종목에 대한 답은 뻔합니다. 단기 급등 중인 종목을 더 가지고 가라고 했다가 나중에 밀리면 곤란할 수 있기 때문이지요. 따라서 날아가는 종목을 상담하면 전문가는 '많이 올랐으니 매도를 고려하라'고 말할 수밖에 없는 것이고, 이런 발언으로 자신의 책임을 피하려 하는 것입니다.

전문가에게 종목을 상담하는 일은 떨어지고 있는 종목의 경우에만 해야 합니다. 이것이 대박을 고스란히 먹는 길입니다. 거듭 강조하지만 매도 기준은 기계적으로 가져가는 것이 최선이고, 그것이 대박주를 끝까지 먹는 지름길입니다.

Section 05

20일선 이탈은 세력의 이탈을 의미한다

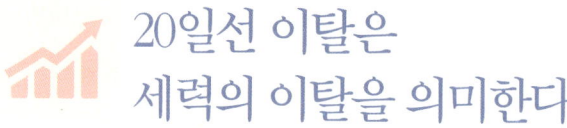

　이동평균선에는 5일선, 20일선, 60일선, 120일선, 240일선 등이 있습니다. 그중에서도 20일 이동평균선은 '생명선'으로 불리며, 막강한 저항선이자 지지선 역할을 합니다. 데이트레이더가 주로 20일선 위의 정배열 종목을 공략하는 것도 이런 이유 때문입니다.

　반대로 20일선을 이탈하는 종목의 경우에는 어떨까요? 이는 세력의 입장에서 생각하면 쉽게 답이 나옵니다. 지지선 역할을 하던 20일선이 무너지면 20일선은 강력한 저항선으로 탈바꿈하게 됩니다. 즉, 20일선을 재차 돌파하기 위해서는 막대한 자본이 동원되어야 한다는 뜻입니다. 과연 세력들이 이러한 리스크를 감수하면서까지 20일선을 이탈한 종목에 배팅할까요?

　세력들은 최소한의 투자비용으로 수익을 극대화하려는 집단입니다. 따라서 그들이 수개월간 작업한 종목이 20일선 부근까지 밀렸다면, 그들은 수단과 방법을 가리지 않고 20일선을 지키려고 했을 것입니다. 그 이유는 아직 목표 수익률에 도달하는 않은 종목이 20일선을 이탈할 경우, 주가를 부양하기 위한 비용이 곱절 이상으로 들 것이 분명하기 때문입니다. 그만큼 20일선 매물대는 생각보다 만만치 않습니다.

만약 보유하고 있는 종목이 20일선 지지에 실패하고 무너진다면 세력의 이탈 가능성을 염두에 두고 과감히 매도하는 것이 좋습니다. 20일선은 매수세력과 매도세력이 치열하게 부딪히는 전쟁터입니다. 전쟁터에서 매도해야 할 때 매도하지 못하고 망설인다면 돌이킬 수 없는 치명상을 입을 수 있음을 명심하세요.

주식 고수는 엄밀히 말하면 '매도 고수'라고 할 수 있습니다. 매도 고수는 매도 기준에 의해 기계적으로 매도합니다. 기준을 적용할 때는 예외 없이 엄격하게 적용해야만 손실은 짧게 하고 이익은 극대화시킬 수 있습니다. '왠지 떨어질 것 같아서' 혹은 '너무 많이 올라서'와 같은 이유로 명확한 기준 없이 막연한 감에 의존해 매도한다면, 치열한 주식시장에서 자기만의 수익 모델을 확보하는 일은 영원히 불가능합니다.

PART 09

주문 고수가 되자

Section 01

호가단위를 따져라

주문을 넣을 때 가장 기본이 되는 것이 바로 호가단위입니다. 주가는 규칙이나 기준 없이 오르고 내리는 것이 아니라 미리 정해진 호가단위로 바뀝니다. '호가'란 말 그대로 '부르는 가격'을 말하는데, 호가단위는 주권가격에 따라 아래와 같이 정해집니다.

주권가격	호가단위	
	거래소	코스닥
500,000원 이상	1,000원	100원
100,000원 이상 ~ 500,000원 미만	500원	
50,000원 이상 ~ 100,000원 미만	100원	
10,000원 이상 ~ 50,000원 미만	50원	50원
5,000원 이상 ~ 10,000원 미만	10원	10원
1,000원 이상 ~ 5,000원 미만	5원	5원
1,000원 미만	1원	1원

주식시장에서 호가가격에 단위를 두는 것은 상승이나 하락시 어느 정도 일정한 비율로 등락을 유지하기 위해서입니다. 예를 들면, 5,000원 이상~10,000원 미만 가격대는 한 호가당 변동폭이 10원입니다. 반면 10,000원 이상~50,000원 미만 가격대의 호가 변동폭은 50원입니다.

트레이더라면 이러한 호가 변동폭을 적극 활용해야 합니다. 아래에서 1,000원(5원 단위), 8,000~9,000원(10원 단위), 10,000원(50원 단위)의 세 가지 경우를 토대로 호가 주문 넣는 요령을 간략하게 설명하겠습니다.

호가단위 주문 요령

① 1,000원(1호가: 5원), 10,000원(1호가: 50원)

- 1,000원대, 10,000원대 주식은 1호가당 변동폭이 0.5% 가량 차이가 나므로 철저하게 1~2호가를 따져서 매수해야 합니다.(반드시 깔면서 매수해야 할 가격대: 1,000원대 / 10,000원대 / 5,000원대 / 50,000원대)

- 매도 물량을 먹지 말고, 매수쪽으로 물량을 깔면서 사야 합니다. 단, 물량이 사지지 않더라도 추격매수는 하지 않습니다.

② 8,000~9,000원(1호가: 10원)

- 8,000~9,000원대 주식은 1호가당 변동폭이 0.1%를 조금 넘기 때문에 특별히 1~2호가를 따질 필요가 없습니다. 특히 상승장에서는 1~2호가 정도는 먹으면서 매수해도 무방합니다.(먹으면서 매수해도 무방한 가격대: 800~900원대 / 8,000~9,000원대 / 4,000원대)

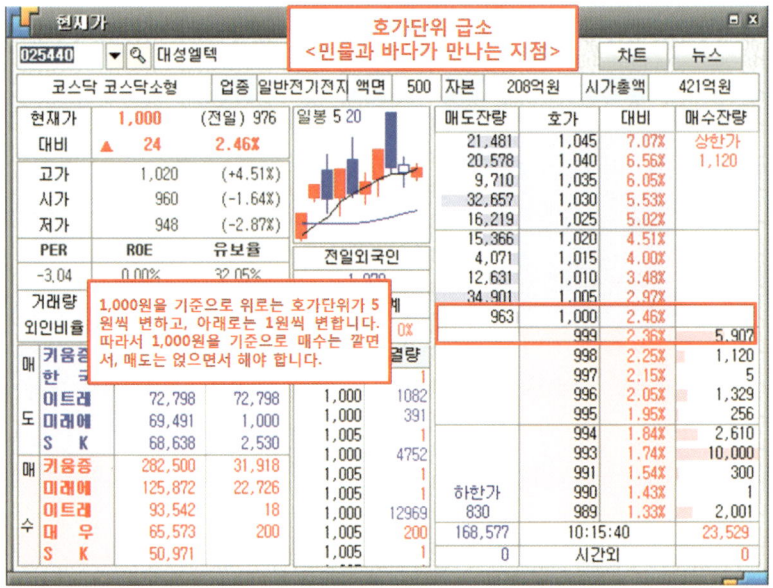

[그림 9-1] 대성엘텍 현재가 창

    앞에서 설명했듯이 1호가당 변동폭이 큰 가격대는 주문시 호가의 특성을 충분히 고려해서 주문을 넣어야 합니다. 특히 호가단위가 변동되는 가격대에서는 반드시 깔면서(엎어서) 매수(매도)해야 합니다.

    [그림 9-1]에서 대성엘텍의 현재가 창을 보면 900원대에서는 호가당 0.1% 가량 변동폭을 보이던 주가가 1,000원대를 넘어서면서 약 0.5%로 변동성이 확대되는 것을 볼 수 있습니다. 따라서 900원대에서 1,000원대로 주가가 변동되는 구간이라면 매수호가는 1,000원 미만, 매도호가는 1,000원 이상이 매수 혹은 매도 급소 구간이 됩니다.

Section 02

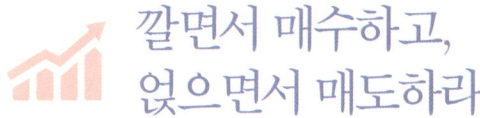
깔면서 매수하고,
얹으면서 매도하라

　주문 방법 중에 '시장가 주문'이라는 것이 있습니다. 시장가 주문은 매매 종목과 수량만 제시하고 본인의 물량이 체결될 때까지 매수 또는 매도호가를 먹으면서 주문이 체결되는 방법입니다. 원하는 시점에 즉시 매매할 수 있다는 장점이 있지만, 거래량이 없거나 호가 공백이 큰 종목의 경우에는 큰 손실로 이어질 수 있습니다. 따라서 주문은 반드시 지정가 주문으로 하되, 가능하면 매수 또는 매도는 3호가 이내에 깔거나 얹으면서 주문을 내는 것이 좋습니다.

　예외적으로 지수분차트가 급등하거나 재료가 뜬 경우, 개장시 12% 전후에서 상따하는 경우에는 매도 물량을 먹으면서 매수합니다. 물론 그렇더라도 매도 2호가를 넘어서지는 않아야겠지요.

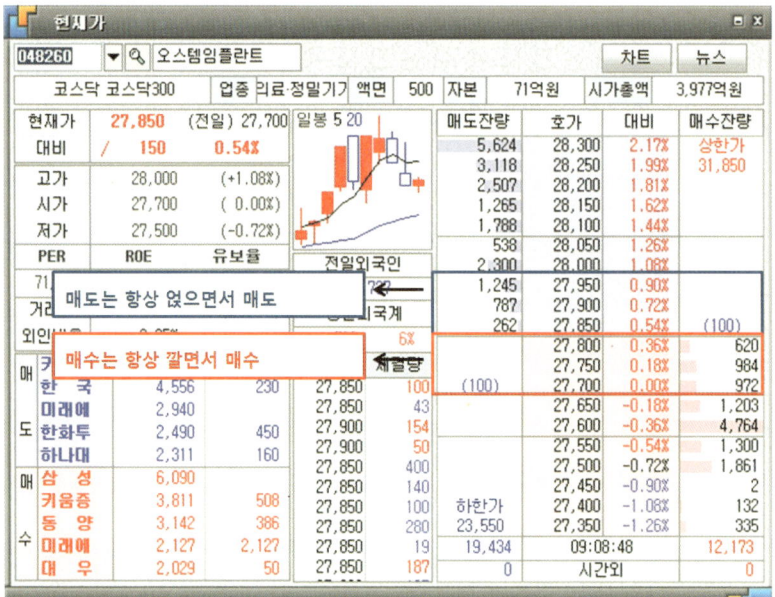

[그림 9-2] 오스템임플란트 현재가 창

> **Tip** 지수 하락장 매수요령
>
> ① 지수 하락장에서는 통상적으로 3호가 밑에 받쳐서 매수합니다.
> - 분봉차트를 통해 지수 하락 여부를 판단합니다.
> - 큰 물량 위와 아래의 매수 잔량이 적은 곳을 공략합니다.
> - 공백이 있으면 공백을 메우면서 물량을 넣습니다.
> ② 8,000~9,000원 짜리는 지수 하락시 5호가 아래에 받쳐서 주문을 넣습니다.

Section 03
공백을 메워서 주문을 넣는다

현재가 창을 볼 때 호가 다음으로 주목해야 할 것이 바로 호가 사이에 공백이 있는지 여부를 확인하는 것입니다. 이때 물량 공백이 있는지를 확

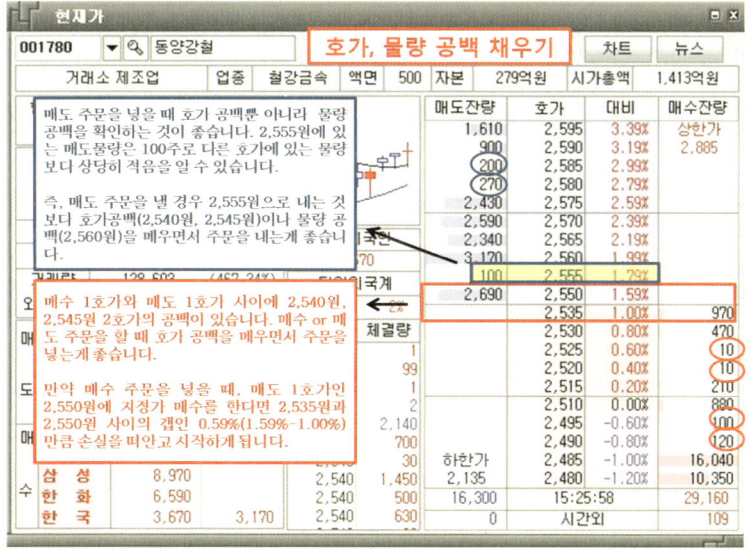

[그림 9-3] 동양강철 현재가 창

PART 9. 주문 고수가 되자

인하여 큰 물량을 피해 주문을 넣는 것이 좋습니다.

간혹 거래량이 없는 종목의 경우 3~5호가의 공백이 있는 경우를 볼 수 있습니다. 정확한 확인 없이 주문을 넣을 경우 호가 공백만큼 손실을 떠안게 됩니다.

[그림 9-3]에서 볼 수 있듯이 거래량이 적은 종목의 경우에는 호가 공백과 물량 공백이 있는 것이 일반적입니다. 뒤에서도 설명하겠지만, 매수 또는 매도 주문을 넣을 때 큰 물량을 피해 호가 공백과 물량 공백을 메우면서 주문을 넣는 것이 중요합니다. 이때 시장 상황에 따라 큰 물량을 전후로 내 물량이 선순위 또는 후순위가 되도록 주문합니다.

무턱대고 시장가 주문을 넣을 경우 호가 및 물량 공백으로 인해 큰 손실을 입을 수 있습니다. 따라서 시장가 주문은 초대형 재료(예를 들면, 피인수)가 터진 경우를 제외하고는 절대 사용해서는 안되겠습니다.

Section 04

큰 물량을 피해서 주문을 넣는다

앞에서도 설명했듯이 큰 물량을 피해서 주문을 넣는 것은 매우 중요합니다. 그렇다고 큰 물량이 지지선 또는 저항선의 역할을 하지는 않습니

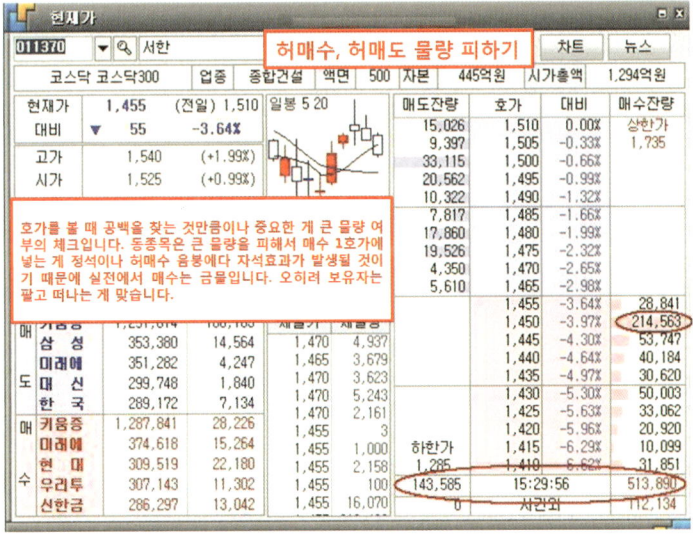

[그림 9-4] 서한 현재가 창

다. 오히려 큰 물량은 자석 효과를 발휘해서 큰 물량 쪽으로 주가 흐름이 진행되는 경우가 많습니다.

따라서 호가를 움직일 요량으로 허수 물량을 쌓는 따위의 어설픈 고수 행위는 하지 말아야 합니다. 허매도 양봉이 매수 관점에서는 최고이며, 허매수 음봉이 확인되면 즉시 털고 나오는 게 좋습니다.

[그림 9-4]의 현재가 창을 보면 매수 2호가에 214,563주의 허매수 물량을 확인할 수 있습니다. 정석대로라면 큰 물량 앞인 매수 1호가(1,455원)에 주문을 넣어야 하지만, 허매수 음봉에다 자석 효과에 따른 매물 부담이 작용하므로 매수를 보류해야 합니다. 오히려 물량을 정리하는 게 좋습니다.

Section 05

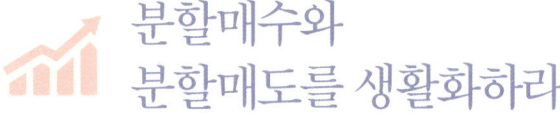
분할매수와
분할매도를 생활화하라

제가 강의하면서 가장 강조하는 것이 바로 분할매수와 분할매도입니다. 트레이딩을 하는 데 있어서 가장 중요하지만 잘 지켜지지 않는 부분이기도 하지요. 분할매매를 하는 가장 큰 이유는 리스크를 줄이고 주가 터닝점을 정확히 찾기 위해서입니다. 시장의 방향성을 정확히 예측할 수 없기 때문에 우리는 끊임없이 분할매매를 할 수밖에 없습니다.

분할매수는 대개 3회로 진행되는 것이 일반적입니다. 예상 저점이라고 생각되는 구간을 전후로 해서 3회 정도 나누어서 그 사이에 들어가면 거의 저점을 맞추게 됩니다. 문제는 장이 계속해서 급락하는 경우입니다. 이런 때는 물타기와 동일한 결과가 나와 저점 매수는 고사하고 물리는 경우가 발생하기 쉽습니다. 즉, 팔고 나와야 하는데 오히려 추가 매수한 꼴이 돼버리는 것입니다.

제가 제안하는 이상적인 분할매수 횟수는 2회입니다. 두 번 정도 나누어서 사는 것이 가장 확률이 높고 트레이더 입장에서도 편리합니다. 분할

매수 1차 시점은 상승하던 지수가 시초가까지 밀렸다가 재반등하는 시점으로 잡고, 2차 매수 시점은 1차 매수가격보다 2~3% 정도 낮게 잡는 것이 이상적입니다.

제 경험에 비추어보면 2차 매수에 들어가면 거의 바닥권인 경우가 많습니다. 그런데 2차 매수 후에도 지수나 해당 종목의 주가가 밀린다면 그날은 트레이더에게 가장 공포스러운 투매장이 될 것입니다. 2차 매수 후 3% 정도 추가로 밀린다면 깨끗하게 빠져나와야 합니다. 기억하세요. 실패를 인정하는 것도 트레이더의 경쟁력이자 의무입니다.

분할매도 타이밍은 크게 네 가지로 나눌 수 있습니다. 먼저 관련 테마나 업종 대장이 꺾였을 때, 코스피지수가 꺾였을 때, 메이저들의 매물이 나올 때, 마지막으로 2~4% 상승 시점에서 기계적으로 이익을 챙길 때입니다. 이때 분할매도 횟수는 앞서 분할매수와 같은 2회가 적당하고, 경우에 따라서 3회도 무방합니다.

한 가지 주의할 점은 이익 실현의 경우 분할매도를 하지만, 손해가 난 경우에는 전량 매도로 완벽하게 끊어주어야 한다는 것입니다. 또 자신이 정한 손절 라인에 도달한 경우 미련을 버리고 전량을 던져야 합니다. 물론 손실이 났는데도 분할매도를 통해 운 좋게 본전을 회복하는 경우도 있긴 합니다. 하지만 그건 어디까지나 '운이 좋은 경우' 입니다.

> **Tip 최대한 자신의 본심을 숨겨라**
>
> ① 시간 간격을 두고 불규칙하게 주문을 넣습니다. 1,000주, 2,000주 이런 식의 수량은 피합니다.
> ② 나의 큰 물량으로 인해서 주가가 5호가 이상 움직이는 것에 주의합니다.

Section 06

덩어리 물량을 통해
세력의 동향을 살펴라

주문 고수가 되기 위해서는 체결창을 분석하는 능력은 필수입니다. 특히 매수·매도 체결 강도 분석은 세력이 어느 편에 있는지를 파악하는 데 매우 유용한 도구가 됩니다.

주식 체결창을 가만히 보고 있으면 작게는 몇 주부터 많게는 10만 주 이상의 덩어리 물량이 체결되는 것을 볼 수 있습니다. 그중에서 덩어리 물량을 꾸준히 확인하다 보면 세력이 어느 편에 있는지를 알 수 있습니다. 향후 주가의 방향성을 예측할 수 있게 되는 것이지요.

- 매도시: 덩어리 매수 물량 포착 → 매도 보류(상승할 확률이 큼)
- 매수시: 덩어리 매도 물량 포착 → 매수 보류(하락할 확률이 큼)

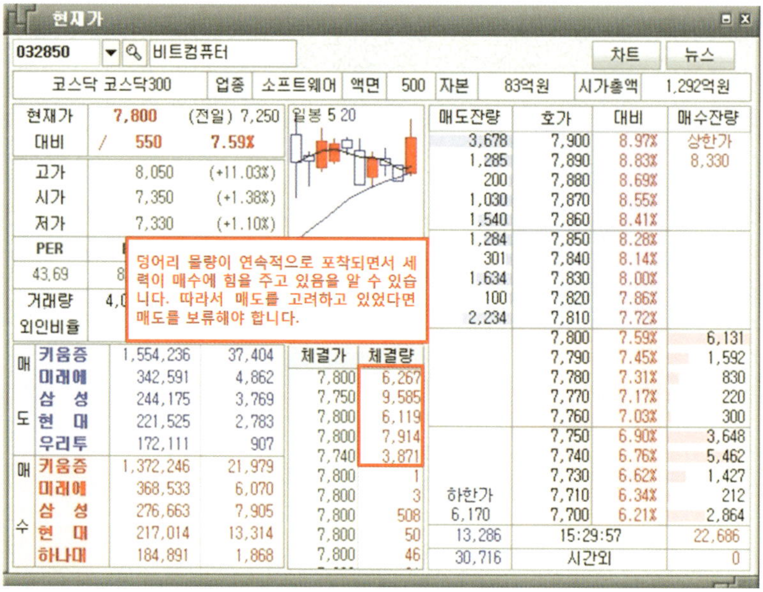

[그림 9-5] 비트컴퓨터 현재가 창

    [그림 9-5]의 현재가 창에서 알 수 있듯이, 우리는 덩어리 물량이 매수인지 매도인지를 체크하여 주가의 방향성을 예측할 수 있습니다. 기관 또는 세력은 오퍼 물량이나 주문 수량이 많아 소량으로 주문을 넣기 어렵습니다. 예를 들어, 기관이 100만 주 매도를 의뢰받았다고 할 때 거래량이 없는 종목인 경우에는 분할해서 매도하기란 사실상 불가능합니다. 따라서 매수 물량이 들어올 때마다 덩어리 물량을 던지게 되는 것입니다.

    따라서 매수 또는 매도를 하기에 앞서 해당 종목의 체결량을 분석하는 일은 필수입니다. 지금부터라도 체결량을 확인하는 습관을 들이고 덩어리 물량을 체크하면서 세력이 매수를 고려하는지 매도를 고려하는지 확인하는 습관을 들이기 바랍니다.

Section 07

지수분봉 상승 흐름
혹은 상승 변곡점을 노려라

당일 지수의 흐름을 파악하는 데 가장 좋은 방법은 지수분봉을 활용하는 것입니다. 필자의 경우 HTS상에 코스피, 코스닥, 선물지수 분봉을 함께 세팅해두고 장중에 실시간으로 확인합니다. 지수분봉 차트에서 시초가를 기준으로 지수가 위에서 움직이는지 아래에서 움직이는지에 따라 포지션을 결정합니다.

일반적으로 장중에 추세가 강하게 형성되면 종가까지 흐름을 유지하는 경향이 있습니다. 따라서 지수 상승 흐름에 매도하지 말아야 하고, 지수 하락 흐름에 매수하지 말아야 합니다. 즉, 매도는 지수 분차트가 꺾였을 때 해야 하고, 매수는 지수 분차트가 상승 턴을 했을 때 해야 합니다.

지수 전환은 지수가 0.4% 반등 또는 반락하는 시점을 기준으로 잡는 것이 좋습니다. 예를 들어, 상승하는 지수가 고점을 찍고 0.4% 하락하면 데이로 잡은 종목을 매도하는 식입니다. 단, 0.4% 떨어지는 시점에 매도하기보다는 단기 반등을 줄 때 매도하는 것이 좋습니다. 이때 '0.4%'라는 기준은 시장 상황에 따라서 혹은 자신의 트레이딩 성향에 따라 소폭 조정할 수 있습니다.

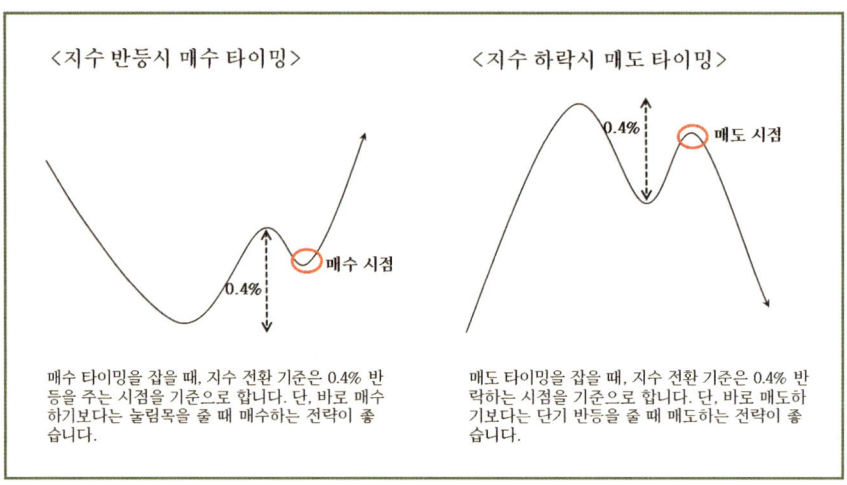

[그림 9-6] 지수 반등 또는 하락시 매수·매도 타이밍

지수가 시초가 대비 1% 이상 하락시 시가를 회복할 가능성은 매우 적습니다. 만약 현재 지수가 시가로부터 1.5% 이상 제법 깊게 조정을 받으면 당일 시가와 이격을 좁히기는 사실상 어렵다고 봐야 합니다. 이런 날은 매도만이 최선입니다. 간혹 추세 하락 구간에서 저점 매수를 시도하는 경우도 있지만 어디까지나 초단기 매매에 한해야 하며, 이런 경우 반등시 매도를 통해 이익을 챙겨야 합니다.

반대의 경우, 즉 지수가 시초가 위에서 1.5% 이상 이격을 크게 벌린 날은 매도 포지션보다는 매수 포지션이나 홀딩이 유리합니다. 만약 상승 폭의 절반 정도 주가가 떨어지면 오히려 눌림목 매수 자리가 되는데, 추세가 하락으로 완전히 돌아서기 전까지 최대한 이익을 극대화해야 합니다.

하지만 장 초반 갭상승 폭이 크다면 신규 매수는 자제해야 합니다. 오히려 단기 급등에 따른 조정에 대비해 장 초반 일부 이익을 실현하는 전략이 좋습니다.

지수 추세를 보다 정확하게 파악하기 위해서는 아시아 증시(일본, 중국)와 미 선물지수, 환율, 외국인·기관 수급 등을 참고하는 것이 좋습니다. 특히 아시아 시장과 국내 시장의 장중 추세 동조화 현상(일본과 상관관계 0.81, 중국과 상관관계 0.68)은 이미 심각한 상황입니다. 따라서 이들 시장의 흐름을 체크하는 것은 지수 변곡점과 매매 타이밍을 잡는 데 필수 조건이라 할 수 있습니다.

Section 08

매수·매도 창구
성향 체크 포인트

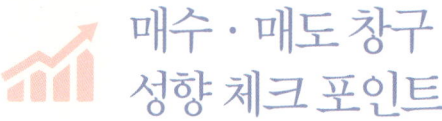

　매매하기에 앞서 투자자라면 매수 혹은 매도 창구의 주포가 누구인지를 확인해야 합니다. 최근에는 HTS의 기능이 향상되어 현재가 창을 통해 매매 상위 증권사가 어디인지를 바로 확인할 수 있습니다. 특히 외국계 증권사의 경우 외국인일 가능성이 크므로 더욱 주목할 필요가 있습니다.
　그밖에도 증권사의 성격에 따라 단타 창구를 구분할 수 있습니다. 외국계의 경우 CS증권이 대표적인 단타 창구이며, 국내에서는 키움증권과 미래에셋증권이 있습니다. 만약 매수를 고려하고 있다면 먼저 단타 창구가 매수 주체가 아닌지 꼼꼼히 체크할 필요가 있습니다. 단타 창구가 매수

> **Tip 매매하기 앞서 창구 성향 확인**
>
> - 매수 상위 창구는 메이저 창구(외국계, 삼성증권)가 유리
> - 매도 상위 창구는 단타 창구(키움증권, 미래에셋증권)가 유리

1~3위 창구를 차지하고 있는 경우에는 특히 매수에 신중해야 합니다.

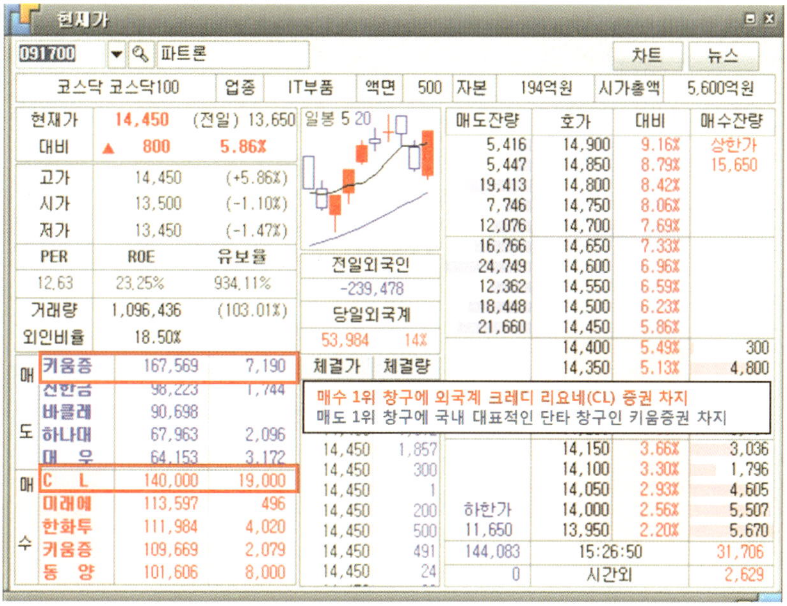

[그림 9-7] 파트론 현재가 창

　실전 매매에 있어 가장 주목해야 할 증권사 창구 중 하나가 바로 외국계 증권사 창구입니다. 외국계 증권사 창구로의 매수 유입이 클 경우에는 추종세력들이 붙을 가능성이 크기 때문에 주가에 긍정적인 영향을 미치는 경우가 많습니다. 물론 CD주문일 가능성이 크고, 다음날 추가 매수세도 기대할 수 있습니다.

　따라서 매수 쪽 창구는 외국계, 매도 쪽 창구는 단타 창구가 1위 창구면 유리합니다. 반대로 매수 쪽에 단타 창구가 포착된다면 오후 장 들어서 매물이 출회될 가능성이 매우 높습니다. 상승 중에 윗꼬리가 연속해서 나오는 종목 대부분이 매수 쪽에 단타 창구가 포진한 경우입니다.

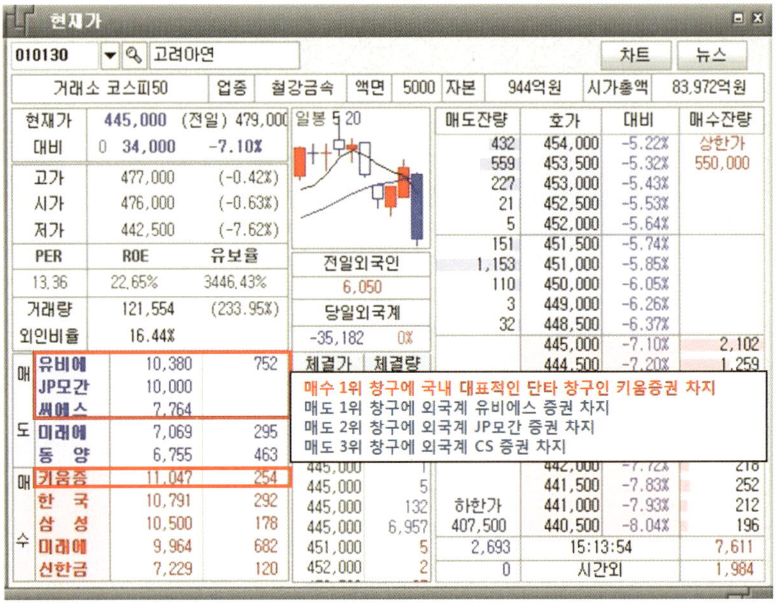

[그림 9-8] 고려아연 현재가 창

PART 10

기업 가치 분석하기

Section 01

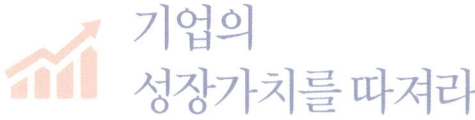
기업의
성장가치를 따져라

'성장가치주에 투자하라!'는 말 많이 들어보셨을 겁니다. 기업이 오랫동안 장수하고 지속적으로 성장하려면 가장 필요한 것은 무엇일까요? 맞습니다. 현금성 자산이 풍부한 기업은 쉽게 망하지 않고 오래도록 살아남습니다.

현금성 자산을 풍부하게 보유한 기업을 찾기 위해서 가장 먼저 확인해야 할 것이 무엇일까요? 바로 '유보율'입니다. 유보율은 기업이 영업활동이나 자본 거래를 통해 얻은 이익을 기업 내에 얼마나 많이 보유하고 있는지를 나타내는 중요한 지표입니다. 쉽게 말하면 기업이 자본금 대비 현금을 얼마나 보유하고 있는지를 나타내는 것입니다. 괜찮은 기업들의 경우 유보율이 거의 1,000%를 넘는다고 보시면 됩니다.

그렇다면 유보율이 높기로 소문난 롯데칠성, 롯데제과, SK텔레콤의 유보율은 대략 몇 %나 될까요? 놀라지 마세요. 현재 세 기업 모두 3만 %가 넘습니다. 자본금에 비해서 현금성 자산을 거의 300배 이상 갖고 있다는 이야기입니다.

004990	롯데제과		기업개요			
설립일	1967/03/24	회계년도	2011/12	대표이사	김용수/신동빈	
상장일	1974/02/16	주거래 은행	우리은행 (당산동)			
종업원수	4,022	업종분류	코코아 제품 및 과자류 제조업			
본사주소	서울 영등포구 양평동5가 21 02-2670-6114-5					
주요사업	과자류,빙과류,껌 제조					
감사의견 : 적정					(단위 : 백만, %)	
결산기	매출액	영업이익	세전손익	순이익	부채비율	
	매출액증가율	영업이익증가율	세전손익증가율	순이익증가율	유보율	
2011/12	1,521,967	170,284	181,448	127,803	45.53	
	7.45	13.68	-2.57	-10.24	36,081.50	
2010/12	1,416,468	149,796	186,226	141,714	43.09	
	7.57	33.44	31.75	48.29	36,413.76	

[그림 10-1] 롯데제과 유보율

성장가치주가 되기 위해서는 유보율이 높아야 한다고 강조했습니다. 그렇다면 유보율을 높이기 위해서 가장 필요한 것은 무엇일까요? 아마도 현금 창출 능력일 겁니다. 개인적으로 매년, 매분기마다 현금 창출 능력이 증가하는 기업이야말로 최대 성장가치주가 될 거라고 확신합니다. 우리는 이런 기업을 찾아야 합니다.

영업이익이 성장하는 기업을 찾아라

기업의 현금 창출 능력을 판단하는 가장 핵심적인 지표로 저는 영업이익을 강조합니다. 영업이익은 기업 본연의 활동을 통해 발생한 이익으로서, 총 매출액에서 생산 및 판매비용과 일반 관리비를 뺀 금액입니다. 말 그대로 순수하게 영업을 통해 벌어들인 이익을 말합니다.

영업이익 = 총 매출액 - 생산·판매 및 일반 관리비

　영업이익이 매년 매분기마다 증가하고 있다는 것은 기업이 성장하고 있다는 의미이며, 기업이 미래의 성장을 위한 원동력을 차곡차곡 잘 쌓아가고 있다는 의미입니다. 따라서 성장가치주를 찾아내기 위해서는 기업의 미래 성장성을 가늠할 수 있는 영업이익에 초점을 맞춰야 합니다.

　[그림 10-2]는 에이블씨엔씨의 2007~2011년까지의 실적 현황입니다. 영업이익이 매년 지속적으로 증가하고 있음을 확인할 수 있습니다. 특히 2011년에는 매분기 영업이익이 증가하고 있습니다. [차트10-1]에서 같은 기간 에이블씨엔씨의 월봉차트를 살펴보면 영업이익이 증가한 것에 비례해 주가 역시 크게 상승하며, 진정한 성장가치주의 모습을 보여주고 있습니다.

기업실적분석 (단위: 억원,%,배)		최근 5년 실적 ?					최근 4분기 실적			
주요재무정보		2007.12	2008.12	2009.12	2010.12	2011.12	2011.03	2011.06	2011.09	2011.12
		GAAP	GAAP	GAAP	GAAP	IFRS	IFRS	IFRS	IFRS	IFRS
손익계산서 (단위:억원)	매출액	785	1,011	1,811	2,431	3,056	544	626	827	1,059
	영업이익	3	72	194	294	336	20	51	110	156
	조정영업이익*	-	-	-	-	334	19	50	107	157
	당기순이익	-16	80	178	238	278	18	43	95	123
수익성 (단위:%)	영업이익률	0.39	7.15	10.69	12.10	10.99	3.64	8.07	13.25	14.73
	순이익률	-2.08	7.89	9.84	9.78	9.11	3.32	6.78	11.47	11.61
	ROE	-4.90	19.69	33.98	32.30	27.77	2.08	4.70	9.71	11.31

[그림 10-2] 에이블씨엔씨 2007~2011년 실적 현황

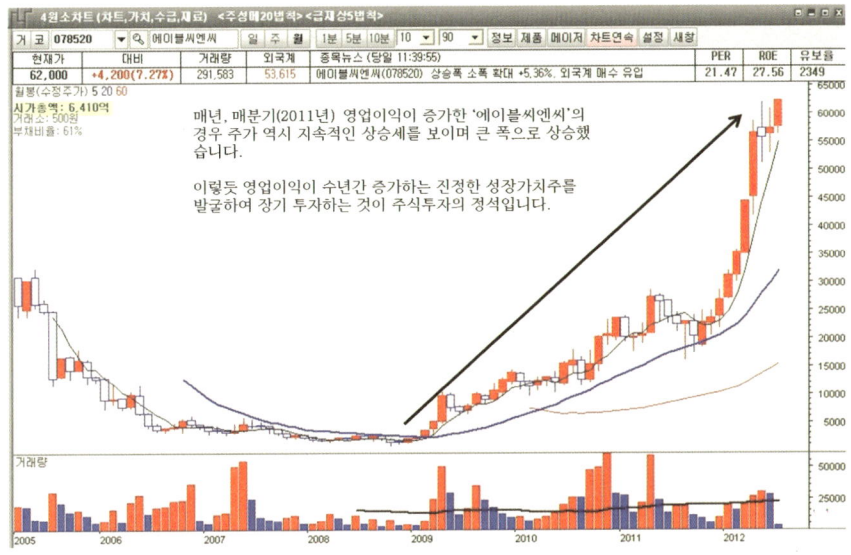

[차트10-1] 에이블씨엔씨 월봉차트

　　영업이익률도 성장가치주 발굴을 위한 중요한 지표 중 하나입니다. 영업이익률은 매출액과 비교해 순수 영업이익의 비율을 나타낸 것으로, 해당 기업이 매출액 대비 얼마나 높은 부가가치를 창출하고 있는지를 판단하는 중요한 지표입니다. 성장가치주가 되기 위해서는 영업이익률이 최소한 10% 이상 꾸준히 증가하는 모습을 보여주어야만 합니다.

> **Tip** 최근 3년간(2009~2011년) 영업이익률 10% 이상 종목
>
> 에이블씨엔씨, 액토즈소프트, 농우바이오, KG모빌리언스, 오스템임플란트, 한글과컴퓨터, 예림당, 성광벤드

PART 10. 기업 가치 분석하기　203

시가총액 대비 영업이익 10% 이상

저는 영업이익과 시가총액을 비교해서 주가의 저평가 여부를 판단합니다. 시가총액 대비 영업이익이 10% 이상인 종목은 주가가 저평가되어 있다고 볼 수 있습니다. 예를 들어, 시가총액이 1,000억 원인 종목의 영업이익이 200억 원을 기록했다면, 시가총액 대비 영업이익이 20%이기 때문에 저평가 종목으로 간주합니다. 그만큼 주가 상승 여력이 충분하다고 보는 것이지요.

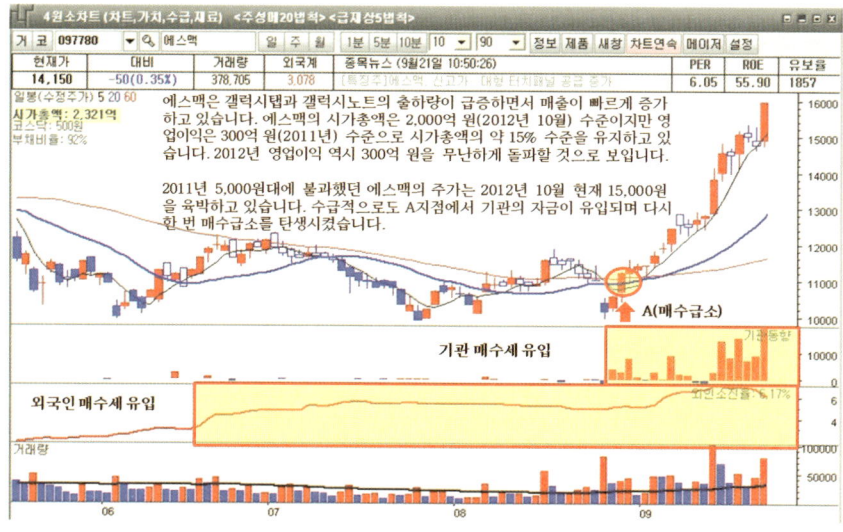

[차트10-2] 에스맥 일봉차트(2012년)

[차트 10-2]의 경우 에스맥은 삼성전자의 주요 터치패널 제조업체로, GFF(필름전극타입) 방식의 터치패널을 생산해 스마트폰에 84%, 태블릿PC에 16% 납품하고 있습니다. 주력 고객사인 삼성전자 내 2012년 점유율은 스마트폰용 터치패널 30%, 태블릿PC용 터치패널 25% 정도로 갤럭시탭

과 갤럭시노트의 출하량이 증가하면서 빠른 속도로 매출이 증가하고 있습니다. 차트에서 볼 수 있듯이 메이저(기관, 외국인)들의 수급이 지속적으로 유입되는 등 양호한 수급 상황을 확인할 수 있습니다.

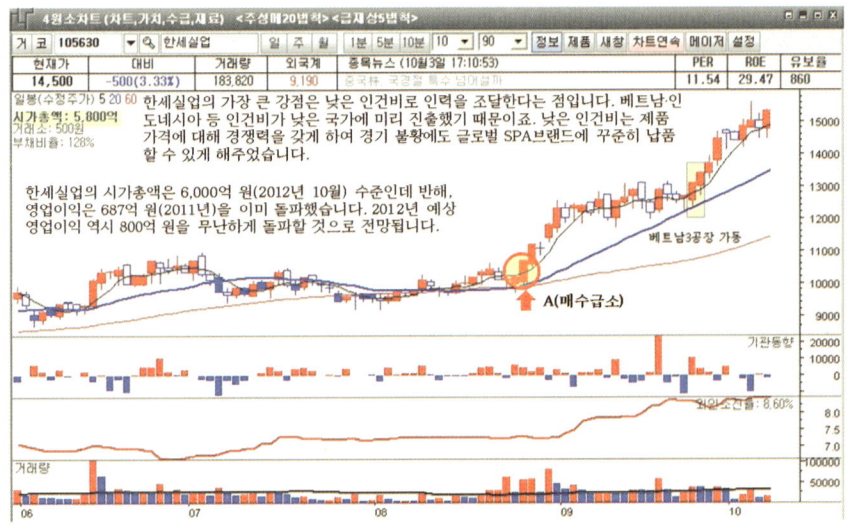

[차트10-3] 한세실업 일봉차트(2012년)

[차트 10-3]의 한세실업은 2009년 한세예스24홀딩스와 인적분할을 통해 설립된 회사로 의류 OEM(생산자주문방식) 업체입니다. ZARA, H&M, NIKE, GAP, HOLLISTER 등 해외 브랜드 의류를 생산해 미국으로 수출합니다. 특히 베트남과 인도네시아 등 인건비가 저렴한 국가를 선점하여 경쟁사 대비 낮은 인건비로 인력을 조달할 수 있다는 강점을 가지고 있습니다. 한세실업은 경기 불황에도 불구하고 낮은 가격 경쟁력을 앞세워 글로벌 SPA브랜드에 납품하는 등 중장기 상승 모멘텀을 갖췄다는 평가를 받고 있습니다.

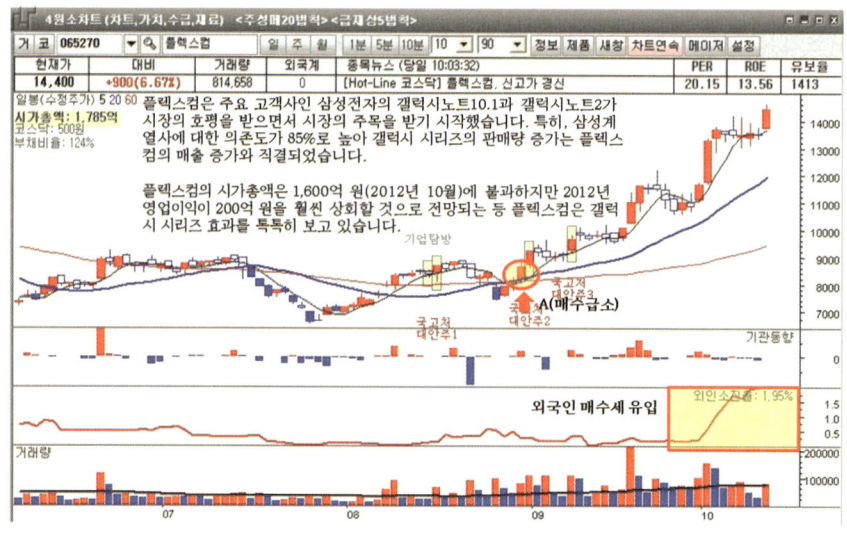

[차트 10-4] 플렉스컴 일봉차트(2012년)

[차트 10-4]의 플렉스컴은 갤럭시노트10.1에 S펜 부품인 디지타이저를 공급하는 업체로, 삼성전자를 주요 고객사로 확보하고 있습니다. 플렉스컴이 개발한 디지타이저는 정전용량 방식 내에서 자연스러운 필기감을 구현하기 위한 필기 인식 부품입니다. 2012년 하반기 삼성전자의 스마트 기기 라인업이 본격적으로 확대되면서 플렉스컴은 삼성 갤럭시 시리즈의 최대 수혜주로 부각되고 있습니다.

Section 02

PER, PBR, EV/EBITDA

 언론을 통해 혹은 직접 투자를 하면서 '저평가주'라는 말을 들어보셨나요? 저평가주는 말 그대로 실제 가치보다 낮은 가격에서 거래되는 주식을 의미합니다. 저평가주를 고르는 기준으로 여러 지표가 사용되고 있는데, 그중에서 대표적으로 사용되는 몇 가지를 알아보도록 하겠습니다.

PER(주가수익비율)

 PER은 1992년에 국내 주식시장이 외국인 투자자에게 개방되면서 그들에 의해서 처음 도입된 거래기법 중 하나입니다. 종목에 대한 가치 기준이 막연하던 시절에 PER은 기업의 가치를 측정하는 대표적인 기준이었습니다.

 PER은 주가가 주당순이익 기준으로 몇 배가 되는지를 나타내는 지표로서 동종 업계의 평균 PER과 비교하여 고평가되었는지 저평가되었는지를 판단합니다. 물론 기본적으로 PER이 낮은 기업이 좋습니다. 하지만 PER이 3이라고 해서 무조건 저평가 기업이라고 말하기는 어렵습니다. 만약 동종 업계 평균 PER이 2라고 한다면 PER이 3인 기업이 저평가되었다고 말하기는 어려울 것입니다.

$$주가수익비율(PER) = \frac{주가}{주당순이익(EPS)}$$

A증권(PER = 10배) 〈 증권업종(PER = 15배) 〈 B증권(PER = 20배)
  A증권 저평가   B증권 고평가

단, 순이익이 정상적인 영업활동이 아니라 이자수익, 부동산 및 주식 처분 등으로 인해 발생한 경우라면 PER 비율을 신뢰할 수 없게 됩니다. 따라서 순이익이 정상적인 영업활동을 통해 발생한 것인지를 반드시 체크해야 합니다.

🌐 PER의 함정

PER은 초창기 국내 시장에서 '저 PER' 열풍을 일으키는 등 성장가치주를 찾는 데 절대적인 기준이었습니다. 하지만 PER을 산정하는 방법에서 몇 가지 허점을 발견할 수 있었습니다.

그 첫 번째가 PER 계산시 사용되는 EPS(주당순이익)의 함정입니다. EPS란 특정 기업이 정상적인 영업활동을 통해 벌어들이는 수익을 기준으로 할 때 의미가 있습니다. 하지만 순이익에는 영업 외적인 요인에 의해 발

생하는 이익금이 상당 부분 포함되어 있습니다.

예를 들면, 보유 토지나 건물 등의 매각으로 이익을 내거나 채무 면제를 통해 이익이 발생하는 경우에도 당기순이익으로 산정됩니다. 이런 엉터리 당기순이익으로 EPS를 뽑아내기 때문에 오류가 발생할 수밖에 없는 것입니다. 심한 경우에는 PER이 100, 200하던 고PER주들이 갑자기 2~3 미만으로 왕창 떨어지면서 저PER주로 돌변하는 경우도 있습니다. 따라서 당기순이익이 정상적인 영업활동에 의해 발생한 것인지 인위적으로 만들어진 것인지 파악하기 위해서는 반드시 영업이익과 경상이익을 중심으로 살펴봐야 합니다.

PER의 두 번째 함정은 미래가치를 정확히 반영하지 못하는 데 있습니다. 예를 들어, 금융위기로 기업들의 실적이 큰 폭으로 하향 조정된다고 합시다. 하지만 실적 우려감이 해당 기업의 주가와 증권사의 실적 추정에도 반영되지 않았다고 한다면 과연 현재의 주가와 실적에 근거한 PER이 의미가 있을까요? 즉, PER을 볼 때는 시장 상황과 업종, 해당 기업의 향후 전망치를 함께 살펴보는 것이 중요합니다. 특히 코스닥 벤처형 기업들은 주가에 미래의 성장가치가 상당 부분 반영되어 있어 PER이 평균적으로 높습니다. 이런 경우에는 동종 업종과 유사 종목의 PER을 함께 비교해야만 해당 기업이 고평가 혹은 저평가되었는지를 알 수 있습니다.

> **Tip** 저PER 10종목(2012년 10월 기준)
>
> GS홈쇼핑, 휴비스, 에스맥, E1, 아트라스BX, KT, CJ, SK텔레콤, 종근당, 동원F&B

PBR(주가순자산비율)

PBR은 현재의 주가를 1주당 순자산가치로 나누어 나타냅니다. 주로 기업의 주가가 실제적인 자산가치(장부상의 가치)와 비교할 때 고평가되었는지 저평가되었는지를 확인할 때 쓰입니다. 여기서 '순자산'이란 자산에서 부채를 뺀 수치를 의미합니다.

PER과 PBR의 가장 큰 차이점은 PER은 기업의 순이익으로 주가를 판단하는 데 반해, PBR은 기업의 실질적인 자산과 현재의 주가를 비교한다는 것입니다. 예를 들어, 1주당 순자산이 3만 원이고 주가가 1만 5천 원이라고 가정합시다. 이는 회사가 문을 닫을 경우 1주당 3만 원을 받을 수 있고, PBR은 0.5(=15,000원/30,000원)가 된다는 의미입니다. 다시 말해 PBR이 0.5라는 것은 회사 청산가치보다 주가가 낮다는 의미이므로 저평가되었다고 볼 수 있습니다.

$$주가순자산비율(PBR) = \frac{주가}{1인당 순자산}$$

A기업(PBR = 0.5) 〈 PBR = 1 〈 B기업(PBR = 2)

A기업 저평가   B기업 고평가

일반적으로 PBR은 1보다 높으면 고평가, 1보다 낮으면 저평가되었다고 말합니다. 만약 PBR이 1이라면 주가가 기업의 청산가치와 같다는 의미입니다. PBR이 1보다 낮으면 주가가 순자산가치에도 못 미친다는 의미로 저평가되었다는 뜻이고, 1보다 큰 경우는 청산가치보다 높아 고평가되었

다고 볼 수 있습니다.

하지만 리먼사태와 같이 대 폭락장에서는 기업의 시가총액이 청산가치에도 미치지 못하는 'PBR 1배 미만' 종목들이 무더기로 쏟아져 나올 수 있습니다. 이런 경우에는 PBR이 가치 판단의 척도로서 제 역할을 하기 힘듭니다. 따라서 PER과 마찬가지로 시장 상황에 맞게 적절히 활용하는 것이 좋습니다.

> **Tip 저PBR 10종목(2012년 10월 기준)**
>
> 한국전력, 삼양홀딩스, E1, 삼천리, 농심홀딩스, 쌍용양회, 대한제당, 한솔제지, 지역난방공사, 한국가스공사

EV/EBITDA(이브이에비타)

앞서 언급했듯이 PBR은 영업 외적인 수익에 영향을 받기 때문에 정확히 판단하기 어려운 경우가 많습니다. 따라서 정상적인 영업활동으로 벌어들인 이익으로 기업의 가치를 알아낼 필요가 있는데, 이때 흔히 활용하는 지표가 EV/EBITDA입니다.

EV와 EBITDA란?

EV/EBITDA를 이해하려면 먼저 EV(Enterprise Value)와 EBITDA(Earnings Before Interest, Tax, Depreciation and Amortization)의 개념부터 알아야 합니다.

EV는 기업의 가치(Enterprise Value)로서 시가총액에 순차입금을 더한 것

입니다. 쉽게 말해, 해당 기업을 매수할 때 지불해야 하는 금액이라고 생각하면 됩니다.

$$EV = 시가총액 + 순부채(총차입금 - 현금예금)$$

EBITDA(Earnings Before Interest, Tax, Depreciation and Amortization)는 '법인세, 이자, 감가상각비 차감 전 영업이익'을 말합니다. 한마디로 이자비용과 세금, 감가상각비용 등을 빼기 전의 순이익을 말합니다.

$$EBITDA = 영업이익 + 순금융비용 + 감가상각비$$

이 두 가지를 활용한 EV/EBITDA는 기업이 현금을 창출해낼 수 있는 능력이 시가총액에 비해서 얼마나 되는지를 평가하는 지표입니다. 영업이익이 높고 기업가치가 낮다면 EV/EBITDA의 수치도 낮아지게 됩니다. 즉, EV/EBITDA가 낮을수록 기업은 저평가되었다고 볼 수 있습니다.

$$EV/EBITDA = \frac{시가총액 + 순부채(총차입금 - 현금예금)}{영업이익 + 순금융비용 + 감가상각비}$$

다른 의미에서 EV/EBITDA는 특정 기업을 사들였을 때 투자금을 회수하기까지의 기간을 알 수 있게 해줍니다. 예를 들어, 기업가치(EV)가 100억 원이고 1년간의 이익(EBITDA)이 10억 원이라고 합시다. 이 기업을 사는 데 100억 원이 들었다면 매년 10억 원씩 10년을 벌어야 한다는 말이 됩니다. 즉, EV/EBITDA가 10이라는 말의 의미는 이 기업을 사들였을 때 투자금을 회수하기까지 10년이 걸린다는 뜻입니다.

> **Tip 저EV/EBITDA 10종목(2012년 10월 기준)**
>
> 아트라스BX, GS홈쇼핑, 대교, 휴비스, 에스맥, 리노공업, 플렉스컴, 한세실업, 일진디스플, 대상

PER VS EV/EBITDA

EV/EBITDA와 가장 많이 비교되는 것은 PER(주가/주당순이익)입니다. 앞에서 말했듯이 PER은 순이익을 가지고 계산하는데, 영업 외적인 수익이 포함되어 있어서 정확한 판단을 내리는 데 어려움이 많습니다. 예를 들어, 기업의 매출은 감소하는데 보유 중인 자산가치(빌딩, 토지 등)가 급등한다면 PER 값은 좋아집니다. 하지만 EV/EBITDA는 순수 영업이익만을 가지고 계산하므로 자산가치의 변화에 영향을 받지 않습니다. 따라서 EV/EBITDA가 회사 실적을 판단하는 데는 좀 더 정확한 지표라고 할 수 있습니다.

일반 투자자가 PER, EV/EBITDA 등의 지표를 활용할 경우에는 직접 계산할 필요 없이 개념만 확실히 이해해두면 됩니다. 기업분석 책자나 증권사에서 제공하는 각종 자료(HTS를 통해 확인 가능), 인터넷 사이트 등을 통해 확인할 수 있기 때문입니다.

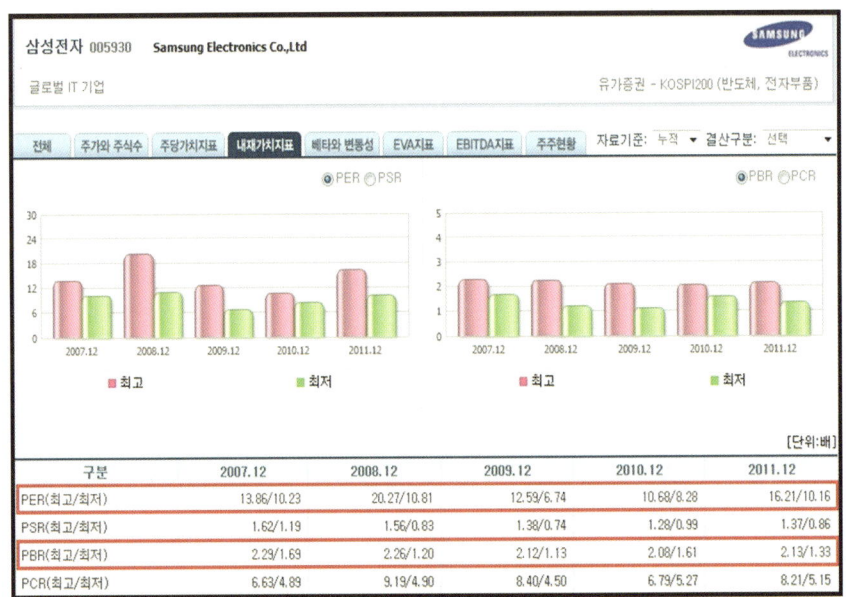

[그림10-3] 삼성전자 내재가치표

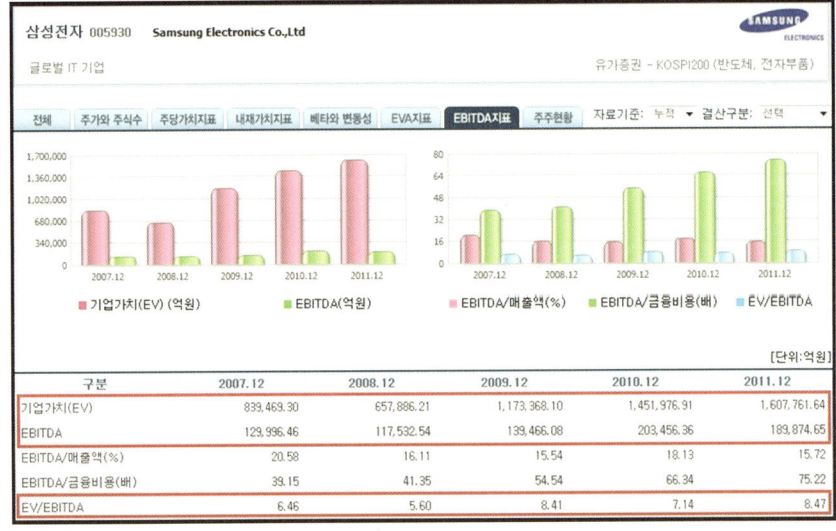

[그림10-4] HTS에서 PER, PBR, EV/EBITDA 확인 방법

Section 03

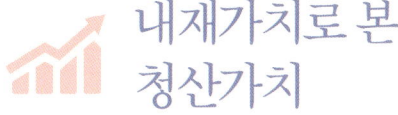

내재가치로 본 청산가치

가치투자를 하는 투자자라면 한 번쯤 '내재가치'와 '청산가치'라는 단어를 들어봤을 겁니다. '내재가치'란 실질적으로 평가된 가치가 아니라 미래에 이루어질 수 있는 가치입니다. 반면 '청산가치'는 파산 등의 이유로 기업을 청산할 때, 보유하고 있는 자산을 처분하고 부채를 변제한 후 남은 잔여 자산의 산출가치를 말합니다. 일반적으로 청산가치가 너무 낮으면 부실기업으로 간주합니다.

요즘 강연회를 하다 보면 많은 투자자들이 종목을 상담해옵니다. 그때마다 저는 투자자에게 "그 기업은 어떤 사업을 하나요?"라고 되묻습니다. 과연 자신있게 대답하는 사람이 몇 명이나 될까요? 아직도 기업에 대한 최소한의 정보도 없이 투자하는 사람이 많습니다. 투자자 스스로 반성해야 합니다.

지금부터 설명하는 내재가치와 청산가치는 현 시점에서 기업을 객관적으로 평가하는 데 매우 중요한 역할을 합니다. 현재의 주가가 기업 본질의 가치와 비교했을 때 고평가되었는지 혹은 저평가되었는지를 판단하여 투자 여부를 결정한다면 투자에서 성공할 확률도 그만큼 높아질 것이기 때문입니다.

내재가치

내재가치, 즉 본질가치는 특정 기업만을 분석해서는 정확히 파악하기 어렵습니다. 기업에 대한 이해는 기본이고 산업 변수와 시장 변수를 함께 고려했을 때 보다 정확한 내재가치를 알 수 있습니다. 즉, 해당 기업과 업황, 시장 상황 등을 함께 고려해야 합니다. 다음은 내재가치를 파악하기 위해 고려할 것들입니다.

첫째, 거시적인 관점에서 시장을 냉철하게 평가해야 합니다. 모든 시장 변수는 기업의 경영활동에 영향을 미칩니다. 따라서 현재의 시장 상황이 특정 기업에 긍정적인지 부정적인지를 판단하는 것입니다. 예를 들면, 금리, 환율, 유가, 주변 국가들의 경제 상황 등을 들 수 있습니다.

둘째, 해당 기업의 산업 동향을 살펴야 합니다. 아무리 시장 상황이 좋다고 해도 특정 산업에 부정적인 영향을 줄 수 있습니다. 예를 들어, 금리 인상시 보험주는 최고의 수혜주로 꼽힙니다. 보험회사의 자산운용에 유리하기 때문입니다. 반대로 대출을 받아 공사를 진행하는 건설회사는 금리가 인상되면 대출이자 부담이 높아져 공사 진행에 어려움을 겪게 됩니다. 따라서 기업뿐 아니라 산업 동향을 함께 고려하여 지금이 투자 적기인지를 먼저 판단하는 것이 좋습니다.

셋째, 시장 상황과 산업 동향을 모두 살폈다면 기업의 본질을 파악해야 합니다. 기업의 내재가치란 어떤 비즈니스가 활동하는 기간에 걸쳐 창출하는 현금 흐름을 주어진 할인율로 평가한 가치입니다. 즉, 기업의 내재가치는 사업 전망, 경영자의 자질, 기본 현금 흐름 등 복합적인 요인에 의해 산출되는 다소 추상적인 개념입니다. 따라서 시장 상황이나 산업 동향의 흐름이 바뀐다면 그에 맞춰 바뀌어야 합니다.

기업에 대한 내재가치는 정확한 수치가 아니라 추산된 값입니다. 즉, 동일한 기업을 놓고도 보는 사람에 따라 좋고 나쁨이 달라질 수 있습니다. 간혹 증권사들이 특정 기업에 대해 엇갈린 의견을 내놓는 경우가 있는데, 바로 내재가치를 바라보는 관점이 다르기 때문입니다.

기업의 자산이 아무리 많아도 현금 창출 능력이 부족하다면 내재가치가 크지 않은 기업입니다. 따라서 미래를 반영한 내재가치가 현재의 주가보다 높다면 투자하고, 그렇지 않다면 투자를 보류해야 합니다.

- 투자 적격 = 내재가치 〉 현재가치
- 투자 부적격 = 내재가치 〈 현재가치

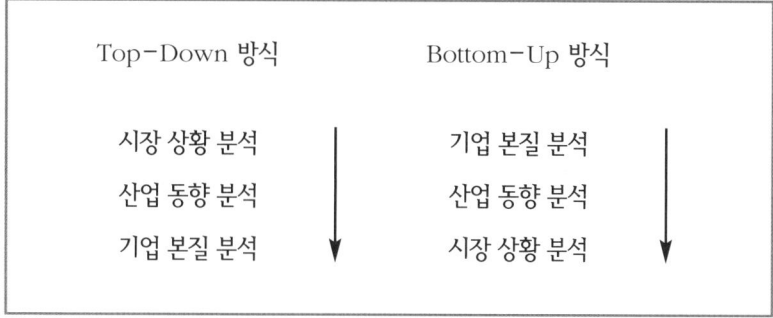

[그림10-5] Top-Down 방식과 Bottom-Up 방식

[그림 10-5]의 Top-Down 방식과 Bottom-UP 방식 중에서 투자자 성향에 맞는 방식을 선택하면 됩니다. 중요한 것은 얼마나 정확한 판단을 내릴 수 있는가 하는 것입니다. 정확한 판단을 위해서는 수많은 정보 중에서 객관적이고 정확한 정보를 선택하여 남들보다 빠르게 분석하는 능력을 키워야 합니다. 물론 쉽지 않은 일입니다. 하지만 정보 분석 능력을 키우지 않고서는 시장에서 살아남을 수 없다는 사실을 명심하기 바랍니다.

청산가치

청산가치는 실제로 기업을 청산하여 자산을 처분하고 부채를 변제한 후 남은 잔여 자산을 말합니다. 내재가치가 미래의 현금 흐름을 반영하는 추상적인 가치였다면, 청산가치는 객관적인 자료에 근거해 산출한 측정 가능한 수치입니다.

청산가치를 나타내는 지표로는 PBR(주가순자산비율)과 BPS(주당순자산가치)가 많이 활용됩니다. 먼저 BPS는 기업의 순자산을 발행 주식수로 나눈 값입니다. 일반적으로 BPS가 높으면 자기자본의 비중이 크고 부채가 적다는 의미로 투자가치가 높습니다.

산출된 BPS로 주가를 나눈 값이 바로 PBR입니다. PBR은 주가가 순자산에 비해 1주당 몇 배로 거래되고 있는지를 나타냅니다. 따라서 PBR의 수치가 낮으면 낮을수록 기업은 저평가되었다고 볼 수 있습니다. 보통 PBR이 1보다 크면 고평가, 1보다 작으면 저평가되었다고 말합니다.

기업 분석에 가장 많이 활용되는 것이 바로 재무제표입니다. 모든 기업은 일정 기간 동안 회사의 경영 상황과 보유 자산, 부채 등을 작성합니다.

이를 통해 투자자들은 기업의 경영 성적과 회계 정보를 확인할 수 있습니다. 매년 적자를 기록하는 기업과 지나치게 부채가 많은 기업은 일단 관심에서 배제시켜야 합니다. 이런 기업에는 항상 상장 폐지의 위험이 도사리고 있기 때문입니다.

PART 11

평생사부의
주식 이야기

Section 01

초보 투자자에게 전하는
훈수 세 마디

　잃지만 않을 수 있다면 세상에서 가장 재미있는 것이 바로 주식투자입니다. 하지만 주위를 한번 둘러보세요. 주식투자로 인해 경제적으로 어려움에 처하고, 마음에도 큰 상처를 입은 사람들을 쉽게 발견할 수 있습니다. 이 책을 읽는 여러분은 부디 깊이 있는 주식 관련 정보를 쌓고 매매에 임해서 주식투자가 재미있는 일이 될 수 있길 바랍니다.

　'마라톤 이론'이라는 것이 있습니다. 주식투자도 마라톤처럼 자신의 인생과 오랫동안 함께 해야 한다는 것입니다. 중도에 오버페이스를 해서 쉬이 지치지 않아야 하고, 지나친 손실로 마음에 상처를 입지도 않아야 합니다. 100미터 단거리 경주를 하듯이 한 방을 노리기보다는 철저히 확률과 기술적 분석에 근거하여 매매에 임하기 바랍니다.

첫 번째 훈수, 오늘 당장 오를 종목을 사라

저는 매도에 있어서 가장 중요한 원칙은 바로 '떨어지지 않을 주식을 사는 것'이라고 강조합니다. 떨어지지 않을 주식을 사는 것은 그 어떤 투자전략보다도 안정적인 수익을 가져다 줍니다. 물론 논리적으로는 틀림없는 이야기입니다. 하지만 문제는 실천이 어렵다는 것입니다. 그러면 과연 '떨어지지 않을 주식'이란 어떤 것일까요? 정답은 '강한 종목', 달리 말하면 '오늘 당장 오를 종목'입니다.

트레이더에게 절대적으로 필요한 것은 오늘 당장의 수익입니다. 그 이유는 내일의 장세를 도통 알 수 없기 때문입니다. 그래서 우리는 매수와 동시에 시세가 분출하는 종목을 노려야 합니다. 만일 손실이 났으면 과감하게 잘라주거나 강한 종목으로 교체 매매하는 것이 맞습니다. 혹시나 하는 기대감에 손실 종목을 내일까지 안고 가는 것은 옳지 않습니다. 반대로 이익이 났으면 홀딩하여 수익을 극대화해야 합니다.

주식투자에서 성공하는 비결은 의외로 간단합니다. 내 계좌를 이익이 난 종목들로 가득 채울 수 있으면, 그것이 바로 성공입니다. 매도의 욕구를 참고 이들 종목을 스윙으로 넘겼을 때 진짜 대박이 터지는 것입니다. 이때 스윙의 첫 번째 조건은 당일 이익이 난 종목이어야 합니다.

결론적으로 내 계좌를 이익이 난 종목으로 가득 채우기 위해서는 첫날의 이익이 필수적입니다. 바로 이점 때문에 시장의 중심에 있는 강한 종목, 즉 당장 오를 종목을 공략해야 하는 것입니다. 이 책을 읽는 독자라면 당장 수익이 필요한 마당에 약한 종목을 사서 오랫동안 보초를 서는 실수를 범하지 않길 바랍니다.

🌏 이런 종목은 오늘 당장 움직인다

오늘 종가에 최고가로 마감할 종목, 아울러 내일 출발과 동시에 3% 이상 점프해서 출발할 종목, 이것만 찾을 수 있다면 누구나 큰 부자가 될 수 있습니다. 그렇다면 이런 종목들은 어떻게 찾아야 할까요? 다음 조건을 충족하면 됩니다.

먼저, 당장에 움직일 종목 1순위는 1등 테마의 대장주입니다. 특히 개장 후 10분에서 20분 이내에 1등으로 치고 나오는 테마의 대장주를 공략하는 것입니다. 강세장에서는 1~3등 테마의 대장주, 부대장주, 부부대장주까지 모두 공략해도 수익이 날 수 있습니다. 하지만 약세장에서는 오직 1등 테마의 대장주만을 공략해야 합니다. 당장 오를 확률이 가장 높기 때문입니다.

시장이 강할 때는 매수세력의 경우 급하게 처분하지 않으려는 경향이 있습니다. 시장 주도주는 일봉차트에서 윗꼬리가 거의 없거나 매우 짧은 패턴으로 나타납니다. 1등 테마의 대장주는 대부분 이런 패턴을 보이며 상한가도 곧잘 나옵니다. 따라서 대장주의 매도에서는 서두르지 않는 것이 유리합니다. 만약 상한가로 마감한다면 다음날 5%룰을 적용하거나 5일선 이탈을 기준으로 매도하는 것이 좋습니다.

두 번째 조건으로, 다음날 개장과 동시에 점핑으로 출발하는 종목은 재료의 가치가 커야 합니다. 재료의 가치가 커서 다수의 매수세를 유입시켜야 시가부터 갭상승으로 출발할 수 있습니다.

특히 장 종료 무렵에 터진 재료는 트레이딩 관점에서 최상의 거래 기준입니다. 장 막판 시세에도 반영되겠지만, 재료의 가치가 크다면 장 종료 이후에 신문 등 매체를 통해서 다시 한 번 부각될 것이고, 그렇게 되면 다음날 점핑 출발 확률도 높아지기 때문입니다.

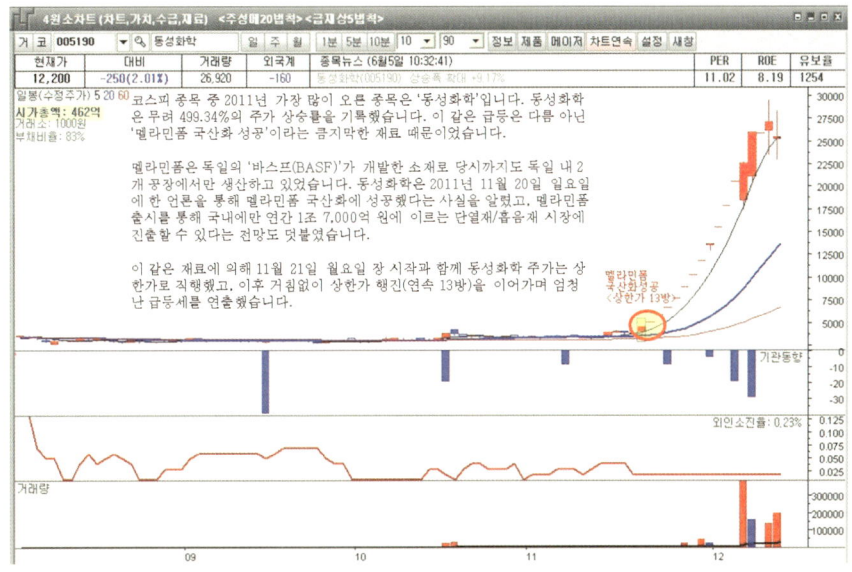

[차트11-1] 동성화학 일봉차트(2011년)

두 번째 훈수, 주도주와 급등주에 집중투자하라

투자의 세계에서 분산투자가 절대적으로 필요한 것은 사실입니다. 특히 펀드처럼 투자 규모가 큰 경우에는 더욱 그렇습니다. 그러나 이때 명심해야 할 점은 분산투자는 리스크 예방이 목적일 뿐 절대 수익률을 추구하는 전략이 아니라는 점입니다. 소위 대박을 꿈꾸는 투자자라면 분산투자의 유혹에서 벗어나야 합니다. 대박과 절대 수익률은 집중투자에서만 나오기 때문입니다.

🌐 이제 계란을 한 바구니에 담아라

"계란을 한 바구니에 담고, 그것을 지켜라!" 이 집중투자 논리는 바로 상위 1% 투자가들 사이에 암암리에 전수되는 거래 비책입니다. 물론 바구니에 담겨지는 계란은 크고 튼튼한 것들이어야 합니다. 투자의 귀재 워렌 버핏은 "어느 누구도 평생 동안 빛나는 보석 같은 종목을 20개 이상 발견할 수 없다"고 말했습니다. 바꿔 말하면 '여러 개의 종목을 다루기보다는 20개의 보석 같은 종목에 집중투자하라'는 의미로 해석할 수 있습니다.

큰 성공을 원하는 투자가라면 지금 당장 분산투자의 유혹에서 벗어나기 바랍니다. 과도한 포트폴리오는 종목에 대한 집중력을 떨어뜨려 손절매와 교체매매의 실패로 이어질 수 있습니다. 아울러 상승하는 종목이 하락하는 종목의 손실을 메우기에 급급하게 되며, 이익까지도 제로로 수렴시키고 말 것입니다.

이제 분산투자에 대한 미련을 버리세요. 주도주와 급등주에 집중투자한 후 최대한 길게 보유하여 수익을 극대화시키기 바랍니다. 그러기 위해서는 장중에 최대한 발품을 팔아 종목 수를 최소한으로 압축해야 합니다. 발품과 수익률은 반드시 비례합니다. 꼭 기억하기 바랍니다.

이때 4원소(차트, 가치, 수급, 재료)에 근거하여 상대적으로 강한 종목으로 압축하세요. 만약 보유 주식 수가 다섯 종목이 넘는다면 집중투자는 사실상 어렵다고 봐야 합니다. 신경 써야 할 종목이 많으면 집중력은 분산되고 수익도 기대에 미치지 못하게 됩니다.

결국 주식시장에서의 승패는 주도주와 소수의 급등주에 얼마나 집중투자했는가에 달려 있습니다. 진정으로 큰 성공을 원한다면 이제부터라도 계란을 한 바구니에 담고 그것을 지켜내기 바랍니다.

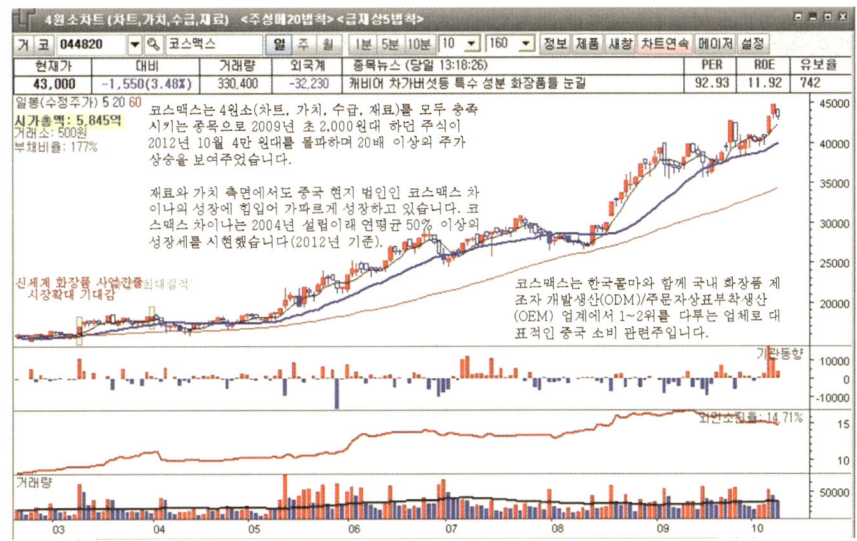

[차트11-2] 코스맥스 일봉차트(2012년)

세 번째 훈수, 3번 나누어 사고 3번 나누어 팔아라

초보 투자자에게 필요한 여러 항목 중 실제적으로 가장 필요한 것이 바로 '분할매수'와 '분할매도'입니다. 가장 단순하면서도 잘 지켜지지 않는 것이기도 합니다. 그래서 이번 장에서는 분할매수와 분할매도의 중요성에 대해 짚고 넘어가도록 하겠습니다.

분할매수로 리스크를 줄여라

분할매수를 하는 가장 큰 목적은 앞서 이야기했듯이 리스크를 줄이기 위한 것입니다. 어느 누구도 시장의 방향을 정확히 예측할 수는 없습니다. 정확하게 바닥을 예측할 수 없기 때문에 분할매수로 리스크를 줄여야 하는 것입니다.

예를 들어, 주가가 1만 원일 때 A는 300만 원을 전량 매수합니다. 반면 B는 주가가 1만 원일 때 100만 원, 9천 원일 때 100만 원, 8천 원일 때 100만 원씩 분할매수를 했습니다. 만약 주가가 8천 원까지 하락하게 되면 A는 1주당 2천 원의 손실을 그대로 감수해야 합니다. 반면 B는 분할매수로 인해 평균 단가가 9천 원으로 줄어들어 1천 원의 손실만 보게 됩니다.

앞의 사례에서 보았듯이 분할매수는 전적으로 싸게 사기 위해서만 하는 것이 아닙니다. 더 떨어질 상황에 대비해 가장 조심스럽게 접근하는 거래법이 바로 분할매수입니다. 물론 예상대로 주가가 움직여준다면 궁극적으로는 더 싸게 사는 결과로 이어질 수도 있습니다.

분할매수는 대개 3번 나누어서 사는 것이 이상적입니다. 예상 저점이라고 생각되는 구간을 전후로 해서 3번 나누어서 사들어가면 거의 저점을 맞추게 됩니다. 문제는 장이 계속 급락으로 이어지는 경우인데, 이런 때는 물타기와 동일한 결과가 초래되어 저점 매수는 고사하고 소위 물리는 경우가 발생하게 됩니다. 팔고 나와야 하는데 오히려 추가 매수한 꼴이 된다는 이야기입니다.

단, 주문에 서툰 초보 투자자라면 분할매수를 2회로 줄이는 것이 좋습니다. 과도한 분할매수는 초보자의 경우 집중력을 잃게 만들고 실수를 유발시키는 요인이 될 수 있기 때문입니다. 제 경험상으로 2회 정도면 가장 성공 확률이 높으면서도 트레이더에게도 별 무리가 없다고 봅니다.

철저하게 지수의 상승 전환을 확인하고, 매매 대상 종목을 재료가 있거나 메이저가 매집하는 종목으로 압축하기 바랍니다. 이 두 가지를 지키는 트레이더라면 주식을 싸게 사기 위한 방법으로 분할매수를 따라갈 전략이 없습니다.

> **Tip 성공적인 분할매수**
>
> ① 하락 추세일 경우: 먼저 하락 추세를 계산해야 합니다. 1단 하락은 아직 저점과는 거리가 있습니다. 최소한 지수의 2단 하락은 나타나야 예상 저점에 근접하게 됩니다. 하지만 2단 하락 후 반등 폭이 커서 눌림목이 뚜렷하게 나타날 정도면 저점 매수 타이밍은 놓쳤다고 봐야 합니다. 분할매수로 접근하는 트레이더는 2단 하락 후 지수가 멈추면 이미 물량을 잡아가야 합니다.
> ② 상승 추세일 경우: 이때는 지수의 단기 조정 구간을 노려야 합니다. 대부분의 상승장은 조정이 있기 마련입니다. 이런 날은 눌림목을 분할매수 구간으로 삼아야 합니다. 코스피지수를 기준으로 흔히 나타나는 저점 매수 상황은 1차 상승하던 지수가 시초가까지 밀렸다가 재반등하는 시점입니다. 단, 2차 매수 시점에서는 1차 매수 가격보다 낮게 잡는 것이 좋습니다.

분할매도로 이익을 극대화하라

저는 분할매도를 강조할 때 주로 '로켓이론'을 예로 듭니다. 인공위성은 발사되기 직전 위성 무게의 수십 배에 달하는 연료통을 달고 있습니다. 하지만 연료통을 하나씩 버리면서 빠른 속도로 대기권을 벗어나게 됩니다. 그런데 만약 인공위성이 꼬리에 붙은 연료통을 버리지 않는다면 어떻게 될까요? 아마도 무거운 덩치로 인해서 대기권을 벗어나기도 전에 추락하고 말 것입니다.

주식투자도 이와 크게 다르지 않습니다. 급등주를 온전히 먹기 위해서는 로켓처럼 무거운 꼬리를 조금씩 떼어내면서 끝까지 들고 가야 합니다.

주가 급등에 따른 차익 실현 욕구를 물량을 조금씩 줄여 차익을 챙기면서 해소하는 것입니다. 손실이 발생한 경우에는 전량 매도를 하는 것이 정석이지만, 이익이 난 경우에는 무조건 나누어 팔아야 합니다.

대부분 개인투자자들의 매도 타이밍은 정말 빠릅니다. 특히 이익 구간에서 그러한 경향은 더욱 두드러집니다. 실제로 트레이딩을 하다 보면 작은 이익이라도 챙겨야겠다는 생각이 들 때가 많습니다. 문제는 작게 수익이 나다가도 크게 잃는 경우가 너무 많다는 것입니다. 데이트레이더로서 수익을 빠르게 확정하는 것도 중요하지만, 수익이 나는 종목을 너무 빨리 매도해서는 결코 시장에서 승리할 수 없습니다.

+2%씩 4번 수익이 났다고 해도 단 한 번의 실수로 -10% 손실을 입게 되면 결국은 -2%의 손실을 안게 됩니다. 승부를 내야 할 종목에서는 과감하게 홀딩하여 수익을 극대화시키는 전략이 좋습니다. 그러기 위해서는 분할매도하여 수익을 조금씩 확정하는 전략을 구사해야 합니다. 나누어서 이익을 실현하다 보면 나머지 물량을 끝까지 들고 갈 수 있는 배포도 생기니까요.

조금 먹고 많이 깨지는 고질적인 문제에 대한 해답도 분할매도 전략에 있습니다. 당장 내일부터라도 보유 종목에 이익이 생기고 5일선이 위태로우면 무조건 50%만 나누어서 이익을 챙겨보세요. 보유 물량이 줄어들면서 불안했던 심리가 한결 여유로워질 것입니다.

거듭 강조하지만 여러분의 계좌에는 이익을 크게 주는 종목의 일부 물량이 반드시 남아 있어야 합니다. 데이트레이딩으로 접근하더라도 수익이 나면 자연스럽게 스윙트레이딩으로 전환해야 합니다. 성공적인 트레이더들은 모두 이와 같은 방법을 구사합니다. 이익을 짧게 확정지어서는 절대 큰 수익을 기대하기 어렵기 때문입니다.

단, 분할매도 횟수는 통상 2~3회가 적당하지만 전문 트레이더라면 5~10회도 무방합니다. 이때 한 가지 명심해야 할 점은 이익을 실현하는 경우 분할매도를 해야 하지만, 손해가 난 경우에는 전량 매도로 완전하게 끊어줘야 한다는 사실입니다.

> **Tip** 분할매도의 여섯 가지 원칙(데이 관점에서)
>
> 하나, 관련 테마나 업종의 대장이 꺾였을 때
> 둘, 코스피지수가 꺾였을 때
> 셋, 메이저들의 매물이 나왔을 때
> 넷, 상승 탄력이 떨어지면서 고점 대비 3% 정도 밀렸을 때
> 다섯, 5일선을 이탈했을 때
> 여섯, 3~5% 이익이 났을 때 분할매도도 한다.

Section 02

평생사부의
성공 습관 배우기

평생사부 세 권의 노트 정리법

주식투자를 하면서 주식시장에 관해 기록하는 사람은 많지 않습니다. 필자는 그날 장이 끝나면 항상 책상 한켠을 차지하고 있는 세 권의 노트를 작성합니다. 세 권의 노트는 각각 매매 일지, 종목 정보, 기법이나 투자철학에 관한 것입니다. 바둑을 끝마치고 복기하듯이 장이 끝난 후 매매 노트를 작성하면서 당일의 매매와 시황을 되돌아보는 시간을 갖는 것이지요.

시황 노트

당일의 시장 상황을 정리하는 노트입니다. 각종 지표(지수, 수급, 환율, 글로벌 증시 등)를 정리하면서 전체 시장의 흐름을 정확하게 파악할 수 있습니다. 세 권의 노트 중 가장 기본이 되는 내용이니만큼 꼼꼼하게 빠짐없이 작성하는 습관을 키우기 바랍니다.

- 장 전 메모 사례

⟨해외 증시 마감⟩
미　　국: 다우 +1.2%, 나스닥 +1.7%
유　　럽: 독일 +1.5%, 영국 +2.5%, 프랑스 +1.3%
역외환율: -7원 하락
야간선물: +1.3% 상승
나스닥 선물 선행지수(실시간): +5.7p(+0.2%)

⟨장전 전략⟩
신규 매수 자제, 보유 종목 Hold 혹은 매도 후 재매수
매매 대상: 주도주, 경기 민감주

- 장 마감 후 메모 사례

⟨지수 마감⟩
거래소: 2,300p(+1.3%)　　　일본: 8,790p(+0.7%)
코스닥: 570p(+1.5%)　　　　중국: 2,170P(+0.3%)

원달러 환율: -4.50원 하락
나스닥 선물 선행지수(실시간): +43.6p(+1.0%)

⟨수급 동향⟩
거래소: 개인 +1,300억 원, 외국인 +2,700억 원, 기관 +2,500억 원

코스닥: 개인 +570억 원, 외국인 +630억 원, 기관 +530억 원
선 물: 개인 +370 계약, 외국인 +430 계약, 기관 +264 계약

〈상한가 개수〉
거래소 상한가 개수: 7개(전일 5개)
코스닥 상한가 개수: 17개(전일 15개)

※ 시황 메모
1. 다음주 초 FOMC 회의 '3차 양적 완화 발언 여부에 주목'
2. 미 주간실업수당 청구건수 발표(예상치: 27,000건 줄어든 35만 건)

🌀 종목 정보 노트

종목 정보를 메모하는 노트입니다. 당일 이슈 종목과 테마를 분석하여 주도 업종 및 테마, 종목 등을 파악할 수 있습니다. 급등주 포착과 테마들의 빠른 순환매를 따라잡기 위해서 꼭 필요한 노트입니다. 특히 최근 주도 테마는 관련 종목을 전부 암기하여 짝짓기 매매가 가능할 수 있도록 대비해야 합니다.

〈테마 쪽집게!〉
1등 테마: 모바일 게임, 2등 테마: 중국 소비주, 3등 테마: 스마트폰 부품

〈테마 족집게!!〉
1등 테마: 바이오, 2등 테마: 화장품, 3등 테마: 일자리

〈테마 분석〉
- 애니팡, 캔디팡 등 소셜네트워크게임(SNG) 돌풍
- 정치 테마 금융당국 조사 강화 소식에 급락(안철수, 문재인, 박근혜)

- -

〈종목 분석〉
1. 액토즈소프트
- 중국 모바일 게임시장 성장 수혜주로 주목받으며 상한가
- 온라인 게임 개발 및 서비스업체, 대표작 '미르의 전설'

2. 동일벨트
- 최대주주 김세연 새누리당 의원, 여의도 연구소장 내정설에 상한가
- 산업용과 자동차용 고무제품 생산업체
- 2차전지 만드는 자회사(TIG 지분 82% 보유) 때문에 2차전지 관련주로 분류

🌐 기법 및 투자철학 노트

매매 기법과 철학, 차트 패턴(당일 특이 패턴)을 정리하는 노트입니다. 투자자 본인만의 매매 규칙을 정립하고 수익모델을 확보하기 위해서 수

시로 메모하고 오랫동안 보관해야 하는 노트입니다. 만약 수많은 투자 경험과 철학이 정리되어 있지 않고 머릿속에서만 맴돌고 있다면 어떻게 될까요? 투자 경력과는 무관하게 원칙 없는 매수와 매도를 반복하게 될 것입니다. 그런 의미에서 세 권의 노트 중에서 가장 중요하다고 할 수 있습니다.

투자 확률을 높이는 열 가지 방법

하나, 최근 트렌드, 이슈가 겹치는 종목만 공략할 것

둘, 차트 급소를 통과하는 종목만 공략할 것

셋, 지수 떨어질 때 매수하지 말고, 지수 올라갈 때 매도하지 말 것

넷, 메이저(외국인, 기관)가 살 때 팔지 말고, 팔 때 사지 말 것

다섯, 강한 종목, 주도주만 공략할 것

여섯, 최대한 많이 나눠서 사고, 나눠서 팔 것

일곱, 오전 11시~오후 2시 사이에는 신규 매수 금지할 것

여덟, 미수 신용 절대 쓰지 말고, 여유 자금으로 할 것

아홉, 손실은 즉각, 이익은 최대한 길게 끌고 갈 것

열, 하락장엔 주식 비중 30% 미만, 강세장엔 70% 이상 유지할 것

- 주도주 매매 메모 사례

주도주(2~3종목) →   여유자금   ① 영업이익 증가
급등주(1~2종목)   (주도주 매매) ② 기관이 매집(메이저)
                                  ③ 20일 이평선 돌파

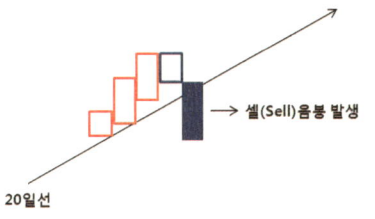

보유 종목에 20일선이
무너지는 셀(Sell)음봉이
발생하면 반드시 다른
주도주로 교체 매매할 것!

- 상한가 매매 메모 사례

상한가 매매 (금감원의 상한가 굳히기 감시·감독으로 손절매 3% 엄수)
- 오전 9시 30분 이전 첫 상한가 종목
- 최근 5일간 첫상 진입 종목
- 갭상승 2% 이상 출발한 종목 유리
- 거래량은 적을수록, 상한가 잔량은 많을수록 유리
- 시가총액 2,000억 원 미만
- 현재가 10,000원 미만

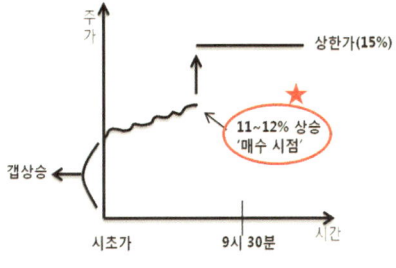

상한가 진입시,
상한가 잔량을 기준으로
① 잔량 50% 이상 유지시 홀딩
② 잔량 10% 미만으로 급감시
   상한가에 이익 실현

그밖에도 증권거래소와 금감원의 규제 및 제도 변경사항을 점검합니다. 예를 들면, 점상으로 출발하는 종목의 물량을 잡기 위해 동시호가에 다수의 분할주문을 넣으려는 경우, 분할주문 횟수가 많으면(보통 10회 이상) 불공정 거래로 금감원의 경고 혹은 감시 대상이 될 수 있음을 주의해야 합니다.

세 권의 노트를 작성한다는 것은 그날 하루의 장을 되새겨본다는 의미도 있지만, 내일 장을 다시 시작하기 위한 준비의 의미도 있습니다. 꼼꼼히 메모하는 습관으로 본인의 문제점을 발견하고 같은 실수를 반복하지 않도록 매일 대응책을 세우기 바랍니다.

계좌 나누어 관리하기

필자는 투자자들을 대상으로 강연을 할 때 계좌를 두 개로 나누어 관리하라는 말을 자주 합니다. 데이 계좌와 스윙 계좌를 분리해 따로 관리하여 어느 한쪽에 치우치지 않게 하기 위한 것입니다. 계좌를 별도로 관리하지 않을 경우에는 감당해야 할 리스크가 커지고, 시장의 큰 흐름을 놓칠 가능성도 커집니다. 투자금을 데이 계좌와 스윙 계좌에 절반씩 나누어 매매함으로써 물량이 어느 한쪽으로만 치우치지 않도록 항상 신경써야 합니다.

데이트레이딩은 하루에 다루는 종목 수를 1~2종목 정도로 유지하는 것이 이상적입니다. 데이트레이딩은 고도의 집중력을 요하기 때문에 동시에 많은 종목을 다루지 않는 것이 좋습니다. 종목 수가 늘어나면 집중력이 떨어질 뿐 아니라 이익과 손실이 상쇄되기 때문입니다. 신속히 주문을 정정하고 취소하는 일이 사실상 불가능하게 되어 경쟁력을 잃게 됩니다.

가장 큰 문제는 데이트레이딩만으로는 안정적인 수익을 내기 힘들다는 사실입니다. 따라서 투자금의 50%는 스윙매매를 하는 데 이용합니다. 기본적으로 일주일이든 한 달이든 꾸준하게 갖고 갈 수 있는 스윙 종목을 계좌에 담아놓고, 나머지 50%의 현금을 이용해서 트레이딩하는 것이 좋습니다.

스윙트레이딩에서는 보유 종목 수는 동시에 세 종목 정도가 적당하며, 최대 다섯 종목을 넘지 않는 것이 좋습니다. 주로 종가에 교체매매를 하기 때문에 개장 시점을 전후해서 집중적으로 거래하는데, 이에 비해 거래는 급박하지 않습니다. 거래 기준도 주로 일봉차트와 메이저 동향을 참조하며, 데이트레이딩에서처럼 현재가를 통한 체결의 강도는 크게 고려하지 않습니다. 종목 수가 다소 많더라도 다섯 종목을 넘지 않는다면 거래에는 전혀 문제가 없습니다. 한두 종목에 올인하는 것보다는 서너 종목 정도 적정하게 포트폴리오를 구성하는 것이 리스크 예방은 물론 주도주를 놓치지 않는 비결입니다.

데이트레이딩과의 가장 큰 차이점은 스윙매매는 손절이든 이익 실현이든 교체매매 전까지 주식을 보유하고 있어야 한다는 점입니다. 매도와 매수를 한 세트로 동시에 진행해야 하는 것입니다. 결론적으로 주식을 현금화하기보다는 교체매매 대상을 찾는 데 주력해야 합니다. 물론 시장 상황이 급격히 나빠질 경우에는 주식을 보유하기가 쉽지 않습니다. 이런 특수한 경우를 제외하고는 스윙트레이더의 계좌는 현금이 아닌 주식으로 채워져야 한다는 사실을 잊지 말기 바랍니다.

4원소(차트, 가치, 수급, 재료) 매매 전략

종목을 분석할 때 우선적으로 살펴야 할 내용이 있습니다. 바로 4원소를 비교하는 일입니다. 4원소란 필자가 정한 종목 분석 기준인데 차트, 가치, 수급, 재료를 말합니다. 특정 지표나 기준에 치우치지 않고 이들 4개의 기준을 동시에 적용해서 매매 확률을 높이기 위한 것입니다. 이 네 가지가 모두 충족되었을 때 진정한 주도주, 급등주가 탄생합니다.

예를 들어, 기술적으로는 20일선 눌림목 구간에서 차트 급소를 보여주는 종목이 기업 내부적으로 수년간 적자를 기록 중이고, 관리종목에 메이저(외국인, 기관)의 수급이 이탈되고 있다면 과연 투자 대상으로 적합할까요? 만약 이런 종목에 투자했다면, 과거 성융광전투자(2012년 9월 상장 폐지)처럼 갑작스런 급락에 큰 손실을 입을 수 있고, 심지어는 상장 폐지를 당할 수도 있습니다.

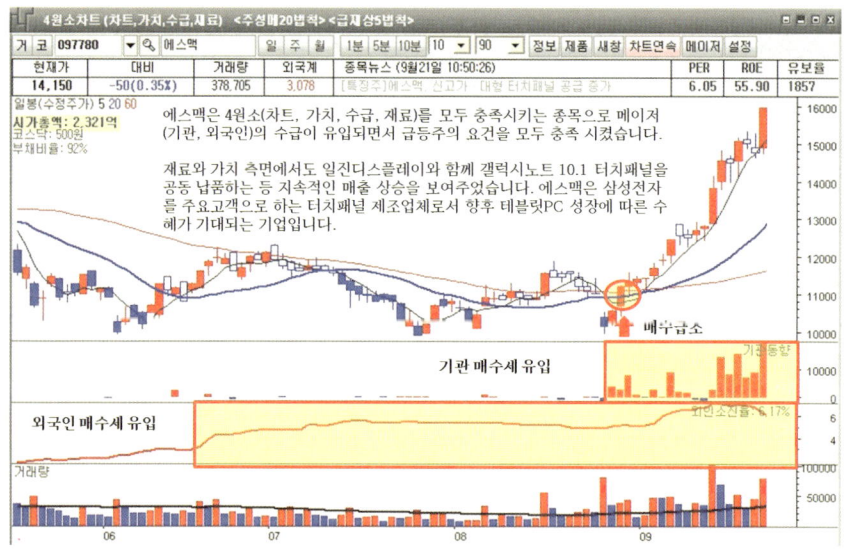

[차트11-3] 에스맥 일봉차트(2012년)

[차트 11-3] 에스맥의 경우처럼 4원소(차트, 가치, 수급, 재료)를 모두 충족시키는 종목은 단기적인 강세는 물론 중장기적으로도 우상향의 추세를 보이게 됩니다. 성장가치가 높은 데다가 기관 수급이 붙었고 20일선, 60일선을 계단식으로 타고 가는데, 떨어질 이유가 없는 것입니다.

4원소 중에서도 특히 영업이익에 주목할 필요가 있습니다. 매 분기 영업이익이 증가하면서 매출액 대비 영업이익이 10% 이상 되는 기업이 메이저(기관, 외국인)들의 매매 대상입니다. 물론 성장가치가 탁월해도 수급이 따라주지 않는다면 그 기업은 단기적으로는 시장에서 소외당할 수밖에 없습니다. 주가가 오랫동안 강세 흐름을 유지하기 위해서는 기관과 외국인 같은 메이저들의 지속적인 매집이 있어야 하니까요. 특히 중소형주의 경우 기관 수급의 영향을 가장 많이 받기 때문에 개인투자자들은 기관의 동향을 반드시 챙겨야만 합니다.

4원소 매매에서 재료란 그 종목이 가지고 있는 이슈, 즉 실적 호전, 계약 체결, M&A 등 주가 상승에 영향을 줄 만한 요소를 말합니다. 특히 급등주 매매의 경우 재료가 차지하는 비중은 차트, 가치, 수급을 합친 비중보다도 큽니다. 최초 재료, 지분 변동, 정책 이슈와 같이 재료의 크기가 초대형인 경우 다른 요소들은 배제해도 좋을 만큼 재료의 영향력은 막강해집니다.

> **Tip 재료만으로 승부할 때는 데이트레이딩!**
>
> 대선 테마, 정부정책 등 재료만으로 승부를 걸 때는 무조건 데이트레이딩 관점에서 접근해야 하며, 손절(3% 손절, 시초가 이탈시 매도)과 이익 실현(윗꼬리 5%, 통통한 양봉이었다면 시초가 이탈시 매도)에 있어 그 어떤 매매보다 기민하고 과감해야 합니다.

Section 03

평생사부의 하루

개장 전 체크 포인트

저는 아침에 일어나면 가장 먼저 미국과 유럽 증시 상황을 체크합니다. 특히 미국 시장은 국내 시장과의 상관성이 높아 다우지수의 상승 또는 하락 원인을 꼼꼼히 살핍니다.

만약에 미국 연방준비제도이사회(FRB) 의장이 경기 부양을 위해 추가 양적완화 정책을 펼친다고 발표했다면 미국은 물론 국내 증시도 강하게 상승하게 될 것입니다. 매도 후 재매수 전략을 세워야겠지요. 반대의 경우, 유로존 재정 문제로 인해 특정 국가가 디폴트(국가 부도)를 선언했다면 글로벌 증시는 한동안 충격에 휩싸여 급락을 피할 수 없을 것입니다. 반등시 물량을 축소해야겠지요.

미국 증시가 전강후약이었는지 전약후강이었는지도 국내 증시의 흐름을 예측하는 데 있어 중요합니다. 미국 증시가 전강후약의 모습을 보였다면 장 막판에 악재 또는 차익매물이 출회한 것으로, 상승으로 마감했더라도 국내 시장에 좋을 것이 없습니다. 반면 전약후강의 모습을 보이는 경우는 시장이 약세로 마감했더라도 장 막판에 호재나 저가 매수세가 유입되었다고 해석할 수 있습니다. 국내 시장은 강세로 출발할 가능성이 매우 높게 됩니다.

다음으로 미국 증시의 상승 업종과 하락 업종을 살핍니다. 만약 미국의 대표적인 소셜 게임업체인 Zynga가 강한 흐름을 보였다면, 금일 국내 모바일 게임업체인 컴투스나 위메이드, 게임빌을 관심 종목으로 편입해놓고 저점을 잡기 위해 노력합니다.

그밖에도 필라델피아 반도체 지수, 유가, NDF역외환율, 야간 선물 등 간밤에 일어난 국제 동향이나 지표, 기업 정보 등을 꼼꼼히 살펴야 합니다. 필라델피아 반도체 지수는 삼성전자의 시초가 형성에 중요한 실마리를 제공하므로 지수와 연관성이 높습니다. 유가는 화학업종, 특히 정유업종에 영향을 줍니다. 그리고 NDF역외환율이 하락하거나 야간 선물이 상승하면 외국계 자금이 유입될 가능성이 높아 금일 시장의 강세 출발을 예상할 수 있습니다.

마지막으로 야간에 일어난 국제 동향이나 기업 정보, 공시 등을 큰 타이틀 위주로 빠르게 훑어봤다면, 다음에는 국내 기업들을 살펴야 합니다. 전일 장 마감 후 호재성 기사가 뜬 종목은 차트를 통해 주가 반영 여부를 확인하고, 만약 반영되지 않았다면 동시호가부터 물량 이동 상황을 면밀히 관찰하여 투자 여부를 결정합니다. 그리고 다음과 같이 개장 전에 미리 시나리오를 작성합니다.

> **시나리오 매매**
>
> 첫째, 만약 미 증시가 급락하면 장 초반 투매에 동참하지 말고 반등 시 매도한다.
>
> 둘째, 만약 미 증시가 급등하면 장 초반 매도한 후 장중 저점에 재매수한다.
>
> 셋째, 만약 원달러 환율이 하락하고 외국인의 수급이 유입되면 매수로 대응한다.
>
> 넷째, 만약 원달러 환율이 상승하고 외국인의 수급이 이탈하면 매도로 대응한다.

필자의 다년간 경험에 비추어보면 시장에서는 즉흥적인 대응보다는 위와 같이 잘 짜여진 각본대로 움직였을 때 더욱 결과가 좋습니다. 수익률은 물론이고 거래 시간이 단축되며, 특히 각본대로 거래하기 때문에 시장 변동성에 따른 스트레스가 대폭 줄어드는 것이 가장 큰 장점입니다. 평소 스트레스에 민감한 투자자라면 위와 같이 시나리오를 짜서 거래할 것을 권합니다.

동시호가 체크 포인트

동시호가 주문은 일반적으로 시가와 종가를 체결할 때 사용하는 방법입니다. 특정 시간대의 주문을 '같은 시각'에 낸 주문으로 처리하는 호가 주문 방식입니다. 동시호가 매매 방식이 적용되는 시간은 당일 시가가 결정되는 오전 9시(8:00~9:00)와 종가가 결정되는 오후 3시(14:50~15:00)입니다.

실제 주문이 체결되는 오전 9시와 오후 3시 전까지는 수많은 허매수와 허매도가 활개치기 시작합니다. 예를 들면, 허매수 물량으로 10만 주를 넣어 동시호가의 예상 체결가를 높인 뒤 개미들이 꼬이기 시작하면 체결되는 시점(오전 9시, 오후 3시)에서 10만 주를 빼버리는 방식입니다. 그런 사실을 알 리 없는 개미들은 동시호가상의 매수 물량만 보고 들어갔다가 시초가에 물리고 마는 것입니다. 허매도는 그 반대로 생각하면 됩니다.

따라서 동시호가를 분석하기 위해서는 시점별 잔량 비율의 변동성을 꼼꼼하게 따져봐야 합니다. 정확한 시간을 말하기는 어렵지만 오전 8시 30분까지는 허수성 물량으로, 8시 50분 이후는 매수·매도 의사가 분명한 실제 물량으로 간주할 수 있습니다. 간혹 급등주의 경우에는 8시 59분이 넘어서 갑자기 물량을 넣거나 빼는 경우가 있으므로 마지막까지 긴장을 늦춰서는 안됩니다.

동시호가 잔량 분석시 가장 중요한 것은 매수·매도 잔량 비율이 아니라 시점별 잔량 비율의 변동입니다. 일단 잔량 분석은 10분 룰을 적용해서 8시 10분까지는 허수성 물량으로, 8시 50분 이후는 매수·매도 의사가 분명한 실제 물량으로 간주할 수 있습니다.

전일 일봉이 장대양봉이거나 종가 무렵에 끌어올린 양봉망치형의 종목이 있다고 가정할 때, 금일 동시호가 8시 10분경에 해당 종목의 매수 잔량이 매도 잔량 대비 5배가 많은 상태에서 8시 50분 이후 매도 물량의 지속 출회로 매수 비율이 2배 미만으로 감소했다면 장 막판의 매도 물량에 높은 점수를 주고 8시 59분에라도 빠져나오는 것이 좋습니다. 8시 초반에 허매수 개입은 충분히 예상할 수 있으며 결국 시초가가 최고가일 가능성이 높습니다.

반대의 경우를 생각해봅시다. 동시호가 시작부터 지속적으로 증가하던 매도 잔량이 8시 30분 이후 서서히 감소하고 동시호가 마감 10분 전부터는 오히려 매수세가 증가하고 있다면, 전일 의도적인 눌림을 받은 종목이거나 연속 급락주의 경우 허매도 세력의 개입을 예상하고 적극적으로 매수에 가담해야 합니다.

이때 주의할 점은 잔량 분석시에는 자신의 관심 종목뿐 아니라 업종 대표주들의 잔량 변화도 함께 관찰해야 한다는 것입니다. 지수 및 업종 대표주들의 잔량 변화를 파악함으로써 지수 및 업종의 방향성을 어느 정도 예측할 수 있습니다. 만약 약세장일 가능성이 높다면 지수가 갭상승하더라도 동시호가 매수는 자제해야 합니다. 개장과 동시에 지수가 조정을 받게 되면 그에 따른 하락을 고스란히 떠안아야 하기 때문입니다.

장중 체크 포인트

자, 이제 본격적으로 장이 시작되었습니다. 장이 시작되면 바로 외국계 창구가 매수·매도하는 업종과 종목을 파악해야 합니다. 또한 상한가 종목 등 급등주를 파악하여 당일 주도 테마와 이슈 종목을 체크합니다.

개장 10분 후부터는 외국인과 기관의 포지션에 촉각을 곤두세워야 합니다. 거래소, 코스닥, 선물에 대한 그들의 포지션을 수시로 체크하면서 매도 쪽인지 매수 쪽인지를 파악합니다. 특히 포지션 전환 시점에 관심을 기울입니다. 그중에서도 외국인 포지션과 함께 선물 및 지수차트의 방향성

여부 및 일본과 중국 증시, 나스닥 선물지수의 흐름도 파악합니다. 이런 큰 지표를 통해 매수·매도 포지션을 잡아내고, 장세 흐름에 따른 포지션 유지 및 변경을 수시로 할 수 있어야 합니다.

대부분의 급등주 및 상한가 매매는 장 초반(9:00~10:00)에 이루어지므로 10시 이후에는 이슈 종목과 시장 상황을 분석하면서 관망하거나 종가매매 대상을 찾아두는 것이 좋습니다. 종가매매는 2시 30분 이후를 기점으로 종목을 선별한 후 매매합니다. 만약 현·선물 지수나 나스닥선물이 하락 추세를 보이고 있다면 하락세가 진정되는 것을 확인하고 종가매매를 시도해야 합니다.

그 외에도 장중에는 상·하한가 종목과 증감 여부, 특정 창구 매집 종목, 전일 거래량 갱신 종목, 외국인 매집 종목, 거래량 급감 종목, 전일 고점 돌파 종목, 전 업종지수, 환율, 프로그램 매매, 이슈 재료 등을 지속적으로 체크해야 합니다. 요즘에는 HTS에 개별 기업의 주식 담당 연락처가 기재되어 있으므로 루머나 실적 등을 직접 확인할 수도 있습니다. 그리고 앞서 언급한 시나리오 매매는 장중 혹은 종가에 적용하는 것이 좋습니다.

시나리오 매매 기본구도

① 만약 나스닥 선물이 +10P 이상이고, 종가 무렵에 분차트 흐름이 상승하면 홀딩한다.

② 만약 양봉이 밀집한 종목이 발견되면 아침 동시호가에 매수한 후 종가에 판다.

③ 만약 장대양봉의 종목을 발견하면 공략하지 말고, 둘째날 음봉을 노려 공략한다.

④ 만약 보유 종목이 20일선을 이탈하면 무슨 일이 있어도 매도한다.
⑤ 만약 보유 종목의 주포(외국인, 기관)가 매도하면 함께 매도한다.

실전에서는 위와 같은 각본을 짜서 거래하는 것이 좋습니다. 항상 '만약'이라는 가정 하에 미리 대응책을 만든 후 거래하기 때문에 거래가 규칙적이고 심리적으로 안정된 상태에서 매매를 유지할 수 있습니다. 이런 사소한 차이를 바탕으로 투자자의 매매 승률은 크게 차이가 납니다.

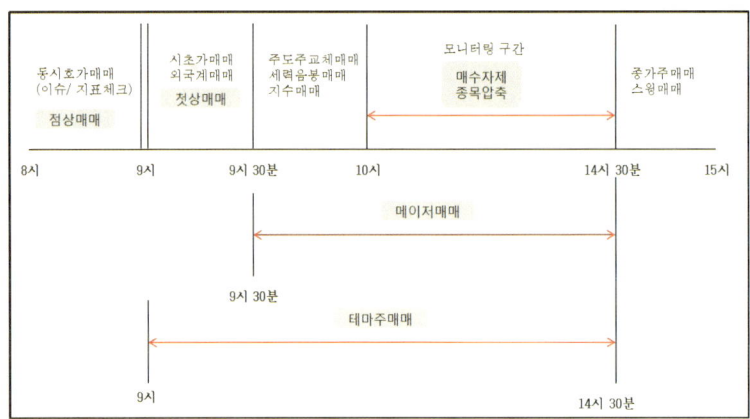

[그림11-1] 시점별 트레이딩 스케줄표

시나리오 매매를 통해 트레이더는 장세와 무관하게 수익을 올릴 수 있는 자신만의 전략과 기법을 확립해야 합니다. 통상 강세장에서는 급등주 매매와 주도주 매매, 약세장과 횡보장에서는 재료 매매나 메이저(외국인, 기관) 따라잡기를 구사하는 게 효과적입니다. 여기에 철저한 시나리오까지 뒷받침된다면 승률은 크게 향상됩니다.

〔그림 11-1〕의 스케줄표에서 특히 주목해야 할 구간은 오전 10시부터 오후 2시 30분 사이의 매수 자제 구간입니다. 통상 스윙매매는 오후 2시 30분 이후를 노려야 하며, 나머지는 대부분 데이트레이딩 구간입니다. 이런 시나리오 구축 없이 매매를 하다 보면 매수 자제 구간에서 매수 욕구를 참지 못하고 호가가 움직일 때 덥석 매수하는 경우가 발생합니다.

만약 오버나잇을 목적으로 매수했다면 장중 변동성에 무방비 상태로 노출될 수 있습니다. 스윙매매 구간을 오후 2시 30분 이후로 잡는 것은 지수 및 종목의 방향성이 어느 정도 정해져서 큰 변동성이 나타날 확률이 적기 때문입니다. 실제로 세력들은 장중 변동성을 피해 시초가나 종가를 노리는 경향이 많습니다. 무의미한 거래로 손실을 키우기보다는 매수 자제 구간에서는 '현금도 주식'이라는 생각으로 주식 매수를 최대한 자제하는 것이 좋습니다.

장 마감 후 체크 포인트

장이 마감하면 반드시 그날 시황을 체크하고 내일 장을 대비하는 시간을 가져야 합니다. 주요 체크 항목에는 코스피·코스닥·선물 마감지수와 당일 호재 및 악재, 외국인 및 기관의 포지션 현황 및 매매 상위 종목, 상·하한가 종목, 상승·하락 종목 수 변동, 고객 예탁금 변동 등이 있습니다. 반드시 시황 노트에 기록하여 다음날 투자에 참조해야 합니다(세 권의 노트 참조).

기초 항목의 분석을 마치면 차트 분석을 통해 다음날 다룰 종목을 검색해야 합니다. 이때는 HTS의 '조건 검색' 기능을 활용하면 시간을 크게 절

약할 수 있습니다. 나의 차트 검색 조건, 일명 사부필터의 조건은 다음과 같습니다.

첫째, 전일 대비 거래량 50% 증가한 종목
둘째, 양음양 패턴을 보이는 종목(단, 정배열의 모습을 보이는 종목에 한함)
셋째, 5% 전후 양봉과 역망치형 탄생 종목
넷째, 5일선, 20일선 상승 종목
다섯째, 20일선 눌림목 종목
여섯째, 20일선과 60일선을 돌파했거나 임박한 종목

위 조건에 해당하는 종목을 선별한 뒤 아래의 조건에 부합하는 종목을 다시 한 번 걸러냅니다.

'현재가 500원 이상, 당일 거래량 30,000주 이상'
'5일 평균 거래량 30,000주 이상, 5일 평균 거래 대금 3억 원 이상'
'시가총액 100억~10,000억 원'

위와 같은 방식을 통해 검색된 종목 수는 대략 200~300개 정도이며, 이들을 다시 열 종목으로 압축하는 데 소요되는 시간은 대략 두 시간 정도입니다. 별도로 관심 종목군을 선별하여 내일 다룰 종목으로 최종 압축한 후 이들 종목의 차트는 통째로 암기하기 바랍니다. 통차트 암기는 향후 비슷한 패턴이 나왔을 때 누구보다 빠르게 대응할 수 있는 기준이 됩니다.

에필로그

정보의 달인이 되자

역사적으로 정보를 가장 잘 활용한 위인 중 하나로 제갈공명을 들 수 있습니다. 그의 일화 중 '적벽대전'은 정보와 전략적인 측면에서 어느 것 하나 모자람이 없습니다. 적벽대전은 중국 삼국시대에 압도적인 군사력을 자랑하는 조조에게 대항해 손권과 유비가 연합하여 양자강에서 벌인 대규모 전투입니다.

형주를 장악한 조조는 100만 대군을 이끌고 적벽에서 손권과 유비 연합군과 대치하게 됩니다. 당시 손권과 유비의 연합군은 그 수가 조조 100만 대군에 비해 턱없이 모자랐습니다. 하지만 물에서의 싸움에 익숙하지 않은 조조의 군사들은 역병과 뱃멀미에 시달렸고, 이 사실을 안 손권과 유비 연합군은 방통을 이용해 연환계를 쓰게 됩니다.

방통은 조조를 찾아가 뱃멀미에 대한 대책으로 배들을 쇠사슬로 엮는 방법을 제안합니다. 실제로 배들 간에 이동이 쉽고 흔들림이 없어서 뱃멀미가 사라지자 조조는 크게 기뻐합니다. 하지만 손권과 유비 연합군은 쇠사슬로 묶인 조조의 군선을 불로 공격합니다. 편리한 이동성과 뱃멀미를 위해 묶어두었던 쇠사슬은 불이 나자 오히려 조조의 군선이 흩어져 탈출하는 데 걸림돌로 작용합니다. 결국 조조는 관우에게 목숨을 구걸하여 탈출하는 수모를 겪게 됩니다.

적벽대전의 경우처럼 잘못된 정보는 치명적인 실수로 이어질 수 있습니다. 반대로 정확한 정보를 토대로 전략을 수립하고 실행해나간다면 승리에 한 발짝 더 가까이 다가갈 수 있습니다. 주식시장도 이와 크게 다르지 않습니다. 특정 종목의 정보와 관련 종목을 암기하고 있다면, 재료 및 짝짓기 매매를 할 경우에 보다 유리한 위치에 설 수 있습니다.

2012년 9월, 소셜네트워크게임(SNG) 시장에 혁신이 일어났습니다. 그 주인공은 바로 '애니팡' 인데, 출시 50일 만에 1,500만 명이 다운로드하며 큰 인기를 끌었습니다. 애니팡이 성공할 수 있었던 가장 큰 이유는 6,000만 명(2012년 9월 기준)의 가입자를 보유한 카카오톡의 광범위한 사용자층 때문입니다. 대한민국 국민 다섯 명 중 한 명이 매일 애니팡 게임을 즐긴다고 하니, 더 이상의 설명은 필요 없을 듯합니다.

일 매출 2억 원 이상을 올리는 애니팡의 놀라운 실적은 관련 기업들의 주가 상승으로 이어졌습니다. 애니팡의 개발사인 선데이토즈와 서비스 제휴협약을 맺은 와이디온라인의 주가는 2012년 9월 2천 원 대에 머물렀지만, 불과 한 달 만에 300% 이상 급등했습니다. 뒤이어 캔디팡(조이맥스, 위메이드), 보석팡(바른손게임즈) 등 후속 게임들이 잇따라 히트를 치면서 소셜네트워크게임 시장은 투자자들이 가장 선호하는 테마가 되었습니다.

애니팡이 2012년 소셜네트워크게임 시장을 이끌었다면, 엔터테인먼트 시장은 가수 '싸이' 가 선도했습니다. 싸이의 '강남스타일' 유튜브 조회 수는 4억 건(2012년 10월 기준)을 돌파하며 연일 신기록을 갈아치우고 있습니다. 게다가 세계적으로 권위 있는 미국의 빌보드 차트 2위에 오르는 기염을 토하기도 했습니다.

이에 소속사인 와이지엔터테인먼트의 주가는 2012년 9월 중순 6만 원대에서 10월 초 10만 원대를 돌파하며 시가총액 1조 원대에 진입했습니다. 특히 가수 싸이의 아버지가 대주주로 있는 디아이의 주가는 2012년 9월 2천 원대였지만 10월에는 1만 원대에 육박하기도 했습니다. 만약 싸이가 빌보드 차트 1위를 차지했다면, 이들 종목의 주가 상승폭은 우리의 예상을 훨씬 뛰어넘었을 수도 있습니다.

만약 여러분이 '애니팡'과 가수 '싸이'에 조금만 더 관심을 가졌다면 어땠을까요? 적어도 트레이더라면 애니팡의 흥행에서 캔디팡과 보석팡의 돌풍을 예측할 수 있어야 했습니다. 그리고 가수 싸이의 '강남스타일'이 해외 시장에서 폭발적인 반응을 보일 때 싸이의 소속사인 와이지엔터테인먼트의 주식을 선취매할 수 있어야 했습니다. 별거 아니라고 생각할지 모르지만 이러한 작은 정보가 축적되어야만 고수의 반열에 오를 수 있습니다.

항해사 출신이었던 제가 처음 주식시장에 입문했을 때 가장 힘들었던 일은 무질서한 네트워크망 속에서 정확한 정보를 선별하는 작업이었습니다. 처음에는 잘못된 정보 때문에 시행착오를 겪고 여러 차례 깡통을 경험하기도 했습니다. 이후 뼈를 깎는 노력을 통해 모두가 인정하는 '평생사부'가 될 수 있었습니다.

이 책은 이미 책머리에서도 말했다시피 개인투자자들이 주식시장에서 승리할 수 있는 방법을 소개하고자 쓰였습니다. 적어도 이 책이 주식시장에 입문하는 투자자들에게 올바른 정보를 제공하고, 개인들도 주식시장에서 성공할 수 있다는 확신을 심어줄 수 있는 하나의 계기가 되었으면 합니다.

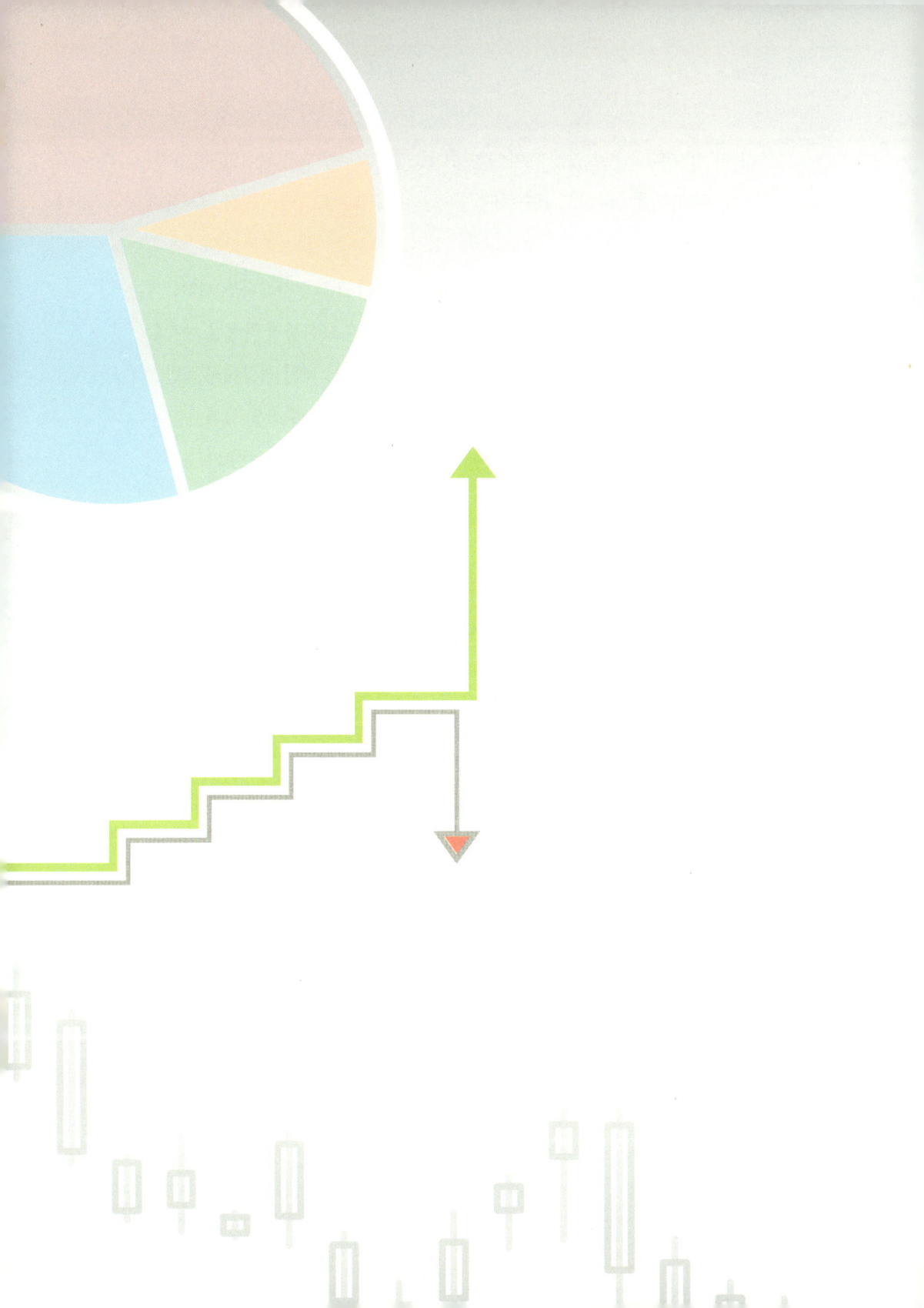

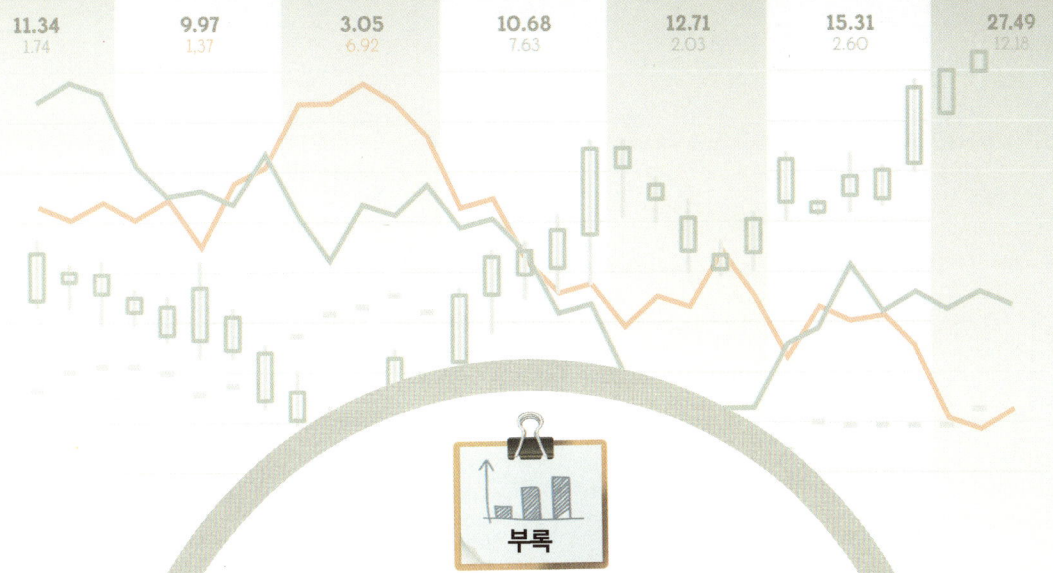

부록

평생사부 50문 50답

평생사부의
화면구성법

1. 시가총액이란 무엇인가요?

먼저 시가총액은 전체 주식시장의 시가총액과 개별 종목의 시가총액으로 나눌 수 있습니다. 주식시장 전체의 시가총액이란 상장된 모든 기업의 주식을 시가로 평가한 금액으로, 주식시장 전체의 규모를 측정할 때 객관적인 지표로 활용됩니다. 특히 나라 간의 주식시장 규모를 비교할 때 유용합니다.

하지만 실전에서는 개별 종목의 시가총액에 주목해야 합니다. 개별 종목의 시가총액은 해당 기업의 규모를 나타내기 때문입니다. 통상 시가총액이 큰 기업은 주가 변동성이 작고, 시가총액이 작은 종목은 주가 변동성이 큰 경우가 많습니다. 개별 종목의 시가총액은 해당 종목의 발행 주식 수와 주가를 곱하여 산출합니다. 예를 들면, 시가가 1만 원이고 발행 주식수가 3천만 주인 종목의 시가총액은 3천억 원이 됩니다.

2. 액면가와 주가는 어떻게 다른가요?

액면가란 말 그대로 유가증권의 표면에 적힌 가격입니다. 액면가는 주주총회 의결로 100원 이상으로 정해야 합니다. 통상적으로 100원, 200원, 500원, 1,000원, 2,500원, 5,000원, 1만 원 등으로 정하게 됩니다.

이에 반해 주가는 주식시장에서 형성되는 시세에 따라 결정됩니다. 기업의 가치가 상승하여 사고자 하는 사람이 많으면 주가도 올라가고, 반대로 기업의 가치가 감소하여 팔고자 하는 사람이 많으면 주가는 떨어지게 됩니다.

3. 보통주와 우선주는 어떻게 다른가요?

주식은 보통주와 함께 특별주인 우선주, 후배주, 혼합주 등으로 구분할 있습니다. 일반적으로 '주식'이라고 하면 보통주를 말합니다. 보통주 주권자는 주총에 참석해 의결권을 행사할 수 있으며 배당, 신주인수권 행사 등 주주에게 주어지는 대부분의 권리를 갖게 됩니다. 반면 우선주는 보통주와 달리 주총에서 의결권을 행사하지 못합니다. 그러나 보통주에 우선해서 배당을 받을 권리가 있습니다. 통상적으로 보통주보다 1% 정도 배당을 더 받습니다. 또한 회사가 해산할 경우 보통주보다 우선하여 분배를 받을 수 있습니다. 따라서 우선주는 배당금 수취에만 관심이 있는 투자자에게 적합합니다.

4. 신주인수권부사채(BW)란 무엇인가요?

신주인수권부사채란 신주를 인수할 권리가 부여된 채권으로, 신주인수권과 회사채가 결합된 형태입니다. 회사채의 형식으로 발행되지만 일정 기간(통상 3개월)이 경과하면 미리 정해진 가격으로 주식을 청구할 수 있습니다. 신주인수권부사채는 보통 사채에 비해 발행 금리가 낮아 적은 비용으로 자금을 조달할 수 있다는 장점이 있습니다.

투자자는 발행기업의 주가가 약정된 권리행사가격을 웃돌면 신주를 인수해 차익을 얻을 수 있고, 반대로 권리행사가격이 발행기업의 주가를 상회할 경우에는 신주 인수를 포기하면 됩니다. 이때 신주인수권을 행사했더라도 인수권 부분만 사채로서의 영향력을 그대로 유지하게 됩니다.

예를 들어, BW 1매당 신주인수권이 2주, 권리행사가격이 액면가 1,000원으로 정해졌다고 가정해봅시다. 해당 BW 10매를 갖고 있는 투자자라면 기업이 증자를 할 때 시가나 발행 물량에 관계없이 신주 20주를 주당 1,000원에 인수할 수 있습니다. 단, 인수권 행사 후에도 사채로서의 효력은 계속 유지됩니다.

5. 전환사채(CB)란 무엇인가요?

전환사채란 일정한 조건에 따라 채권을 발행한 회사의 주식으로 전환할 수 있는 권리가 부여된 채권입니다. 회사채의 형식으로 발행되지만 일정 기간(통상 3개월)이 경과하면 미리 정해진 가격에 주식으로 전환할 수 있습니다. 전환 전에는 사채로서의 확정이자를 받을 수 있고, 전환 후에는 주식으로서 이익을 얻을 수 있습니다. 전환사채 역시 일반 회사채에 비해 낮은 금리로 자금을 조달할 수 있어 강세장에서 자금 조달 수단으로 자주 사용됩니다.

전환사채와 신주인수권부사채가 다른 점은 1) 전환사채 자체가 주식으로 전환되기 때문에 별도의 주식 대금을 납입할 필요가 없고, 2)전환사채는 전환에 의해 그 사채가 소멸되는데 신주인수권부사채는 인수권을 행사해도 사채로서의 효력은 계속 유지된다는 점입니다. 투자자는 발행기업의 주가가 약정된 전환가격을 상회하면 주식으로 전환해 시세차익을 얻을 수 있고, 반대로 발행기업의 주가가 전환가격보다 낮을 경우에는 만기까지 보유해 발행 당시 확정된 이자를 받으면 됩니다. 이때 주식 전환을 행사하게 되면 사채로서의 효력은 사라집니다.

예를 들어, A사가 1년 만기 전환사채를 발행하면서 전환사채 만기보장수익률을 7%, 전환가격을 1만 원으로 정했다고 가정해봅시다. 주가 폭락으로 향후 1년간 A사의 주가가 1만 원에 미치지 못했다면 만기까지 보유하여 7% 이자를 받으면 됩니다. 반대로 A사의 주가가 급등해 3만 원이 됐다면 주식으로 전환해 2만 원의 시세차익을 얻을 수 있습니다. 단, 전환 후 사채로서의 효력은 사라지게 됩니다.

6. 동시호가란 무엇인가요?

동시호가는 특정 시간대의 모든 주문을 같은 시간에 주문한 것으로 간주하는 것입니다. 통상적으로 시가와 종가를 결정하는 데 활용됩니다. 장전 동시호가는 08:00~09:00, 장마감 동시호가는 14:50~15:00에 적용됩니다.

일반적인 매매에서는 '시간〉가격〉수량 우선의 원칙'이 적용됩니다. 하지만 동시호가 주문에서는 '시간 우선의 원칙'은 배제하고 '가격〉수량 우선의 원칙'이 적용됩니다. 이와 같이 동시호가 제도를 도입하는 이유는 시초가와 종가를 결정할 때는 대량으로 주문이 집중되므로 가격 및 시간 우선의 원칙을 적용하기 어렵기 때문입니다.

7. 시간 외 매매는 어떻게 하나요?

코스피와 코스닥시장의 정규 거래시간은 평일(월~금) 오전 9시 ~ 오후 3시 입니다. 정규 거래 시간을 전후로 시간 외 매매가 이뤄지는데 구체적인 시간은 아래와 같습니다.

  1) 장 개시 전 시간 외 매매

① 거래 시간: 07:30 ~ 08:30(정규 시장 동시호가 시간과 30분간 중복 운영)

② 거래 단위: 1주

③ 주문가격: 전일 종가

④ 체결방법: 시간 우선의 원칙

2) 시간 외 종가매매

① 거래시간: 15:10 ~ 15:30(단, 주문 접수는 15시부터 가능)

② 거래 단위: 1주

③ 주문가격: 당일 종가

④ 체결방법: 시간 우선의 원칙

3) 시간 외 단일가 매매

① 거래 시간: 15:30 ~ 18:00, 30분 단위 단일가 매매(15:30~18:00까지 총 5회 체결)

② 거래 단위: 1주

③ 호가가격 범위: ±5%(단, 정규장 상·하한가 범위 내)

④ 체결 방법: 가격 〉 시간 우선의 원칙

8. 배당과 배당락은 무엇인가요?

배당이란 기업이 경영활동을 하면서 얻은 이익을 주주들에게 나누어주는 것을 말합니다. 배당에는 주식 배당과 현금 배당이 있습니다. 국내 대부분의 기업이 12월 결산법인인데, 연말에는 고배당 종목으로 매수세가 몰리는 경우가 많습니다. 특히 외국인들이 배당투

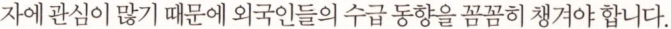

자에 관심이 많기 때문에 외국인들의 수급 동향을 꼼꼼히 챙겨야 합니다.

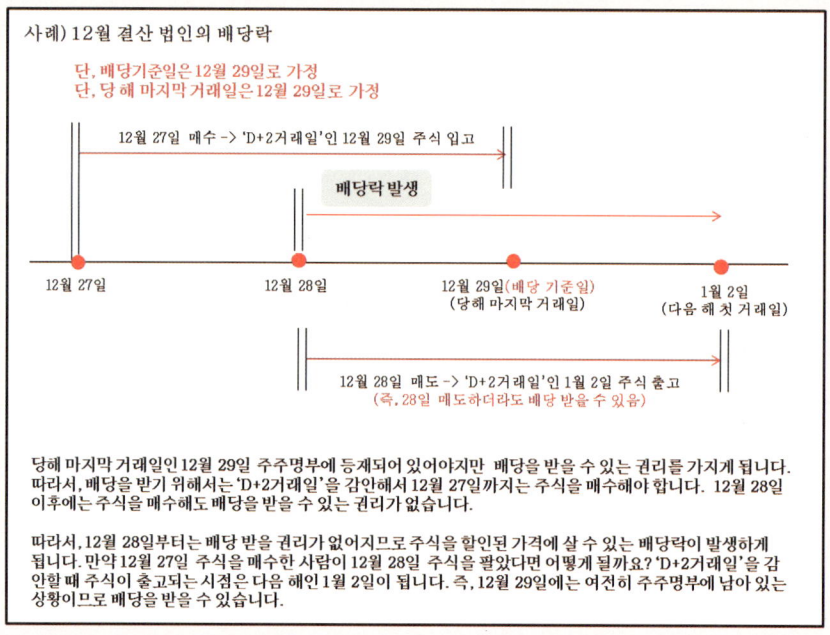

한편 배당락은 배당 기준일이 지나 주식에 대한 배당 이익금을 받을 권리가 없게 된 상태를 말합니다. 배당락 구간에서 주식을 매수하는 투자자는 배당에 대한 권리가 없기 때문에 주식을 할인된 가격에 살 수 있게 됩니다.

9. 유·무상증자와 권리락은 무엇인가요?

기업이 자본금을 늘리는 대표적인 방법으로 유상증자와 무상증자가 있습니다. 유상증자는 납입금을 받고 신주를 발행하는 방식으로 주주 배정, 제3자 배정, 일반 공모 등의 형태로 발행됩니다.

- 유상증자의 형태

① 주주 배정: 주주의 지분에 비례해 신규 발행 주식을 살 수 있는 권리를 부여하는 방식

② 제3자 배정: 연고가 있거나 특정한 제3자에게 신규 발행 주식을 살 수 있는 권리를 주는 방식
③ 일반 공모: 일반인을 대상으로 신규 발행 주식을 공모하여 판매하는 방식

반면 무상증자는 신규 발행 주식을 납입금 없이 주주에게 무상으로 나누어주는 방식입니다. 유상증자와 마찬가지로 자본금을 늘리는 데 사용됩니다. 추가 납입금 없이 자본금이 늘어날 수 있는 이유는 기업 잉여금의 일부 또는 전부를 자본금으로 옮기고 늘어난 자본금만큼 새로 주식을 발행하기 때문입니다.

그런데 유상증자 또는 무상증자를 하는 이유는 무엇일까요? 먼저 유상증자는 신규주 발행을 통해 기업의 사업 자금을 확보하는 방식으로서 원금 상환과 이자에 대한 부담이 없습니다. 만약 금융권에서 돈을 융통했다면 원금 상환과 이자에 대한 상당한 압박을 받게 되겠지요.

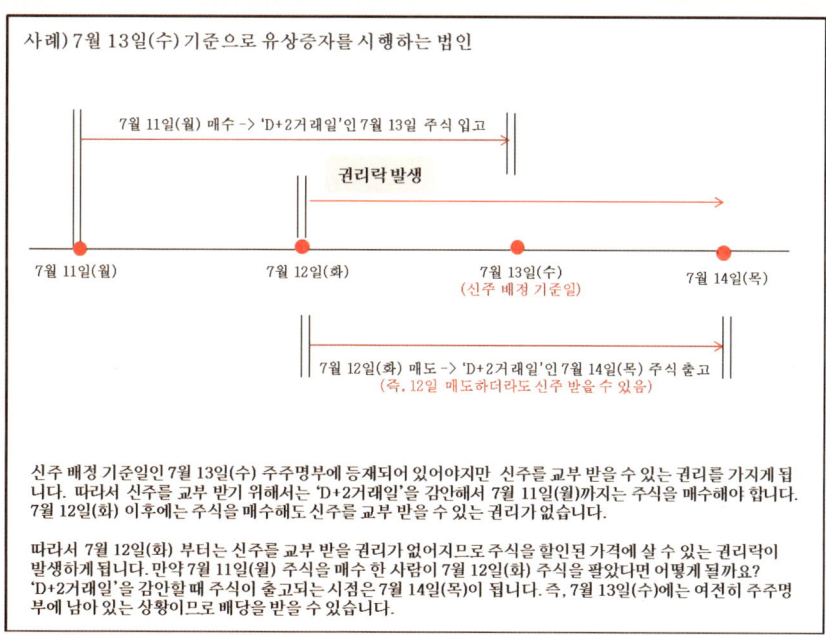

이에 반해 무상증자는 주식 수만 늘어날 뿐 기업의 자본과 자산에는 변함이 없습니다. 그런데도 사업을 통해 쌓아놓은 잉여금을 자본금으로 옮기고 추가적인 주식을 발행하여 무상으로 주주들에게 나눠주는 이유는 무엇일까요? 바로 기업의 안정적인 재무구조를 홍보하기 위한 것입니다. 기업의 재무구조가 탄탄하지 못한 경우에는 잉여금이 부족해 무상증자가 힘들기 때문입니다.

권리락은 신주인수권 또는 신주의 유·무상 교부를 받을 권리가 없게 된 상태를 말합니다. 권리락 구간에서 주식을 매수하는 투자자는 신주를 받을 수 있는 권리가 없기 때문에 주식을 할인된 가격에 살 수 있게 됩니다.

10. 금리와 주식시장과의 상관관계는?

트레이더라면 한국은행의 기준금리 방향성에 주목해야 합니다. 기준금리는 매월 한국은행 금융통화위원회에서 결정되는데, 자세한 일정은 한국은행 홈페이지에서 확인할 수 있습니다. 통상 주가와 금리는 반대 방향으로 움직인다고 보면 됩니다. 기준금리를 인하하게 되면 기업이 금융기관에서 사업자금을 융통할 때 이자 부담이 줄어들게 됩니다. 즉, 이자 비용의 감소로 기업은 보다 유리한 조건에서 사업을 운영할 수 있게 되며, 이에 따라 주가도 오르게 됩니다. 개인들도 이자가 낮은 예금보다는 리스크를 안고서라도 주식투자에 눈을 돌리는 경우가 많아집니다. 자연스레 주식시장에 자금이 쏠리면서 지수는 상승 추세를 보이게 됩니다.

반대로 기준금리를 인상하게 되면 기업들이 높은 이자에 대해 압박을 받게 되므로 주가에도 부정적인 영향을 미치게 됩니다. 또한 금리가 오르면 예금의 매력이 높아져 굳이 리스크를 감수하면서까지 주식투자를 할 이유가 없게 됩니다. 그렇다고 해서 기준금리와 기업의 주가가 항상 반대 방향으로만 가는 것은 아닙니다. 시장 전반적인 상황과 대외 변수에 따라 지수는 얼마든지 방향을 달리할 수 있습니다.

11. 환율과 주식시장과의 상관관계는?

'환율'이란 한 나라의 화폐와 다른 나라 화폐의 교환 비율을 나타내는 말입니다. 각기 다른 나라의 화폐들을 비교하기 때문에 그 나라의 경제력에 따라 화폐의 가치도 달라지게 됩니다. 예를 들어, 1달러에 1,000원이었던 원화의 가치가 1,100원으로 떨어졌다고 생각해 봅시다. 이전에는 1달러를 얻기 위해 1,000원만 주면 되었는데, 이제는 1,100원을 주어야 합니다. 즉, 달러 대비 100원만큼의 원화 가치가 하락한 것입니다.

따라서 환율도 금리와 마찬가지로 국내 증시와 반대 방향으로 움직인다고 보면 됩니다. 원달러 환율이 1,000원에서 1,100원으로 상승(원화 가치 하락)했다는 것은 국내 경제가 그만큼 불안하다는 증거이기 때문입니다. 또한 국내 증시에 투자하는 외국인들도 원달러 환율이 상승하게 되면 향후 달러로 바꿀 때 1,000원이 아닌 1,100원을 지불해야 하므로 환차손을 입을 가능성이 있습니다. 원달러 환율이 오를 조짐을 보이면 외국인들의 자금이 국내 증시를 이탈하는 경우를 종종 볼 수 있는데, 바로 이런 이유 때문입니다.

12. 유가와 주식시장의 상관관계는?

국제 유가는 크게 WTI, 두바이유, 브렌트유의 세 가지로 나눌 수 있습니다. 유가는 산업 전체에 영향을 미칩니다. 유가가 빠르게 상승할 경우에는 실물 경제에 대한 우려와 함께 주식시장에도 부담을 줄 수 있습니다. 하지만 적정 수준을 넘어서지 않으면서 유가가 상승할 경우에는 주가와 유가는 정(+)의 상관관계를 유지하기도 합니다.

기본적으로 국제 유가의 상승은 기업의 비용 증가로 이어집니다. 즉, 유가 상승은 자연스레 물가상승으로 이어지면서 소비 및 투자활동에 부담을 주게 되므로 주식시장에도 좋을 것이 없습니다. 국제 유가가 상승하면 항공업종의 주가가 약세를 보이는 것이 대표적인 사례입니다. 한편 정유 및 화학업종은 유가 상승시 정제마진의 개선 및 석유·화학제품의 가격 반등이 나올 수 있어 단기적으로는 긍정적일 수 있습니다. 하지만 유가가 지나치게 높게 형성될 경우 제품가격으로의 전이가 힘들고, 소비심리가 위축됨에 따라 수요가 뒷받침되지 않을 가능성이 높아져 결국은 부정적인 영향을 미치게 됩니다.

13. 선물거래(futures trading)란 무엇인가요?

선물거래(futures trading)란 미래의 특정 시점(만기일)에 미리 정해진 가격으로 매매할 것을 현재 시점에 약정하는 거래입니다. 즉, 미래의 가치를 사고 판다고 생각하시면 됩니다. 사전에 약속된 가격으로 매매를 하기 때문에 만기일 이전에 발생하는 가격 변동 리스크를 피할 수 있습니다.

예를 들어, A상품을 현 시점에서 2천만 원에 사기로 약속하고 대금 결제는 정확히 한 달 뒤에 하기로 했다고 가정합니다. 만약 A상품의 시세가 한 달 뒤에 3천만 원이 되었다면 어떻게 될까요? 최초 2천만 원에 A상품을 사기로 한 매수자는 1천만 원의 시세차익을 얻게 되고, 3천만 원 상당의 A상품을 2천만 원에 팔아야 하는 매도자는 1천만 원의 손실을 보게 됩니다. 반대로 A상품의 가격이 한 달 뒤에 1천만 원으로 떨어지게 되면 매수자는 1천만 원의 손실을 보게 되고, 매도자는 1천만 원의 수익이 발생합니다. 즉, 누군가가 수익이 발생하면 다른 한쪽은 손실이 나게 됩니다. 이러한 원리 때문에 선물거래를 '제로섬(zero-som) 게임'이라고 부르기도 합니다.

14. 옵션거래(option trading)란 무엇인가요?

옵션거래(option trading)란 주식, 채권, 주가지수 등 특정 자산을 일정 기간 내에 일정한 가격(행사가격)으로 사거나 팔 수 있는 권리를 매매하는 거래입니다. 선물거래에서는 상품의 가격이 예상과 다르게 움직일 경우 손실을 피할 수 없지만, 옵션거래에서는 권리를 행사하는 시점에 본인에게 불리하다고 판단될 경우 해당 권리를 포기하면 됩니다. 즉, 옵션거래는 손실 규모를 계약금에 한정할 수 있다는 장점이 있습니다.

예를 들어, 명동의 땅을 계약금 1천만 원을 주고 1년 후에 5억 원에 살 수 있는 계약을 체결했다고 가정합니다. 이때 잔금은 1년 뒤에 지불하기로 하고, 계약을 이행하지 않을 경우에는 계약금 1천만 원을 포기해야 합니다. 1년 뒤에 명동의 땅값이 6억 원으로 상승할 경우에는 잔금을 지불하고 1억 원의 시세차익을 얻겠지만, 4억 원으로 떨어질 경우에는 계약금 1천만 원을 포기하고 권리도 포기하면 됩니다.

보다 세부적인 이해를 위해서는 옵션거래에서 매입자와 매도자의 정확한 의미를 알아둘 필요가 있습니다. 옵션거래는 특정 자산을 사거나 팔 수 있는 권리를 매매하는 것입니다. 따라서 옵션 매입자는 프리미엄을 지불하고 권리를 확보하고, 옵션 매도자는 대가(프리미엄)를 받고 의무를 지게 됩니다. 즉, 매수자는 권리만 있고 의무는 없지만, 매도자는 매수자가 권리 행사를 원하면 반드시 응해야 할 의무를 지게 됩니다.

매수자는 권리 행사가 유리하다고 판단될 경우 권리 행사를 통한 시세차익을 얻을 수 있고, 불리하다고 판단될 경우에는 권리를 포기하고 프리미엄만큼의 손실만 감수하면 됩니다. 하지만 매도자의 경우에는 매수자가 권리 행사를 원할 경우 반드시 응해야 하므로 이익은 프리미엄에 한정되지만 손실은 상대적으로 클 수 있습니다. 이 때문에 옵션 매도자는 불리한 손익구조를 보상받기 위해 프리미엄을 비싸게 책정하는 경향이 많습니다.

15. 프로그램 매매가 궁금해요.

프로그램 매매란 대량의 복수주문이 이루어지도록 미리 컴퓨터 프로그램으로 만들어놓는 것입니다. 특정 조건과 시점이 될 때 사전에 설정된 값에 따라 매매가 자동적으로 이루어지게 됩니다. 보통 기관은 컴퓨터가 자동적으로 베이시스(=선물가격/Kospi200) 값을 인식해 매매할 수 있도록 프로그래밍합니다.

예를 들어, 대규모 매수차익거래(현물매수, 선물매도) 발생시 Kospi200 대형주로 매수세가 몰리면서 지수가 강하게 반등하는 경우가 많습니다. 반면 대규모 매도차익거래(현물매도, 선물매수) 발생시에는 Kospi200 대형주로 매물이 쏟아지면서 지수는 하락하게 됩니다. 이처럼 프로그램 매매로 인해 기관의 대규모 자금이 특정 방향으로 쏠릴 수 있으므로 시장의 흐름을 읽는 데 아주 중요합니다.

16. 차익매매 VS 비차익매매

프로그램 매매는 차익거래와 비차익거래로 나뉩니다. 먼저 차익거래는 현물과 선물의 가격 차이인 베이시스를 이용한 전략으로, 무위험 수익을 거둘 수 있는 기법입니다. 현물가격과 선물가격이 순간적으로 왜곡되어 괴리가 발생할 때 매매가 이루어집니다.

선물이 현물(Kospi200)보다 비쌀 때(콘탱고 contango) 선물을 팔고 현물을 사는 '매수 차익거래'가 발생하고, 반대로 현물이 선물가격보다 비쌀 때(백워데이션 backwardation) 현물을 팔고 선물을 사는 '매도 차익거래'가 발생합니다. 특히 백워데이션은 현물 매도를 유발시켜 지난 블랙먼데이(black Monday)의 주범으로 지목되기도 했습니다.

반면 비차익거래는 선물과는 전혀 무관한 거래입니다. 일반적으로 15개 이상의 종목을 한꺼번에 사거나 파는 바스켓 거래를 뜻합니다. 예를 들면, 펀드가 새로 포트폴리오를 구성하거나 주식투자 비중을 높일 때 비차익거래 형태로 매매가 이루어집니다.

17. 베이시스, 콘탱고, 백워데이션

'베이시스'란 주식시장에서 선물가격과 현물가격의 차이를 말합니다. '콘탱고(contango)'는 선물가격이 현물가격보다 높은 상태로 베이시스가 양(+)의 값을 가집니다. '선물 고평가'라고도 불리며, 선물을 팔고 현물을 사는 매수 차익거래를 유발시킵니다. 주로 강세장에서 나타납니다. 반면 '백워데이션'은 현물가격이 선물가격보다 높은 상태로 베이시스가 음(-)의 값을 가집니다. 대개 주가가 하락할 것으로 예상되는 경우 백워데이션 현상이 일어나며, 현물을 팔고 선물을 사들이는 프로그램 매도 차익거래가 발생하게 됩니다. 주로 약세장에서 나타납니다.

> 베이시스(basis) = 선물가격(futures price) - 현물가격(spot price)
> 콘탱고(contango) = 선물가격(futures price) > 현물가격(spot price)
> 백워데이션(backwardation) = 선물가격(futures price) < 현물가격(spot price)

이처럼 선물 결제 만기일을 제외하고는 선물가격과 현물가격 간에 시세 차이가 나는 것이 정상입니다. 단, 만기일의 베이시스는 선물과 현물의 시세가 같아지기 때문에 '0'이 됩니다. 일반적으로 콘탱고 상황에서는 시장이 강세를 보일 수 있어 매매하기에 유리하지만, 백워데이션 상황에서는 시장 급락 가능성이 높아지므로 주식보다는 현금 비중을 늘리는 전략이 좋습니다.

18. 웩더독(wag-the-dog) 현상이란 무엇인가요?

선물시장의 본래 목적은 현물시장의 위험을 보완하기 위한 것입니다. 하지만 선물시장의 영향력이 커져 현물시장을 뒤흔드는 현상이 나타났는데, 이를 '웩더독(wag-the-dog) 현상'이라고 합니다. 개의 몸통(현물시장)이 꼬리(선물시장)를 흔드는 게 아니라 꼬리(선물시장)가 개의 몸통(현물시장)을 흔드는, 즉 주인과 객이 바뀐 상황을 비유한 것입니다.

19. 사이드카와 서킷브레이커는 어떤 경우에 발생하나요?

사이드카(side car)와 서킷브레이커(circuit breaker) 모두 시장이 비정상적으로 변동성을 보일 때 안전장치 역할을 합니다. 먼저 사이드카는 주가지수 선물시장에서의 급격한 지수 등락이 현물 시장에 미치는 부작용을 줄이기 위한 안전장치입니다. 사이드카는 선물가격이 전일 종가 대비 코스피는 5%, 코스닥은 6% 이상 등락하는 상황이 1분 이상 지속될 때 발동됩니다. 사이드카가 발령되면 프로그램 매수·매도 호가의 효력이 5분간 정지되며, 5분이 지나면 매매 체결이 재개됩니다. 하루 1회만 발동하고, 후장 종료 40분 전인 오후 2시 20분 이후에는 발동되지 않습니다.

한편 서킷브레이커는 코스피와 코스닥지수가 전일 대비 10% 이상 하락하는 상황이 1분간 지속되면 발동됩니다. 서킷브레이커가 발동되면 주식 매매는 20분간 전면 중단되며, 이후 10분 동안 동시호가 주문을 받고 장을 재개합니다. 서킷브레이커는 하루 1회만 발동되며, 오전 9시 5분부터 오후 2시 20분 사이에만 가동시킬 수 있습니다. 오후 2시 20분 이후에는 아무리 주가가 급락하더라도 서킷브레이커가 발동되지 않습니다.

20. 쿼드러플 위칭데이(Quadruple Witching Day)란 무엇인가요?

'네 마녀의 날', 즉 쿼드러플 위칭데이(Quadruple Witching Day)란 지수선물과 지수옵션, 개별주식옵션, 개별주식선물의 만기가 겹치는 날을 말합니다. 미국의 주가지수선물, 주가지수옵션, 개별주식옵션 만기가 겹치는 '트리플 위칭데이(Triple Witching Day)'에서 비롯되었습니다.

트리플 위칭데이는 '3명의 마녀가 빗자루를 타고 동시에 돌아다니는 것처럼 혼란스럽고 정신없다'는 의미에서 나온 말로, 트리플 위칭데이 당일에 주식시장에 어떤 변화가 일어날지 아무도 예측할 수 없다고 해서 붙여진 이름입니다.

그러나 미국에서는 2002년 말부터 거래되기 시작한 개별주식선물이 더해지면서 '쿼드러플 위칭데이'로 바뀌게 되었습니다. 국내에서는 2008년 5월 개별주식선물 거래가 도입되면서 기존 트리플 위칭데이에서 네 가지 파생상품이 동시 만기를 맞이하는 쿼드러플 위칭데이로 용어가 변경되었고, 참고로 미국은 3, 6, 9, 12월 세 번째 금요일이, 한국은 3, 6, 9, 12월 두 번째 목요일이 쿼드러플 위칭데이가 됩니다.

21. 블루칩(blue chip), 옐로우칩(yellow chip), 레드칩(red chip)이 뭔가요?

블루칩이란 주식시장에서 재무구조가 건전하고 성장성, 수익성이 높은 대형 우량주를 말합니다. 이들 종목에는 시장점유율이 높은 업종 대표주 대부분이 포함되어 있습니다.

블루칩의 기원에는 두 가지 설이 있습니다. 첫 번째는 카지노 포커게임에 사용되는 칩 중 흰색, 붉은색, 파란색 칩 가운데 파란색 칩이 가장 고가로 사용된 데서 유래되었다는 설입니다. 또 다른 설은 미국 뉴욕의 월가는 원래 유명한 소(牛) 시장으로, 정기적으로 열리는 황소 품평회에서 가장 좋은 품종으로 뽑힌 소에게 파란색 천을 둘러주었다고 합니다. 월가에서 강세장의 상징이 황소인 것도 바로 이 때문입니다.

옐로우칩은 블루칩만큼 우량주는 아니지만 양호한 실적을 보이며 향후 성장 가능성이 높은 종목을 말합니다. 블루칩이 업종 대표주라면, 옐로우칩은 중저가 우량주를 말합니다.

또한 레드칩은 홍콩 증시에 상장된 주식 중에서 중국 정부와 국영기업이 최대 주주인 우량 기업의 주식을 말합니다. 우량주인 블루칩에 빗대어 홍콩 주식투자자들이 만든 신조어입니다.

22. 인플레이션(inflation)이란 무엇이고, 주식시장과 어떤 관계가 있나요?

인플레이션은 통화량의 증가하게 되면서 화폐가치가 하락하고 물가가 상승하는 현상을 말합니다. 인플레이션의 원인에는 다음 세 가지가 있습니다. 1) 수요가 늘어나는 만큼 공급량이 늘어나지 않아 물량 부족으로 인해 물가가 오르는 경우, 2) 원유 가격의 상승 등 원자재 단가의 상승에 따라 제품 가격이 오르는 경우, 3) 통화량이 증가하여 화폐가치가 떨어져 물가상승이 나타나는 경우입니다.

그렇다면 인플레이션은 주식시장과 어떤 상관관계를 가질까요? 만약 물가가 상승하는데 반해 사람들의 소득이 비례해 증가하지 않는다면 사람들은 소비와 재테크(주식, 예금 등)를 할 여력이 없게 되고, 이는 주식시장에 부정적인 영향을 끼칩니다. 반면 적절히 통화 유동성을 공급하는 일은 실물 경기에 활력을 줘 주식시장에 긍정적인 역할을 합니다. 최근 유로존 위기에 글로벌 국가가 극도로 위축된 상황에서도 미국의 양적완화(통화 유동성 공급) 정책 관련 언급이 있을 때마다 지수가 상승하는 것도 바로 이런 이유 때문입니다.

23. 스태그플레이션(stagflation)이란 무엇인가요?

'스태그플레이션'은 '스태그네이션(경기 침체)'과 '인플레이션'을 합성한 신조어로, 경제 불황과 물가상승이 동시에 발생하는 상태를 말합니다. 제2차 세계대전 이전에는 불황기에는 물가가 하락하고, 호황기에는 물가가 상승하곤 했습니다. 하지만 최근 들어 호황기와 불황기에 모두 물가가 상승하는 현상이 발생하면서 '스태그플레이션'이라는 신조어가 탄생했습니다.

스태그플레이션이 발생하게 된 가장 주요한 배경으로는 만성적인 물가상승을 들 수 있습니다. 독과점 기업에 의해 지속적으로 제품 가격이 상승하고, 경기 상황과 관계없이 근로자들은 임금 인상을 요구합니다. 이는 기업의 경영활동에 비용 부담을 가중시켜 실물 경제의 물가상승을 초래하며, 결국 스태그플레이션이 발생하게 됩니다.

24. 애그플레이션(agflation)이란 무엇인가요?

'애그플레이션(agflation)'은 '농업(agriculture)'과 '인플레이션(inflation)'의 합성어로, 농산물 가격이 오르면서 일반 물가도 함께 오르는 현상을 말합니다. '애그플레이션'이라는 표현은 영국의 경제주간지 〈이코노미스트〉에서 처음 사용한 것으로 알려졌습니다.

애그플레이션의 원인으로는 지구온난화 등 기상 이변으로 인한 공급의 감소와 육류 소비 증가에 따른 사료용 곡물 수요 증가, 경작지 감소, 유가 상승에 따른 생산 및 유통비용 증가, 곡물을 활용한 대체에너지 활성화, 투기자본의 유입 등을 들 수 있습니다.

국제 곡물가격의 변동은 통상 4~7개월 정도의 시차를 두고 국내 물가에 반영됩니다. 이는 결국 국내 제품 가격의 인상으로 이어져 실물 경제에 악영향을 미치게 됩니다. 해결방안으로는 해외 식량기지 건설, 수입원 다변화, 유통구조 개선 등이 있습니다.

곡물 가격이 급등하면 국내 상장된 기업 중 비료, 농약, 종자산업 등 농업 관련주들의 주가 상승으로 이어지는 경우가 많습니다. 하지만 국제 곡물 가격의 상승과 국내 농업 관련 기업들과는 직접적인 연관성을 찾기 어려우므로 각별한 주의가 요구됩니다.

25. 신용거래란 무엇인가요?

신용거래(margin trading)란 투자자가 증권사에 일정한 보증금을 거치한 뒤 주식 매수시 필요자금(신용거래융자)을 빌려서 매매하고, 주식 매도시 주식(신용거래대주)을 빌려 매매하는 것을 말합니다.

1) 신용융자: 적은 자금으로 상대적으로 많은 주식을 매수할 수 있다는 장점이 있습니다.

예) 현금 1,000만 원을 보유한 투자자가 증거금 50%의 신용융자 상품을 사용할 경우,

주문 가능 금액 = 1,000만 원/(50%) = 2,000만 원

2) 신용대주: 미리 시장에서 주식(신용거래대주)을 팔고, 하락시 다시 해당 주식을 매입하여 되갚는 방식으로 수익을 발생시킵니다.

예) 증거금 70%인 신용대주 상품을 사용할 경우,

삼성전자 100주, 체결단가 1,000,000원

필요금액(대용): 100주 × 1,000,000원 × 70% = 70,000,000원

하지만 투자자의 예상과 달리 신용거래가 이루어질 경우에는 큰 손실로 이어지게 됩니다. 투자자의 예상이 적중할 경우에는 레버리지효과로 고수익 달성이 가능하지만, 그렇지 못할 경우에는 돌이킬 수 없는 손실로 이어지게 되는 것이지요. 대부분의 깡통계좌는 신용거래를 통해 나타난다는 사실 잊지 마세요.

26. 미수거래는 무엇인가요?

미수거래란 정해진 증거금을 내고 주식을 외상으로 매매하는 제도입니다. 신용거래와 다른 점은 주식을 매수한 날을 기준으로 'D+2' 결제일 밤 11시 30분까지 돈을 갚지 않으면 증권사가 반대매매를 통해 계좌에 있는 주식을 팔게 된다는 점입니다. 만약 결제일에 10만 원을 초과하는 미수금이 발생하게 되면 본인 명의로 된 모든 주식 계좌가 동결되어 향후 30일간 미수거래를 할 수 없고, 현금 100%를 내야만 다시 거래할 수 있습니다.

예) 현금 400만 원을 보유한 투자자가 증거금 40%인 A종목을 매수할 경우

주문가능 금액 = 400만 원/(40%) = 1,000만 원

사례1) 현금으로 미수금을 변제할 경우

    7월 10일(월): A종목 1,000만 원 매수(600만 원 미수금 발생)

    'D+2' 거래일인 7월 12일(수) 밤 11시 30분까지 미수금 600만 원을 입금해야 함.

사례2) 보유 종목을 매도하여 미수금을 변제할 경우

    7월 10일(월): A종목 1,000만 원 매수(600만 원 미수금 발생)

    7월 10일(월) 매도할 경우: 미수동결계좌로 지정되지 않음.

    단, 미수금(600만 원) 이상 매도해야 함.

    7월 11일(화) 매도할 경우: 미수동결계좌로 지정됨.

    7월 12일(수) 매도할 경우: 미수동결계좌로 지정됨.

    7월 12일(수)까지 매도하지 않았을 경우: 7월 13일(목) 반대매매 처리됨.

27. 반대매매란 무엇인가요?

반대매매란 투자자가 결제일(D+2일)까지 미수금을 납입하지 못했을 경우, 증권회사가 발생된 미수금을 충당하기 위해 투자자의 보유 주식을 임의로 처분하는 거래를 말합니다. 반대매매는 미수 발생일 익일인 'D+3'일에 진행됩니다.

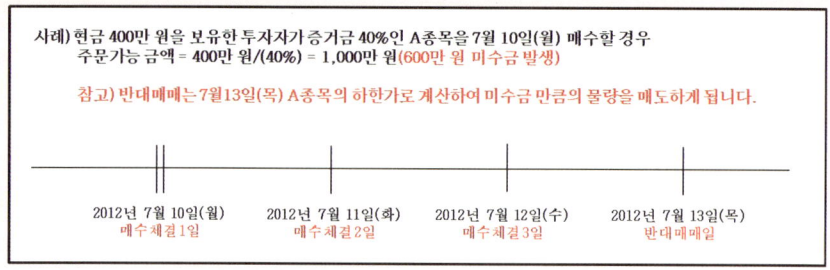

28. 불 마켓(Bull Market)과 베어 마켓(Bear Market)은 어떻게 다른가요?

'불 마켓(Bull Market)'이란 통상 장기간에 걸친 추세 상승을 의미합니다. 마치 황소가 뿔로 주가를 들어올리는 것과 같다고 하여 붙여진 이름입니다. 이에 반해 '베어 마켓(Bear Market)'은 곰처럼 느려터진, 즉 '거래가 부진한 약세장'을 의미합니다.

이와 같은 비유는 실제 황소와 곰이 서로 싸우도록 부추기는 미국의 전통 스포츠에서 유래되었다는 설이 가장 유력합니다. 황소는 뿔을 치켜들며 공격하므로 상승장을 의미하고, 곰은 강한 앞발을 위에서 아래로 내려 찍기 때문에 하락장을 의미한다고 전해집니다. 미국의 월스트리트와 한국의 여의도에 황소 동상이 많은 이유가 바로 이 때문입니다.

29. 영업이익과 순이익은 어떻게 다른가요?

영업이익은 매출액에서 매출 원가, 일반 관리비, 판매비를 뺀 것을 말합니다. 한마디로 순수하게 영업을 통해 벌어들인 이익을 말합니다. 반면 순이익은 영업이익에서 영업 외 수익·비용과 특별이익·손실, 법인세를 제외한 기업의 실질적인 이익금을 말합니다. 따라서 기업의 순수 영업 실적을 살피기 위해서는 영업이익을 참고하면 됩니다. 또한 부동산 및 지분 매각, 화재로 인한 손실 등 기타 수익과 비용을 모두 감안한 실적을 살피기 위해서는 순이익을 참고하면 됩니다.

영업이익 = 매출액(매출 원가 + 판매비 + 일반 관리비)

경상이익 = 영업이익 + (영업 외 수익 - 영업 외 비용)

순이익 = 경상이익 + (특별이익 - 특별손실 - 법인세)

30. 인적분할과 물적분할은 어떻게 다른가요?

인적분할이란 특정 기업이 기업분할을 할 경우 존속 회사의 주주에게 신설 법인의 주식을 지분율대로 나누어주는 것을 말합니다. 예를 들어, A기업이 A1(존속회사), A2(분할신설회사)로 각각 0.3:0.7의 비율로 나누어진다고 가정해봅니다. 만약 기존에 A기업의 주식을 10주 보유한 투자자가 있다면 0.3:0.7의 비율에 따라 A1(존속회사) 3주, A2(분할신설회사) 7주의 주식을 보유하게 됩니다.

반대로 물적분할은 신설 법인의 주식을 존속 회사의 주주에게 분배하지 않고, 기존의 회사가 100% 소유하는 형태를 말합니다. 즉, 물적분할을 시행할 경우 신설 법인은 기존 회사의 100% 완전한 자회사가 됩니다.

31. 보호예수란 무엇인가요?

보호예수란 주로 증권사가 투자자의 유가증권을 의뢰받아 보관하는 업무를 말합니다. 유가증권의 도난, 분실, 화재 등 사고 위험을 방지하고 매매시 편리함을 도모하고자 마련되었습니다. 그중에서도 투자자들이 신경 써야 할 부분은 의무보호예수입니다. 의무보호예수는 주식시장에 새로 상장되거나 인수 합병, 유상 증자 등이 있을 때 일정 기간 최대 주주 및 관계자가 주식을 팔지 못하도록 하는 제도입니다. 회사 내부 정보를 활용한 최대 주주 및 관계자의 불법적인 매매로부터 투자자를 보호하기 위해 마련되었습니다. 통상 의무보호예수 기간이 풀리게 되면 시장에 물량이 쏟아지므로 악재로 받아들이는 경우가 많습니다.

32. 공매도란 무엇인가요?

현재 주식을 보유하고 있지 않으면서 주식을 매도하는 것을 말합니다. 주가가 하락할 것으로 예상될 때 공매도를 하고, 결제일이 돌아오는 3일 안에 주식을 사들여 공매도 분을 결제하는 방식입니다. 약세장이 예상되는 경우 구사할 수 있는 전략으로, 공매도한 가격보다 주가가 하락하여 매수 가격이 낮아진다면 그만큼의 시세차익을 얻을 수 있습니다. 또한 헤지 차원에서 현재 보유하고 있는 주식의 가격 하락에 따른 위험을 방지하기 위한 목적으로도 사용됩니다. 예를 들어, A종목의 주가 하락을 예상하고, A종목을 주당 10,000원에 공매도했다고 가정해보겠습니다. 3일 후 결제일의 주가가 8,000원으로 떨어졌다면 투자자는 8,000원에 주식을 사서 공매도한 물량만큼 결제해주고 주당 2,000원의 시세차익을 얻게 됩니다. 단, 예상대로 주가가 하락하면 시세차익을 얻을 수 있지만, 공매도한 가격보다 주가가 상승하면 손실을 입게 됩니다.

33. 숏커버링(short covering)이란 무엇인가요?

숏커버링이란 주식시장에서 매도한 주식을 다시 사는 환매수를 말합니다. 일단 주가가 하락할 것으로 예상되면 주식을 빌려서 파는 공매도를 하게 됩니다. 이후 예상대로 주가가 하락하면 싼 가격에 사서 공매도한 주식을 되갚아 시세차익을 얻을 수 있습니다.

공매도가 주가 하락의 주요 원인이라면 숏커버링은 주가가 상승하는 데 힘을 실어줍니다. 따라서 공매도가 활발해지면 숏커버링이 이미 진행되고 있거나, 숏커버링이 임박한 공매도 종목에 주목해야 합니다. 한편 선물 시장에서는 매도 포지션을 반대매매를 통해 청산하는 환매수를 숏커버링이라고 합니다.

34. 대주거래와 대차거래는 어떻게 다른가요?

대주거래는 개인이 신용으로 주식을 증권회사에서 차입하는 것을 말합니다. 반면 대차거래는 외국인이나 기관투자자들이 예탁결제원이나 한국증권금융을 통해서 주식을 차입하는 것을 말합니다. 통상 대주 및 대차거래는 높은 가격에 주식을 빌려 매각하고 나중에 이를 낮은 가격에 매입 또는 상환함으로써 시세차익을 얻고자 할 때 사용됩니다.

간혹 대주 및 대차거래와 공매도를 혼돈하는 경우가 많은데, 주식을 빌리는 단계까지가 '대주 및 대차거래'이고, 빌린 주식을 매도하는 것은 '공매도'라고 합니다.

35. 주식 주문의 종류에는 어떤 것들이 있나요?

주식 주문의 종류에는 다음의 것들이 있습니다.

- 지정가(보통): 매수·매도 가격을 직접 지정하여 주문하는 형태

- 시장가: 주문한 물량이 모두 체결될 때까지 호가를 먹으면서 매수·매도하는 주문
- 조건부 지정가: 지정가 주문의 형태로 진행하다가 장 종료 10분 전에는 시장가 주문으로 자동전환
- 최유리 지정가: 매도의 경우 가장 높은 매수호가, 매수의 경우 가장 낮은 매도호가로 주문
- 최우선 지정가: 매도의 경우 가장 낮은 매도호가, 매수의 경우 가장 높은 매수호가로 주문

참고) 주문 조건 추가
- IOC(Immediate Or Cancel): 주문 체결 후 미체결 잔량은 자동 취소되는 형태
- FOK(Fill Or Kill): 전체 주문 수량을 체결할 수 있으면 체결시키고, 그렇지 않으면 전부 자동 취소

36. 정리매매는 어떻게 진행되나요?

상장 폐지가 결정된 종목은 투자자에게 최종 매매 기회를 주기 위해 일정 기간 동안 정리매매 절차를 거친 후 상장을 폐지하게 됩니다. 정리매매 기간은 상장 폐지 승인일로부터 7일 이내(매매일 기준)이며, 거래시간은 09:00~15:00까지 매 30분 간격으로 단일가 매매 체결방식이 적용됩니다. 특히 정리매매 기간에는 가격 제한폭을 두지 않습니다. 이는 회사의 청산가치에 대한 시각이 투자자마다 다를 수 있고, 투자자에게는 마지막 거래 기회이기 때문입니다.

37. 윈도드레싱(windowdressing)이란 무엇인가요?

윈도드레싱(windowdressing)의 사전적 의미는 '쇼윈도를 장식하는 것'입니다. 즉, 무엇인가를 보기 좋게 꾸밀 때 쓰는 말로 이해할 수 있습니다. 주식시장에서 기관투자가들이 월말이나 분기말에 수익률을 높이기 위해 보유 중인 주식을 추가로 매수하거나 매도하여 인

위적으로 주가를 관리하는 현상을 지칭할 때 자주 쓰입니다.

　기관을 대표하는 펀드매니저들은 펀드수익률로 평가받습니다. 따라서 분기나 반기, 기말 수익률은 펀드매니저 평가에 매우 중요한 역할을 합니다. 특히 연봉협상을 앞둔 시점에서는 마이너스 종목은 팔고 수익률이 좋은 종목의 비중을 늘리게 됩니다. 통상 향후 장세에 대한 자신이 있을 때 윈도드레싱 효과가 강하게 나타나며, 기관들의 수급이 들어오면서 증시는 반등하는 경우가 많습니다.

38. ETF(exchange traded fund)란 무엇인가요?

　ETF(exchange traded fund)란 상장지수펀드로 특정 주가지수와 연동되는 수익률을 얻을 수 있도록 설계된 '지수연동형 펀드(Index Fund)'입니다. ETF는 거래소 시장에서 일반 주식처럼 매매가 가능합니다. 즉, 주가지수를 사고파는 증권 상품이라고 생각하면 됩니다.

　KOSPI200, KOSPI50과 같은 특정 지수의 수익을 추종시키기 위해서는 막대한 자금이 소요됩니다. 하지만 ETF는 적은 금액으로도 KOSPI200 및 KOSPI50 지수의 수익률을 얻을 수 있어 개인투자자들의 접근이 쉽습니다.

　참고) 운용사별 ETF현황

　　　삼성투신: KODEX

　　　미래에셋맵스: TIGER

　　　우리투자증권 + 외국계(CS: KOSEF

　　　대신증권: GIANT

　　　KB: KSTAR

　　　한국투신운용: KINDEX

39. 헤지거래(hedge trading)란 무엇인가요?

　헤지거래(hedge trading)란 주가지수선물거래에서 주식시장의 가격 변동에 따른 리스크를 해소하기 위해 주식시장과 반대되는 포지션을 취하는 것을 말합니다. 즉, 투자 위험을 최소화하기 위한 전략이라고 이해하면 됩니다.

예를 들어, 주식 비중이 큰 투자자가 앞으로 주가지수가 하락할 것으로 판단했다면, 주가지수 선물을 매도하여 주가 하락으로 인한 손실분을 상쇄시키려 할 것입니다. 이때 선물을 매도하여 헤지거래를 구사하면 '매도 헤지거래', 선물을 매수하여 헤지거래를 '매수 헤지거래'라고 합니다.

40. 스톡옵션(stock option)이란 무엇인가요?

스톡옵션(stock option)이란 기업이 임직원에게 자기 회사의 주식 일정 수량을 일정한 가격에 매수할 수 있도록 권리를 부여하는 제도입니다. 통상 액면가 또는 시세보다 훨씬 낮은 가격으로 매입할 수 있고, 일정 기간이 지나면 임의로 처분할 수 있습니다.

스톡옵션은 처음에는 벤처기업을 중심으로 활성화되었습니다. 자금이 부족한 신설 벤처기업들은 유능한 인재를 확보하기 위해 스톡옵션 제도를 적극 활용했습니다. 향후 해당 기업의 경영 상태가 좋아져 주가가 상승할 경우, 임직원들은 보유한 주식을 매각하여 수익을 챙길 수 있습니다. 이미 미국에서는 스톡옵션이 거의 일반화되었고, 임직원들의 근로 의욕을 높이는 방법으로 적극 활용되고 있습니다.

41. 블록딜(Block Deal)이란 무엇인가요?

블록딜(Block Deal)이란 가격과 물량을 미리 정해놓고 특정 주체에게 일괄 매각하는 대량의 거래를 의미합니다. 일반적으로 장중에 대량 거래가 이루어질 경우 해당 주식은 예상치 못한 거래에 급등락하게 됩니다. 따라서 블록딜(Block Deal) 거래는 시장가격에 영향을 미치지 않도록 시간 외 매매를 통해 거래하게 됩니다.

42. 대차대조표에서 무엇을 확인할 수 있나요?

대차대조표란 '특정 시점'의 자산과 부채 등 기업의 재정 상태를 차변(자산의 부)과 대변(부채 및 자본의 부)으로 구분해 영업상 재산 및 손익 상황을 알기 쉽게 나타낸 재무제표입니다. 차변에는 자산의 증가, 부채나 자본의 손실과 감소를 기입하게 되며, 대변에는 자산의 감소와 부채 및 자본의 증가를 기록하게 됩니다.

대차대조표는 기업이 경영 상태를 주주나 채권자 등 회사와 이해관계에 있는 사람들에게 알리기 위한 수단으로 활용됩니다. 투자자들은 대차대조표를 통해 회사의 자산 및 부채 현황을 파악하여 얼마나 건실한 재무구조를 가지고 있는지를 판단해야 합니다. 유동자산과 고정자산, 유동부채와 장기부채의 비율을 체크한다면 기업의 자금 사정을 이해하는 데 많은 도움이 됩니다. 또한 재고자산이 지나치게 많지는 않은지, 매출채권과 미수금 중에서 부도, 파산 등으로 받지 못할 가능성이 높은 '대손충당금'과 같은 부실채권이 많은지도 꼼꼼히 살펴보아야 합니다.

43. 손익계산서에서 무엇을 확인할 수 있나요?

손익계산서는 '정해진 기간'에 회사가 얼마나 장사를 잘했는지를 보여주는 재무제표입니다. 특히 매출액과 영업이익, 순이익 등을 통해 한눈에 손익 여부를 확인할 수 있습니다. 손익계산서는 기업의 경영성과를 명확히 표시하기 위해 회계기간 중 발생하는 모든 수익과 비용 등을 기재하여 경상손익을 표시하고, 특별손익을 가감한 후 법인세, 방위세, 주민세 등을 차감하여 당기순이익을 표시하게 됩니다.

우선 매출액이 꾸준히 증가하는지 여부를 판단해야 합니다. 매출액이 경기에 따라 큰 폭으로 늘거나 줄어드는 기업은 피해야 합니다. 매출액의 증감은 영업이익에 직접적인 영향을 미치게 됩니다. 그중에서도 매출액 대비 영업이익이 차지하는 비율(영업이익률)이 15% 이상 되는 기업을 집중적으로 다뤄야 합니다.

손익계산서는 당해 년도 수치만 보지 말고 최근 3년간 추이를 비교 분석해야 합니다. 최소 3년 이상 매출액과 영업이익, 순이익이 증가하는 기업이라면 믿고 투자할 만한 가치가 있습니다. 단, 기업의 손익을 분석할 때는 '영업 외 손익'을 꼼꼼히 체크하여 실질적인 영업활동으로 벌어들인 손익과 철저하게 구분하여 판단해야 합니다.

44. 고객예탁금으로 시장 상황을 판단할 수 있나요?

고객예탁금이란 주식투자자들이 주식투자를 위해 증권회사에 맡겨놓은 돈을 말합니다. 통상 고객예탁금이 증가하면 투자심리가 살아나고 있고, 고객예탁금이 감소하면 투자심리가 위축되고 있다고 판단하면 됩니다. 고객예탁금은 증권사 HTS를 통해 손쉽게 확인할 수 있습니다.

일반적으로 고객예탁금은 주가지수에 후행하는 경우가 많습니다. 개인투자자들은 일정 수준 주가지수가 상승하고 나서야 주식투자에 관심을 가지는 경향이 많기 때문입니다. 따라서 고객예탁금은 최근 시장의 동향을 읽는 정도로만 참고해야 합니다.

예를 들면, 과거의 주가지수와 고객예탁금의 추이를 분석하여 현재의 시장 상황을 판단할 수 있습니다. 현재의 고객예탁금 수준이 과거의 강세장, 약세장과 비교할 때 어느 정도의 수준에 있는지를 통해 현재의 시장 상황을 통해 판단하는 것입니다. 물론 시장 상황이 지속적으로 변하기 때문에 정확한 비교 분석은 힘들겠지만, 분명한 것은 고객예탁금은 시장 상황을 판단하는 데 매우 중요한 역할을 한다는 것입니다.

45. 핫머니(Hot Money)란 무엇인가요?

신문을 보다 보면 '국내 증시에 핫머니(Hot Money)가 유입되고 있다'는 내용의 기사를 쉽게 발견할 수 있습니다. 핫머니란 국제 금융시장을 이동하는 투기성 단기자금의 일종입니다. 통상 단기금리 및 환율, 주가, 원자재 가격 등의 시세차익을 노려 거대 자금을 일시에 유입했다가 다시 회수합니다. 또한 투기적인 성격이 강하고, 자금의 규모가 커서 국제 금융시장의 안정을 저해하는 경우가 많습니다. 따라서 외국인의 수급을 분석할 때는 해당 자금의 성격을 꼼꼼히 따져봐야 합니다. 특별한 이유 없이 주가 및 지수가 급등하거나 시장 유동성이 증가한다면 핫머니 유입 여부를 의심해봐야 합니다. 즉, 단기적인 급등 종목보다는 기간을 두고 외국인들이 꾸준히 사는 종목에 관심을 가지는 것이 좋습니다.

46. 세계 3대 국제신용평가기관에는 어디가 있나요?

영국의 피치 IBCA, 미국의 무디스와 스탠더드 앤드 푸어스(S&P)는 세계 3대 국제신용평가 기관입니다. 이들 국제신용평가기관의 영향력은 실로 막강합니다. 기업은 물론 전 세계를 대상으로 채무상환능력 등을 종합평가하여 국가별 신용등급을 발표하고 있습니다.

지난 2011년 8월 5일, S&P는 미국 국채의 신용등급을 트리플A(AAA)에서 더블A플러스(AA+)로 한 등급 강등한 사건이 있었습니다. 미국의 신용등급 강등은 S&P가 지난 1941년 미국에 최고 등급을 부여한 이후 70년 만에 처음이었습니다.

신용등급 강등 여파로 2011년 8월 8일 다우지수는 -5% 이상 급락했고, 코스피 지수는 -3.82%, 일본은 -2.18%, 중국은 -3.79% 하락하는 등 글로벌 증시는 블랙먼데이를 맞았습니다. 이처럼 세계 3대 국제신용평가기관은 글로벌 증시에 막대한 영향력을 행사하므로 투자자들은 이들의 발언에 귀를 기울여야만 합니다.

47. 베이지북(Beige Book)이란 무엇인가요?

베이지북(Beige Book)이란 美 연방준비제도이사회(FRB: Federal Reserve Board)가 1년에 8회 발간하는 경제동향보고서입니다. 표지 색깔이 베이지색이라는 이유로 '베이지북'이라고 불립니다. 연방준비제도이사회 산하의 12개 지역 연방준비은행이 기업인과 경제학자들의 의견을 담고 있습니다.

베이지북은 경제 전반에 걸친 전문가들의 의견을 포함하고 있으며, 금리정책을 결정하는 기초 자료로도 사용됩니다. 즉, 투자자들은 연방준비제도이사회의 금리정책을 사전에 예측하여 투자에 참고할 수 있습니다. 예를 들어, 베이지북이 '경기 둔화'를 언급한다면 단기금리를 낮출 가능성이 높고, 반대로 '경기 회복'을 언급한다면 금리 인상 가능성이 높다고 보시면 됩니다.

48. 뉴욕증시 3대 지수가 궁금합니다.

뉴욕 증시의 3대 지수는 통상 다우존스산업평균지수(DJIA), 나스닥지수, S&P 500지수를 가리킵니다. 그중에서도 가장 공신력을 인정받는 지수는 다우존스산업평균지수(DJIA)입니다. 하지만 30개의 업종 대표주로만 구성되어 있어 전체 시장의 흐름을 파악하는 데는 한계가 있습니다. 따라서 전체 시장 흐름을 파악하기 위해서는 나스닥지수와 S&P 500지수를 함께 살펴야 합니다.

먼저 다우존스산업평균지수(DJIA)는 1896년 미국의 유명 경제신문 〈월스트리트저널(WSJ)〉을 공동 창업한 미국인 찰스 다우와 에드워드 존스가 개발했습니다. 뉴욕 주식시장을 대표할 수 있는 30개의 우량주식을 표본으로 채택하여 산출하므로 '다우존스30 산업(공업) 평균지수'라고도 부릅니다.

나스닥지수는 벤처 중소기업들의 주식을 장외에서 거래하는 나스닥 시장의 종합주가지수를 말합니다. 나스닥에 상장된 기업들은 뉴욕증권거래소보다 안정성이나 신용도 면에서는 떨어지지만 잠재력이 풍부한 벤처기업과 IT 관련 기업들이 많이 상장하는 곳입니다.

S&P 500지수는 미국의 신용평가사인 스탠다드 앤드 푸어스(Standard & Poor's)가 기업규모 유동성 산업대표성을 감안하여 선정한 보통주 500 종목을 대상으로 작성해 발표하는 주가지수입니다. S&P 500의 종목 구성비는 공업주(400종목), 운수주(20종목), 공공주(40종목), 금융주(40종목)로 각각 구성되어 있습니다.

평생사부 50문 50답

49. 세계 주요 증시 거래 시간은 어떻게 되나요?

전 세계가 하나의 글로벌 네트워크로 연결되면서 글로벌 증시의 움직임을 파악하는 일은 매우 중요해졌습니다. 특히 미국과 일본, 중국의 증시는 국내 증시와 상당히 밀접한 관련을 보이므로 이들 시장의 거래시간을 체크하여 동향을 살펴볼 필요가 있습니다.

글로벌 주요국가 거래시간

구분	국가	현지시간	한국시간	GMT 대비	DST(썸머타임)
아시아	한국	09:00~15:00	09:00~15:00	+9	
	일본	09:00~11:00 12:30~15:00	09:00~11:00 12:30~15:00	+9	
	중국	09:00~11:30 13:00~15:00	10:30~12:30 14:00~16:00	+8	
유럽	영국	08:00~16:30	17:00~01:30	0	16:00~00:30
	독일	09:00~20:00	17:00~02:00	+1	16:00~03:00
	유로넥스트	09:00~18:00	17:00~02:00	+1	16:00~01:00
	스페인	09:00~17:30	17:00~01:30	+1	
	스위스	09:00~17:30	16:00~01:30	+2	
아메리카	미국	09:30~16:00	23:30~06:00	-5	22:30~05:00

• 유로넥스트 : 프랑스, 벨기에, 네덜란드, 포르투갈
• 미국(DST) : 3월 첫째주 일요일 ~ 10월 마지막주 일요일
• 유럽(DST) : 3월 마지막주 일요일 ~ 10월 마지막주 일요일

50. 주식투자에 유용한 사이트를 알려주세요.

1) 금융감독원 전자공시시스템(http://dart.fss.or.kr)

전자공시시스템은 상장법인 등이 공시서류를 인터넷으로 제출하고, 투자자 등 이용자는 제출 즉시 인터넷을 통해 조회할 수 있도록 하는 종합적 기업공시 시스템입니다.

2) 한국증권거래소(http://www.krx.co.kr)

신규 상장 현황 및 기업의 공시 정보를 제공하며, 각종 제도와 법령 등을 확인할 수 있습니다. 또한 초보자를 위한 교육자료를 제공하여 개인투자자를 위한 공간을 별도로 운영하

고 있습니다.

3) 한국은행(http://www.bok.or.kr)

한국은행은 1950년에 설립된 우리나라의 중앙은행으로서 각종 정책수행 내용 및 경제 관련 정보 등을 제공합니다. 금융통화위원회의 일정 및 기준금리 동향도 한국은행 홈페이지를 통해 확인할 수 있습니다.

4) 한국은행경제통계시스템(http://ecos.bok.or.kr)

한국은행의 통계 전용 홈페이지로 통계 검색과 통계간행물 검색은 물론 '한눈에 보는 우리나라 100대 통계지표(속보)' 코너를 별도로 운영하고 있습니다.

5) 지식경제부(http://www.mke.go.kr)

무역, 산업, 에너지, 자원 정책 등을 담당하는 중앙행정기관입니다. 해당 사이트를 통해 향후 정부가 육성하는 산업을 알 수 있고, 이를 투자에 활용할 수 있습니다.

6) 블룸버그(http://www.bloomberg.com)

미국의 경제 주간지로 세계 금융 뉴스 및 경제 동향을 제공합니다. 글로벌 뉴스를 보다 빠르게 접할 수 있어 개인투자자들에게 매우 유용합니다.

평생사부의 화면구성법

요즘은 증권사 HTS의 기능이 좋아져서 투자자들은 웹에 접속하지 않고도 HTS상에서 다양한 정보를 편하게 이용할 수 있습니다. 문제는 과도한 정보와 넘쳐나는 화면 메뉴로 인해 초보 투자자에게 혼돈을 줄 수 있다는 점입니다. 모든 정보를 취하기보다는 자신의 매매 성향과 투자기법 등을 감안하여 가장 적적한 정보를 분류하여 화면을 구성하는 것이 좋습니다.

만약 이 글을 읽는 독자 중에 전문적인 트레이더가 있다면 최소 두 대 이상의 모니터를 사용해야 합니다. 증권사 HTS의 다양한 매매 기능과 정보 검색을 효과적으로 활용하기 위해서는 모니터 한 대로는 부족하기 때문입니다. 아래에 모니터 두 대를 연결한 듀얼모니터를 기준으로 가장 기본적인 화면 구성법을 꾸며봤습니다.

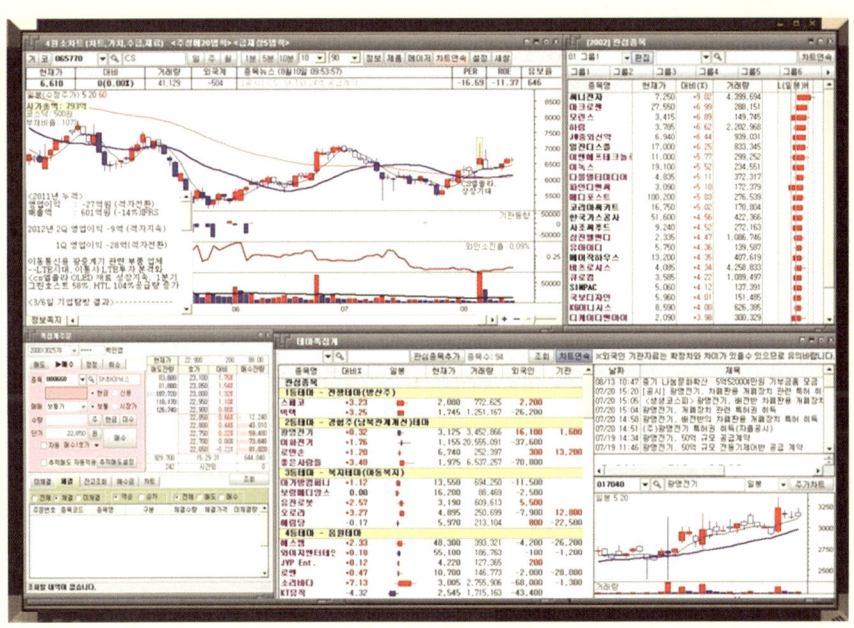

듀얼모니터 1

평생사부의 화면구성법

차트

투자자들이 개별 종목 및 지수의 흐름을 한눈에 확인할 수 있는 최고의 지표는 바로 '차트'입니다. 투자자들은 지수(코스피, 코스닥)차트를 활용하여 개별 종목의 움직임을 예측할 수 있습니다. 특히 선물차트는 지수(코스피, 코스닥)를 선행하는 경향이 강해 매매 타이밍을 잡을 때 반드시 기준으로 삼아야 합니다.

관심 종목 화면

전문 트레이더라면 당일 매매할 종목을 전일 미리 뽑아놓는 경우가 많습니다. 자신이 등록해놓은 관심 종목들의 움직임을 한눈에 확인하기 위한 것입니다. 사전에 관심 종목을 선별해놓는 경우와 그렇지 않은 경우의 수익률 차이는 천양지차(天壤之差)입니다. 본인이 아는 종목을 매매하는 경우와 모르는 종목을 매매하는 경우의 매매 성공률을 생각하면 이해가 쉬울 겁니다. 개별 주도주, 급등주 후보, 재료 보유주, 관리자가 있는 종목이 관심 종목 1순위입니다.

주문 화면

투자자들이 가장 빠르고 정확하게 다룰 수 있어야 하는 화면이 바로 주문창입니다. 그런데 의외로 주문을 소홀히 다루는 경우가 많습니다. 기관투자자들도 때로 주문 실수를 할 정도로 방심하기 쉬운 항목이기도 합니다. 따라서 주문창은 투자자들이 가장 빠르게 대응할 수 있는 곳에 위치해야 합니다. 또한 종목명과 가격을 입력한 후 엔터키를 누르는 연습을 하고, 정정 주문과 취소 주문도 수없이 연습해야 합니다.

테마 화면

데이트레이더가 가장 선호하는 거래기법 중 하나가 '테마주 매매'입니다. 테마주를 거래하기 위해서는 테마별 종목이 정확히 구분되어 있어야 하고, 대장주와 부대장주를 정확

평생사부의
화면구성법

히 인식하고 있어야 합니다. 따라서 자신이 주로 다루는 테마를 구분하여 관리하는 습관을 가지기 바랍니다. 테마의 준비와 숙지만으로도 누구보다 테마의 순환매에 발빠르게 대응할 수 있습니다.

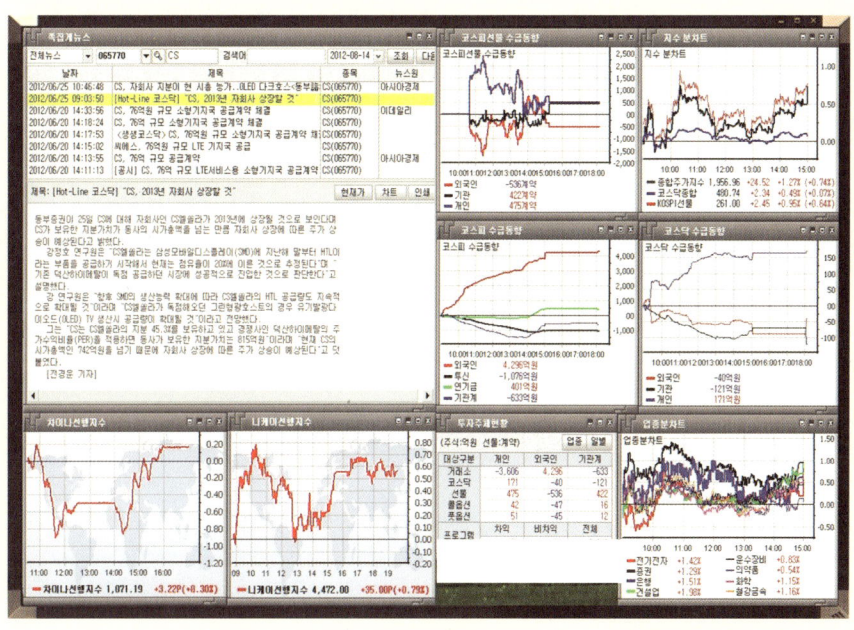

듀얼모니터 2

뉴스

주식투자는 정보와의 싸움입니다. 따라서 트레이더라면 시황 및 기업 뉴스, 시장 속보에 대한 정보를 누구보다 빠르게 확인할 수 있어야 합니다. 따라서 뉴스창은 눈에 가장 잘 띄는 곳에 위치해야 하며, 불필요한 정보를 걸러낼 수 있어야 합니다. 개별 종목의 호재와 악재, 시황 뉴스, 공시 등 기본적인 정보를 확인하는 것만으로도 매매 실력이 향상되는 것은 물론이고, 당장 수익으로 연결되는 것을 확인할 수 있습니다.

평생사부의
화면구성법

수급 동향

'시장은 수급에 의해 좌우된다'는 말이 있습니다. 결국 시장의 상승과 하락은 투자자들의 심리에 따라 결정됩니다. 따라서 거래소시장과 코스닥시장에서 개인·기관·외국인 중 누가 사고 누가 파는지를 정확히 그리고 수시로 확인해야 합니다. 뿐만 아니라 어느 업종과 테마로 매수하고 매도하는지도 수시로 확인해야 합니다. 특히 외국인의 매매 동향은 우리나라 증시에 큰 영향을 미치기 때문에 절대 놓쳐서는 안됩니다.

니케이 선행지수/차이나 선행지수

미국과 함께 국내 증시에 가장 크게 영향을 미치는 국가가 바로 일본과 중국입니다. 따라서 장중에는 일본과 중국 증시, 나스닥 선물지수의 흐름을 함께 파악해야 합니다. 물론 실시간 지수여야 합니다(20분 딜레이 데이터를 제공하는 증권사가 많음). 주변 국가들의 시장 흐름을 정확히 읽는 것만으로도 트레이딩시 매수·매도 포지션을 잡기가 훨씬 수월해집니다.